市民が視た刑務所

日本の刑事施設調査報告

アムネスティ・インターナショナル日本 編

現代人文社

目　次

開かれた刑務所にするための市民活動〜まえがきに代えて〜　石川 徹 ‥4

多摩少年院参観体験記　塚本有美 ……………………………………15

日本の刑事施設での処遇に関するアムネスティの発言（2000〜2010）・25

アンケート結果（2008年度調査）……………………………………55

札幌刑務所　56	札幌刑務所札幌刑務支所　58
札幌刑務所札幌拘置支所　60	札幌刑務所小樽拘置支所　62
札幌刑務所室蘭拘置支所　64	旭川刑務所　66
帯広刑務所　68	帯広刑務所釧路刑務支所　70
網走刑務所　72	月形刑務所　74
函館少年刑務所　76	青森刑務所　78
宮城刑務所　80	宮城刑務所仙台拘置支所　82
宮城刑務所石巻拘置支所　82	宮城刑務所古川拘置支所　82
秋田刑務所　84	山形刑務所　86
福島刑務所　88	福島刑務所福島刑務支所　90
盛岡少年刑務所　92	盛岡少年刑務所一関拘置支所　93
水戸少年刑務所　94	水戸少年刑務所水戸拘置支所　96
水戸少年刑務所土浦拘置支所　96	水戸少年刑務所下妻拘置支所　96
栃木刑務所　98	黒羽刑務所　100
喜連川社会復帰促進センター　102	前橋刑務所　104
千葉刑務所　106	市原刑務所　108
八王子医療刑務所　110	府中刑務所　112
横浜刑務所　114	横浜刑務所横須賀刑務支所　116
横浜刑務所横浜拘置支所　118	横浜刑務所小田原拘置支所　120
横浜刑務所相模原拘置支所　122	新潟刑務所　124
甲府刑務所　126	長野刑務所　128
静岡刑務所　130	静岡刑務所浜松拘置支所　132
静岡刑務所沼津拘置支所　134	川越少年刑務所　136
松本少年刑務所　138	東京拘置所　140

富山刑務所　142	金沢刑務所　144
福井刑務所　146	岐阜刑務所　148
笠松刑務所　150	岡崎医療刑務所　152
名古屋刑務所　154	三重刑務所　156
名古屋拘置所　158	滋賀刑務所　160
京都刑務所　162	京都刑務所舞鶴拘置支所　163
大阪刑務所　164	大阪医療刑務所　166
神戸刑務所　168	加古川刑務所　170
播磨社会復帰促進センター　172	和歌山刑務所　174
姫路少年刑務所　176	奈良少年刑務所　178
京都拘置所　180	大阪拘置所　182
神戸拘置所　184	鳥取刑務所　186
松江刑務所　188	岡山刑務所　190
岡山刑務所津山拘置支所　192	広島刑務所　194
広島刑務所尾道刑務支所　196	広島刑務所呉拘置支所　198
広島刑務所福山拘置支所　200	広島刑務所三次拘置支所　202
山口刑務所　204	山口刑務所下関拘置支所　206
山口刑務所宇部拘置支所　208	山口刑務所萩拘置支所　210
山口刑務所周南拘置支所　212	岩国刑務所　214
美祢社会復帰促進センター　216	広島拘置所　218
徳島刑務所　220	高松刑務所　222
松山刑務所　224	高知刑務所　226
北九州医療刑務所　228	福岡刑務所　230
麓刑務所　232	佐世保刑務所　234
長崎刑務所　236	熊本刑務所　238
大分刑務所　240	宮崎刑務所　242
鹿児島刑務所　244	沖縄刑務所　246
佐賀少年刑務所　248	福岡拘置所　250

あとがき　構 美佳 ……………………………………………………… 252

開かれた刑務所にするための市民活動
~まえがきに代えて~

石川 徹

私たちの活動の目的

　2007年6月1日、明治時代から100年もの間続いた監獄法は廃止され、「刑事収容施設及び被収容者等の処遇に関する法律」に切り替わりました。
　このことは、被収容者(被拘禁者)の人権保障をめざして活動してきた私たちにとって、活動の成果とも言えます。しかし、法律が変わっても実質的な処遇が変わらなければ意味がありません。
　それで私たちは、すべての刑事施設(刑務所、少年刑務所、拘置所)に対し、受刑者・未決拘禁者・死刑確定者の処遇が新法でどのように変わったのか質問書を送付することにしました。
　回答の遅い施設には何度も催促して、最終的には全刑事施設から回答を得ることが出来ました。忙しい仕事の合間に、回答書を作成してくださった刑事施設職員のみなさんには感謝します。本書は、2008年に日本の全刑事施設から寄せられた回答を集めたものです。
　私たちは、2003年から刑事施設を参観(見学)し、同時に受刑者・未決拘禁者・死刑確定者の処遇について質問し、当局から回答を得るという活動を続けてきました。
　これまでに参観した刑務所は、旭川、宮城、喜連川社会復帰促進センター、八王子医療、府中、静岡、金沢、岐阜、笠松、岡崎医療、名古屋刑務所豊橋刑務支所、三重、滋賀、京都、大阪、大阪医療、和歌山、神戸、播磨社会復帰促進センター、岡山、広島、松江、広島刑務所尾道刑務支所、美祢社会復帰促進センター、福岡、長崎の26カ所です。
　参観した少年刑務所は松本と奈良の2カ所、拘置所は、東京、立川、名古屋、京都、大阪、広島の6カ所です。
　刑事施設ではありませんが、裁判所から送致された少年を収容している少年院については、多摩、愛光女子、神奈川医療、久里浜、愛知、瀬戸、豊ヶ岡、

宮川医療、浪速、交野女子の10カ所を参観しました。

　私たちの行う刑事施設・少年院への参観には、はっきりした目的があります。

　第1は、受刑者・未決拘禁者・死刑確定者・少年院院生など被収容者の処遇について関心をもつ市民がいることを、刑事施設や少年院で働く職員に知って頂き、非人道的な処遇がされないようにすることです。外部に開かれた施設になれば、おのずと、ひどい処遇はできなくなることをアムネスティの活動を通じて私たちは学んできました。

　第2は、人権を大切に考える思想が観念的・理念的なものとならないように、自分の身体を動かし、直接見聞することで、実感を伴った人権思想を私たち自身が獲得するためです。

　第3は、参観の後に記者会見をおこない、メディアを通じ一般市民にアピールすることで、刑事施設や少年院の在り方について社会的な関心を高めることです。社会的な関心が高くなれば、刑事施設や少年院での処遇について外部の検証がされるようになり、処遇は改善されます。

　刑事施設は、社会から隔離された場所です。市民の目の届かない場所で、受刑者・未決拘禁者・死刑確定者がどのような扱いを受けているかを見れば、その国の住民の人権意識のレベルと国家権力の意志がわかるといわれます。

　刑事施設の被収容者は、合法的に人権を制限された人々です。拘禁されているが故に、自分の力だけで処遇を改善することは、ほとんど不可能な状況に置かれています。

　日本のような世界の多くの資本主義国が採用している議会制民主主義では、多数決により法（国家意志）が決められます。誤解を恐れず大胆に言えば、多数派による独裁が行われるわけですから、少数派の権利は軽視され、合法的に少数派は弾圧されかねません。ハンセン病の元患者が合法的に長期間隔離収容された事実をみても、多数決による法の危うさがわかります。

　このような議会制民主主義の弱点を補う意味で、人権思想があると私は考えています。〈多数決で決めてはいけない事もある〉という考え方、犯罪者にも人権はある、という考え方は大切ではないでしょうか。

　テレビで事件もののドラマをみると、そのほとんどは、犯人が逮捕された時点で終わります。推定無罪という原則が守られない日本では、逮捕され起訴されたのだから有罪は間違いなく（事実、日本では99％以上が有罪となる）、裁判の内容、刑事施設での処遇、そして社会復帰のことはあまり描かれません。

　近年、地域住民の間で犯罪被害者への強い共感から、加害者への厳罰主義が横行しています。多くの地域住民は、悪い奴は刑務所に入れればいい、刑務

雑居房の様子（模擬）

所で「懲らしめ」られればいい、と思っているかのようです。

　元受刑者で作家の安部譲二氏は、刑務所に入って善くなった人間は、江夏豊氏（元野球選手）と山本譲司氏（元衆院議員、『獄窓記』『累犯障害者』著者）だけだと述べています。また、拘置所参観で私たちを案内した刑務官は、「刑務所は模範的な受刑者を作ることはできても、模範的な市民を作ることは難しい」と言われました。

　部屋（雑居房）の中で、寝ころぶことも自由にできない事細かな規則を作り、少しでも違反があれば懲罰をする刑務所のやり方は、要領よく動き自己主張をせず模範的な受刑者となった人間と、怒りでぶち切れ自暴自棄となった人間をつくり出します。

　ほとんどの受刑者は、やがて社会復帰するのですから、出所した元受刑者が再び犯罪を犯さないように更生させることが刑務所の社会的使命のはずです。

　人間が変わり、更生するためには、自分が体験したことを受け入れ、感情のレベルでも納得することが必要といわれています。一方的な説教や懲罰は、非難されているという実感やいじめられているという実感を強めるだけに終わるようです。大切なことは、受刑者が自分で更生の必要に気付くことであり、刑務所にできることは、そのための支援ではないでしょうか。

　「理想の刑務所」という設定はナンセンスですが、刑務所で現実に行われている受刑者・未決拘禁者・死刑確定者への処遇について、地域住民が関心を持

つことが非常に重要だと思います。関心が高くなれば、受刑者の社会復帰に協力するようになり、刑務所は更生のための施設になっていくと確信します。それが、ひいては安全な地域社会をつくることになります。

アムネスティ、国内人権ネットとは？

　刑務所参観や刑事施設への質問、記者会見は、アムネスティ日本の活動として私たちは行っています。
　アムネスティは、60歳以上の世代なら相当認知度は高く、「あぁ、イーデス・ハンソンさんの団体ね」として知られています。
　しかし、若い世代にはほとんど知られていません。そこで簡単に団体の説明をします。
　アムネスティ・インターナショナル（国際アムネスティ）は国際的な人権NGOで、その目的は、世界人権宣言の理念が世界中で実現されるために活動することです。組織的には、草の根民主主義を基本にしていて本部はなく、国際事務局がロンドンにあり、アムネスティ・インターナショナルの最高意思決定機関は世界大会となっています。
　日本のアムネスティは1970年ごろから活動を始め、任意団体のアムネスティ・インターナショナル日本支部でしたが、2000年に主務官庁を外務省と法務省とする社団法人アムネスティ・インターナショナル日本（略称：アムネスティ日本）となりました。
　活動方針、財務方針そして役員人事はアムネスティ日本総会で決められます。会員数は、グループ会員約700名、個人会員約2,200名、賛助・サポーター会員約3,000名で、年間の予算規模は1億4000万円ほどです。
　アムネスティ日本には、地域的な会員の集まりであるグループが全国に79あり、活動テーマ別の集まりであるネットワーク・チームが13あります。グループはアムネスティ日本総会で議決権をもつ社員会員ですが、ネットワーク・チームは理事会の管理下にあります。どちらも自分たちが何をするかを自分たちで決めています。詳しくは、ネットの検索で「アムネスティ日本」と入力してください。
　国内人権ネットは、1999年4月のアムネスティ日本総会決議に基づき、同年10月に名古屋で設立されました。正式名称は、「国際人権基準の国内実施をめざすネットワーク」といいます。
　なぜ「国内」かといえば、アムネスティは死刑と難民問題以外は自国の人権活動をしなかった歴史があり、自国の人権活動をするという意味で、「国内」とい

う言葉をつけました。

　活動対象は、主に被収容者（被拘禁者）の人権保障活動です。具体的には、受刑者、未決拘禁者、死刑確定者、少年院の院生そして入管施設などの被収容者の処遇改善のため、刑事施設や少年院、入管施設への参観を行っています。毎週、無料メールマガジン「人権ニュース」を配信しています（2010年末で通巻518号）。ホームページはwww.jinkennews.com（「国内人権ネット」で検索してください）。メールアドレスはinfo@jinkennews.comです。質問があればお問い合わせください。

　国内人権ネットの会員は約40名、アムネスティ日本会員を兼ねている人と、アムネスティ日本会員ではない人がいます。毎月1回名古屋で例会をして具体的な活動を決めます。年会費は1,000円、予算規模は数十万円で、アムネスティの目的（世界人権宣言の実現）に賛同する人でしたら誰でも会員になれます。

元受刑者が語る塀の中

　2002年11月8日、マスコミは一斉に、名古屋地検特捜部が名古屋刑務所の刑務官5人を特別公務員暴行陵虐致傷の疑いで逮捕したことを報道しました。

　ところで、刑務官による受刑者への暴行は、珍しい話ではありません。アムネスティ・インターナショナルが1998年6月に公表した「日本の刑事施設における残虐な懲罰」と題するレポートでは、複数の受刑者が暴行を受けた体験を話しています。

　しかし、検察が逮捕したとなると状況はまるで違ってきます。日本では、検察・警察が逮捕した時点で犯人であるかのようにマスコミが報道するのが常ですから、「名古屋刑務所でひどいことが行われたらしい」という情報が大量に流されます。

　主に名古屋市で活動している「アムネスティなごや栄グループ」と国内人権ネットワークでは、この状況に対応した活動として、市民が元受刑者から直接話を聞く講演会を企画しました。

　市民の前に顔を出して体験を話してくださる元受刑者は、アムネスティ会員の弁護士さんの紹介で見つかりました。

　しかし、お金がありません。私たちは、赤字になったら自分たちが負担する覚悟で当日を迎えました。夕方、仕事を終えて私が会場の名古屋市女性会館研修室（定員54名）に行きますと、部屋の外まで人であふれています。急遽、会場をホール（定員350名）に移し講演会を行いました。ホールが偶然、空いていたことは幸運でした。また、200名以上の市民が来場したおかげで赤字にならず

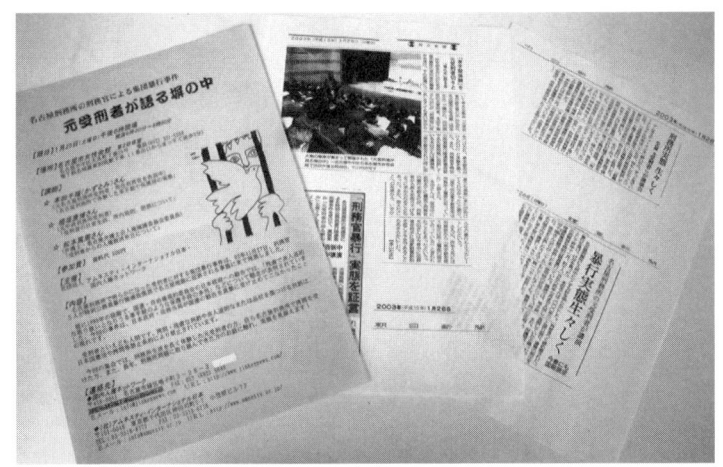

講演会のチラシと、当日の模様を報じる記事

ホッとしたことを今でも覚えています。

　元受刑者の本田氏は革手錠（かわてじょう）できつく締め上げられた体験を話されました。

　革手錠というと、金属でなく革だけでできた手錠のように聞こえますが、まったく違います。腰に着けるベルトと一体になっていて、ベルトは革と革の間に薄い鋼が入れてあり、すこしも伸びません。強く締めて、固定すれば内臓が傷つくことは容易に想像がつきます。

国内人権ネットによる刑務所参観

　2003年1月25日の講演会は大盛況に終わりましたが、同じことを繰り返しても市民は関心を寄せてくれません。情報は生鮮食料品のようなもので、すぐに消費され陳腐化します。

　新しい活動（行動プログラム）はないか思案していると、名張毒ぶどう酒事件の死刑囚・奥西氏の特別面会人Ｉさんとアムネスティ会員の弁護士Ａさんから「刑務所を参観してはどうか」とアドバイスされました。なるほど、地元の刑務所への参観ならお金はあまりかからないし、やってみようということで、参観の申入書を名古屋刑務所に送付しました。

　しかし監獄法には、「監獄ノ参観ヲ請フ者アルトキハ学術ノ研究其他正当ノ理由アリト認ムル場合ニ限リ命令ノ定ムル所ニ依リ之ヲ許スコトヲ得」とあり、地元人権団体による参観は前例がありませんでした。

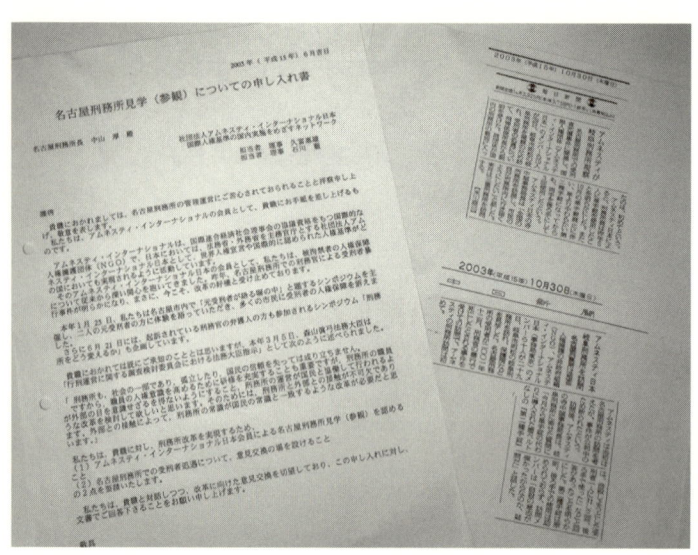

名古屋刑務所への申入書と、岐阜刑務所参観を報じる記事

　名古屋刑務所からは、刑務官が起訴されていることを理由に参観を断る回答が届きました。そういう理由で断るのなら、岐阜刑務所と三重刑務所は参観が認められるかもしれないと思い、申入れをしたところ、あっさり許可となりました。

　2003年10月29日、アムネスティ日本会員10名は岐阜刑務所を参観しました。市民が人権団体の構成員として刑務所を参観するのは、日本で初めてのことです。

　飛彈武俊・岐阜刑務所長は門のところまで出迎えてくださいました。会議室で簡単な説明を受けた後、所長の引率で私たちは2列で並び、作業場、保護房、独居房、雑居房、風呂場、調理場など主要な箇所を見学しました。

　スーツ姿の所長が作業場に入ると、それに気付いた制服の刑務官は直立不動の姿勢をとり、昔の軍人のような敬礼をして、作業場の定員数と現在人員数を大声で報告します。

　通路で受刑者とすれ違う際には、受刑者は外を向いて立ち、私たちと視線が合わないようにします。部屋から移動するたびに扉の鍵が開けられ、また施錠されます。

　初めて刑務所の中に入り受刑者処遇の一端を見て私が一番感じたことは、ここは軍隊であり、カギによって閉ざされた狭い空間の集まりであって、ここで何が起きたかを外部の人が知るのは極めて困難だろう、ということです。

　保護房の中に入ってみると、広さは6畳ほどで、周り四方は衝撃を吸収すると

初めて参観した岐阜刑務所（前列左から2人目が飛彈・岐阜刑務所長）

やわらかい素材で覆われ、床に小さな丸い穴（トイレ）が空いているだけで他に何もない空間でした。水洗いのためか、床と壁と天井の仕切がなく、まるで真空の小宇宙のようです。

　ここに、股割れズボン（しゃがむと尻が出て用を足せるズボン）を着けられ手錠をされたまま放り込まれたら、尻も拭けず、犬食い（手を使わず口で食べる）しかありません。24時間ここに入れられたら、人格が崩壊してしまう危険があると感じました。

　参観のあと、地元の記者クラブで記者会見を行い、それが記事になりました。この後、刑務所参観→質問に対する回答→記者会見→報道が私たちの行動プログラムとなります。

　アムネスティのグループや会員は全国に散らばっています。そして刑務所は各都道府県に1つはあります。地域住民が地元の刑務所を参観するのが一番よいことですから、刑務所参観という行動プログラムは有効な人権活動だと思います。

刑務所改革の動きに参加

　2004年3月31日、名古屋地裁は2名の刑務官に対して有罪の判決をしました。このあと、起訴された刑務官全員に対し有罪の判決が続きます。

服役体験を語る三浦和義氏（右は菊田幸一氏）

　私たちは、毎年、刑務所参観を続けるとともに、刑務所のあり方に対する講演会やシンポジウムも続けました。そのうち、特に印象に深い講演会（シンポジウム）が2つあります。

　1つは、2004年6月26日に行った「受刑者の人権を保障する刑務所の在り方」という講演会です。

　行刑改革会議委員として活躍された菊田幸一氏（当時は明治大学教授、現在は弁護士）は、受刑者と刑務官に対するアンケートが実施されたこと、刑務作業、医療の問題そして視察委員会の設置など刑務所改革全般について話をされました。

　ロス疑惑事件で著名な三浦和義氏は、宮城刑務所での服役体験として、冬はとにかく寒く、交渉して暖房が入るようになった、と言われました（三浦和義氏は2008年ロス市警の留置施設で死去。ご冥福をお祈りします）。

　もう1つは、2004年12月5日に行った『獄窓記』の著者・山本譲司氏の講演会「塀の中の障害者と高齢者たち」です。基調講演のあとのシンポジウムには法務省矯正局から職員2名がパネリストとして参加されました。

　山本譲司さんは、刑務所には高齢の受刑者がいて彼らは出所しても行くあてもなく、軽微な犯罪を犯して再び刑務所に戻ってくることを指摘されました。また、受刑者のなかに知的障害者がたくさんいることも言われ、私たちに強烈な印象を残しました。

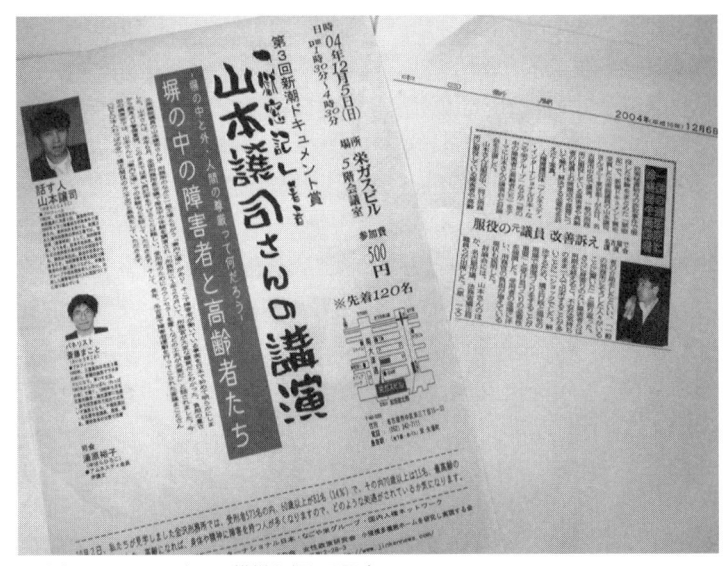
講演会のチラシと、当日の模様を報じる記事

受刑者の社会復帰と高齢者・障害者問題

　2008年9月に発行した法務省「矯正統計年報」によれば、2007年新受刑者(30,450人)の知能指数は、49以下：1,233人(4％)、50～59：1,702人(6％)、60～69：3,785人(12％)、70～79：7,265人(24％)、測定不能1,605人(5％)となっています。

　知的障害は、指数35未満が重度、35～50は中度、50～70は軽度とされていて、この範囲に該当する人と測定不能者を加えると8,325人となり、実に新受刑者の27.3％が知的障害者です。

　また、知的障害者の入所回数を全体(カッコ内に記載)と比較すると、3回目：14.5％(9.9％)、4回目：10.3％(6.6％)、5回目：7.9％(4.4％)、6回目～9回目：11.2％(9.0％)、10回目以上：10.7％(4.3％)となっており、知的障害者が繰り返し入所していることを証明しています。

　刑務所は「治安を守るための最後の砦」といわれてきましたが、現状は、「福祉の最後の砦」となっています。地域社会での福祉がきちんと行われていない結果、軽微な犯罪を重ね、服役している受刑者が少なくないのです。

　2009年4月1日、法務省矯正局、法務省保護局、厚生労働省社会・援護局は、連名で、都道府県知事や刑事施設の長などに対し、「刑事施設、少年院及び保

護観察所と地方公共団体、公共の衛生福祉に関する機関等との連携の確保について」と題する通知を出しました。

高齢や障害があり社会で自立が困難な受刑者等のため、出所後直ちに福祉サービスにつなげる「地域生活定着支援センター」を各都道府県に作る構想です。7月に長崎県で初の支援センターができましたが、2010年末までに設立したのは、約30の都道府県にすぎないようです。

5年ほど前、私たちがある刑務所を参観したときのことです。職員から、「寝たきりの受刑者がいて、出所の際には（行き場の確保に）非常に苦労をする。（出所した元受刑者を）市役所の前に置いて行きたいと思うほどです。あなたたちは人権団体なのだから、何とかしてくれませんか」と言われました。

人権団体は、刑事施設の中での人権問題（受刑者処遇）だけを扱ってよいのか、と自問自答すれば、答えはもちろん否です。しかし一市民に過ぎない私たちに何が出来るのでしょうか……。

2007年11月、国内人権ネットのメンバーが中心となり、「NPO法人名古屋成年後見センター」を立ち上げました。元受刑者の社会復帰のために何が出来るかと考える視点を180度転換して、地域社会の高齢者・障害者支援のNPOを作り、その活動の対象に元受刑者を含めていけばよいことに気付いたのです。

国内人権ネットと別の団体にしたのは、施設や事業者などとの契約関係が発生するので法人格を得て責任の所在を明らかにする必要があるからです。

NPOの名称に使われている「成年後見」とは、判断能力が不十分な人の権利を擁護するために後見人等を裁判所が選任し、選任された後見人等が本人の代わりに財産管理や身上監護の契約をする仕組みです。いわば人生最後のセーフティーネットです。現在、後見人等の69％は親族ですが、核家族化が進み高齢独居老人が増えるなか、私たちのような法人が後見する仕組みは、今後ますます必要になるでしょう。

2010年8月から、国内人権ネットでは、入管施設の被収容者（難民等）の人権問題にも取り組み始めました。国内人権ネットを設立してから10年経ち、私たちはここまでやって来ました。

今後も私たちは、自分で自分の権利を守ることが困難な被収容者のために人権活動を行っていきます。市民の皆様のご協力をお願い致します。よければ、一緒に活動しませんか。

（いしかわ・とおる／アムネスティ・インターナショナル日本
国内人権ネット・コーディネーター）

多摩少年院参観体験記

塚本有美

少年院とは

　多摩少年院は「恵が岡」と呼ばれる多摩丘陵のふもとの小高い丘の上にある。すぐ近くに京王高尾線の山田駅があり、JR八王子駅からも歩いて25分ほどと便利なためか、周囲にはサラリーマンのマイホームのような家並みが広がっている。

　設立は大正12（1923）年と古く、大阪府茨木市にある浪速少年院と並んで日本で最初に誕生した国立少年院である。この多摩少年院、浪速少年院に、愛知県瀬戸市にある瀬戸少年院を加えた3施設を、「少年院の御三家」と呼ぶ人もいる。そのいわれは、これらの少年院が矯正教育の歴史的な積み重ねを持ち、収容人数などの規模が大きく、職員数も多くて充実しているからなのだそうだ。

　多摩少年院の表札がかかった正門をアムネスティ日本の会員やアムネスティ国内人権ネットのメンバーたちと一緒にくぐったのは、紅葉にはまだ少し早い晩秋のよく晴れた昼過ぎのことである。一行は社会人を中心に大学生から70代までの男性3人、女性6人の総勢9人だ。

　正門といっても刑務所の高い塀のようなものはなく、あたりは豊かな緑に包まれ、長い上り坂がまっすぐどこまでも続いている。運動不足の人なら息が少しあがり、夏場ならひと汗かいてしまいそうな坂道だ。のぼりつめた真正面に少年院の玄関が待ち構えているためだろうか、この坂道はいつからか少年たちによって「地獄坂」と呼ばれるようになった。

　坂をのぼりきった広大な丘の上には、教官室などがある管理棟、院生が集団生活をするための寮舎、食堂棟、教室棟、作業場、体育館、運動場や農場などが樹齢の古そうな大きな木立に見守られるように散在している。

　多摩少年院の内側を参観する前に、少年院について簡単にさらっておこう。少年院とは、家庭裁判所から保護処分として送致された少年に対して、社会不適応の原因を取り除き、健全な育成をはかることを目的として矯正教育を行う法務省所管の施設である。心身のハンディの有無、年齢、非行の進み具合などに応じて、初等、中等、特別、医療少年院の4種類にわかれている。心身にハン

ディを持つ12歳以上26歳未満の者を収容するのが医療少年院である。初等、中等、特別少年院はハンディのない者を対象にしており、12歳以上16歳未満の者を収容するのが初等少年院、16歳以上20歳未満の者を収容するのが中等少年院、犯罪傾向の進んだ16歳以上23歳未満の者を収容するのが特別少年院である。医療少年院を除けばすべての少年院が男女別々に設けられており、女子を収容する少年院は女子少年院と呼ばれている。

少年院での処遇課程は、非行の進み具合によって短期と長期に区分される。「特修短期処遇」は4カ月以内、「一般短期処遇」は6カ月程度で仮退院をめざす矯正教育メニューを受ける。「長期処遇」は12カ月程度、「比較的長期処遇」は1年半程度、「相当長期処遇」は2年以上かけて矯正教育メニューをこなしてから仮退院となる。どのような処遇を受けるかは、家裁の処遇勧告による。

こうした中で多摩少年院は、「長期」「比較的長期」「相当長期」処遇を受ける17歳6カ月以上の男子を対象とした中等少年院である。東京、埼玉、神奈川、千葉など関東近県から来た163人が、70人の教官や事務職員の指導を受けながらそれぞれの処遇課程に取り組んでいる。年齢構成は、17歳8人、18歳57人、19歳70人、20歳以上28人。外国人を対象にした生活訓練課程も設けられているため、ブラジル人3人、フィリピン人3人、中国人2人、韓国人1人、コンゴ人1人も在院している。

不遇な生活史を背負って

管理棟2階の部屋で担当者を待っていると、窓の下で「集合！　点呼！」と威勢のいい呼びかけが響いた。続いて行進曲。中庭を見下ろすと、院生25人ほどが隊列を組んで行進を始めた。背筋をぴんと伸ばし、両腕を肩ぐらいまで振りあげ、左右の膝を高くあげて、ただぐるぐると中庭を回り続ける。一見無意味にしか思えない単純な行為なのに、にやけたりふてくされている者が見受けられない。むしろ緊張感のようなものが張り詰めている。一般的にはこの年齢の青年たちの行動としてはまれなことなので、軽い驚きの気分が部屋中に広がっていった。

そのざわめきの中に登場した小山浩紀教育調査官はまず、スライドを活用しながら多摩少年院の概要について説明した。参観者の質問にも懇切に答えてくださる。その話しぶりからは、できる限り少年院の現状を誠実に伝えていこうという開かれた姿勢が感じられた。概要説明や質疑応答の中から、ここに集まる院生たちがどんな生活史を背負った子どもたちなのかという共通部分が浮かび

上がってきた。

　筆頭にあげられるのが、家庭の経済的な貧しさである。

「院生の自己申告による調査によれば、〈自分の家は経済的に貧しい〉と回答した者が全体の3分の1を占めました。実の父母と暮らしていた院生が54人と全体の3分の1しかいないのに対して、母親だけと暮らしていた院生は55人と3分の1にのぼります。母子家庭はどうしても経済基盤が弱くなりますから。生活保護を受けていた家庭の子どもも11人います。

　少年非行の根に、貧困の問題があるのは昔も今も変わりありません。むしろ、年々悪化しているようにすら感じています。子どもが多いので生活保護を受給していても生活しきれない母親、職を探してもしっかりした就職口にありつけない父親、周囲に相談できる相手がまったくいない母親……地域社会の力が弱くなっていますから、困窮家庭が地域で孤立してしまう状況が年々目につくようになりました。10年前までは、少年院から出院しても親元に受け入れ体制がないため、引き受け拒否となって公的機関に移る者は1人か2人でした。でも今は20人もが公的機関に移る以外にない状態です」

　家族関係がしっかりしていれば、経済的な貧しさも乗り越えられるのだが、院生たちの家庭には家族関係の崩れが見られる。

「院生の自己申告による調査では、父母との不仲を訴える者が20人にのぼりました。虐待を受けながら育った者が、書類上ハッキリ確認できただけでも5人います。母親が家庭内暴力にさらされている家もあります」

　学歴や職業にも恵まれない。

　逮捕時の学歴をみると、中学卒業49人、中学生で不登校になった者2人、高校中退85人、高校生で不登校になった者1人と、高校を卒業していない者が全体の83％を占めている。

　無職で入所した者も多い。職業を持っていた者も、建設現場、コンビニエンス・ストア、長距離運転手など、必ずしも安定しているとは言い難い職種の者が多数を占めるのである。

「ここに入って来る少年たちの行動傾向は、残念ですけど次のようになります。疎外感や愛情飢餓感が強い。自己イメージが低い。刹那的な生き方。共感性や表現力、自制力や罪障感が希薄」

　不遇な生活史を背負った少年たちは、思春期を迎えて自我が芽生えるようになると、やり場のない社会への反撃心がふくらんできて、非行へと走り出す。

　院生の入所原因を見ると、窃盗33％、薬物犯11％、傷害・暴力10％、強姦などの性非行10％、強盗9％、恐喝7％、暴走族などの道交法違反7％などにな

る。死亡事件をおこした少年も3人いる。

　だが、自分の犯した非行を認めて反省している状態で少年院に入ってくる者はほとんどいない。

　「否認しているわけではないんです。完全否認は数人にとどまりますから。たいていの子は、自分の処分内容が重すぎるという不満を抱いて少年院に入ってくるんです。ですから最初の頃は彼らの言い分を聞いて、共感的に対応するようにしています。ここでの教育や訓練の成果として、出院前の最後の3カ月ぐらいになって、自分のやってしまったことに気付いて反省する子が多いのですよ」

　院生の中には、2年以上の「相当長期処遇」が10人、1年半程度の「比較的長期処遇」が11人いるが、残る87%の院生たちは12カ月程度の「長期処遇」である。わずか1年の間に、不遇な生活史を背負った難しい少年たちに対して、具体的にどのような矯正教育を行うことによって更生をめざすのだろうか。

　小山教育調査官の案内で、私たちは学寮や教室棟などへと移動を始めた。

まずは規則正しい生活

　非行少年に対する保護手続きは、捜査や審判の段階から一貫して早期処遇・早期保護ということが重視される。少年は可塑性に富んでいるので、迅速に適切な保護を与えることで早期に更生させ社会復帰させようという考え方だ。それだけに、少年院の取り組みにも非常に集中的で徹底したものが見られる。

　最初に行われるのは、これまでの生活や文化から院生をいったん切り離すことだ。入所すると、全員が坊主頭になり、青い作業服のような制服姿になる。外での話は「社会話」といって一切禁止である。お互いの住所や何をして入って来たのかなどプライベートな話をしてはならないという規則が設けられている。

　「私物の使用も禁止です。ファッションや身の回りの愛用品などは一種のアイデンティティ・キットであり、院生たちの場合は不良文化的なものが入ってくるので、ここではそうしたもの一切に対していったん距離を置かせています。ですから差し入れも不可です。必要不可欠なものは一応揃っていますから。個人で買うものといったら下着や便せん・葉書ぐらい。1カ月に1回注文表を回して、本当に必要なものを買えるようにしています。私物の購入は1年に1万円もかからないと思いますよ」

　最初に案内されたのは「考査寮」と呼ばれる寮舎である。1人部屋が18室ほどあり、入口のガラス戸からのぞいただけだったが、国民宿舎を簡素にしたような印象である。院生はまずここで2週間ほど過ごすことになる。教官たちの面接

を受け、内観、作文、日記などに取り組む一方、オリエンテーションや集団行動訓練などに参加する。新入時の教育期間は約1カ月半で、この間に「個別的処遇計画」や「個人としての教育目標」が設定される。

その後、生活の場は学寮に移り、本格的な集団生活が始まる。院内に学寮は5カ所あり、ひとつの寮に大体25〜35人が生活している。

各寮には「寮父」と呼ばれる担当教官が5〜6人ついていて、夜も1対1で面接に応じたり、交代で当直にあたっている。

そのひとつである第一学寮のそばまで行き、鉄格子のはまった窓から中を見せてもらった。5人部屋が7室ある。私物の何もない部屋とはこういうことなのか、ともかくガランとしている。部屋にあるのはテーブルと座布団と各自のタオルぐらい。刑務所を参観したことがあるけれども、独居房も雑居房も漫画や雑誌のたぐい、家族の写真や好みのカレンダー、衣類や身の回りの愛用品などがゴタゴタと並んでいて、はるかに生活の匂いがしていた。それに比べると、精進に明け暮れる修行僧の居室のようでもある。

院生の一日は、朝から晩まで内容豊富なスケジュールが次から次へと目白押しで、勝手なことをしたり、さぼっていられる時間はほとんどない。

朝7時に起床。洗面、朝食、体操、朝礼と続く。9時15分から20人程度のグループにわかれて正午まで教育活動。昼食後も、午後1時から5時まで教育活動。

夕食をすませたら6時から集会に参加して話し合い、その後は教官から社会常識を教えてもらうなどの講話。7時半から日記書きと自己計画学習。こうした取り組みは、自分の内面を言葉にして伝える力を育てるなどコミュニケーション能力の向上をめざして行われている。各学寮には1台ずつテレビが置かれていて、8時から1時間だけテレビを楽しむことができる。しかしこの時間帯も必要なら教官との1対1の面接が行われ、その日の勉強や生活について話し合う。9時に一日の反省を行い、9時15分に就寝となる。

多様な手法での矯正教育

規則正しく勤勉な生活を身につけさせる一方、本格的な矯正教育として生活指導、職業補導、教科教育などが行われる。

非行を犯す少年は、自分の心の状態を言葉でとらえて伝えることや、相手を理解することを苦手としている。そのため、生活指導をする上で重視しているのが、先にあげたコミュニケーション能力を育てることと、被害者など相手を理解

して思いやる力を養うことである。そのためには折に触れ、大切な人からしてもらったことを振り返えらせるようにし、自分がおこした事件の被害者について理解する取り組みや、被害者が書いた本を読ませて作文を書かせることなどをしている。

ロール・レタリングという技法に基づいて、実際には出さないのだけれども父母に手紙を書き、次に父母になってみて自分に宛てた手紙を書いてみる。被害者の気持ちになってみて、加害者である自分自身に手紙を書いてみる。こうすることによって、相手への理解力を養う。

グループワークとして、薬物・性非行の少年を対象に、5～6人でグループを組んで、その中に複数の指導者が入り、自分の非行歴を含めて話しあう取り組みもしている。これは1回1～2時間の話し合いを12回続け、年間で3クール行うという徹底したものだ。教官を相手に話すとなると、どうしてもとりつくろいがちだが、同じ問題を抱える仲間には正直に話しやすく、立ち直りのきっかけになるという。

職業補導として力を入れているのが、職業訓練、資格の取得、就労支援である。

職業訓練と資格の取得は、事務系では情報処理、パソコンの表計算、ワード、簿記、販売士など。建築などの現場系では、小型建機、大型特殊建機、フォークリフト、クレーン、溶接関係、ガス関係、危険物取扱などである。

「就労支援には特に力を入れています。仕事は出院した後の社会的な居場所ですから。大事な人間関係もそこから出てくることが多くなりますからね。8割が就職を決めて出院していくんですよ。建築関係が多くなります。資格を見ればわかるように、たしかに3Ｋワークが多いのですが、それが現実です。あらゆる手を尽くして仕事を探します。ハローワーク、以前の職場への復職、父母の知り合いに頼んで使ってもらったり。出院した後にハローワークで仕事を決める者も毎年50人くらいいます。まだ若いので、贅沢をいわなければ、仕事がないということはないのです」

教科教育としては、基礎学力や漢字能力などを高め、高校卒業程度の学力獲得をめざしている。

この他に力を入れているのが、集団行動訓練と体育による体力作りである。心身ともに不良文化から脱却させるためなのだという。ひとつの行動から行動に移るに当たって、ともかく集合・点呼、そして隊列を組んでの行進エクササイズ。小山教育調査官から概要説明を聞く前に私たちが中庭で目撃した光景は、この集団行動訓練だったのである。

体育科では球技なども取り入れているが、筋力トレーニングなどのサーキットトレーニングや水泳など、身体を直接鍛えて作り直すような競技が中心になっている。
　特別活動も重視されている。第一は、毎日の役割活動。リーダー、サブリーダー、配ぜん係などを担当して、役割を果たす。第二は、クラブ活動。そして第三は、季節の行事を毎月1回設けて、皆で運営参加する。1月は成人式の青春メッセージ、2月は節分豆まき、3月はサッカー大会、4月は観桜会、5月は母の日の集いなど盛りだくさんである。
　これらの矯正教育はただ参加出席していればいいのではなく、毎月1回進級テストが行われる。最初は1年生「2級下課程」からスタートして、2年生「2級上課程」、3年生「1級下課程」、4年生「1級上課程」で完了となる。
　進級テストでA評価を得れば、上へと進級でき、B評価の場合は、Bを2つ獲得すれば進級。C評価は、これを3つ得れば上に進むことになる。D評価、E評価だと進級できない。大体、1年生2カ月、2年生3カ月、3年生3カ月、4年生3カ月の11カ月が平均的なコースだという。
　本人次第で出院が早くも遅くもなり、まったく手の抜けない仕組みになっている。だから皆、少しでも早く少年院から出るために一生懸命なのである。
　教室棟では、パソコンの実習やオリエンテーションの授業が行われているところだった。その光景は、私たちが見知っている地域の中学校や高校のそれとは異質のものだった。机がまっすぐに整然と並び、院生たちは教官の顔を見てその話に耳を傾けている。私語をしている者や、勝手に立ち歩いている者などはひとりもいなかった。
　廊下を歩いている時に、水飲み場で数人の院生が教官と一緒に作業をしていたが、口々に「こんにちは」と挨拶をしてきた。
　もうひとつ驚かされたのは、教室や廊下がよく掃除され、ゴミひとつ落ちていないことだった。ピカピカの廊下の壁は院生たちの水彩画や書道作品などで埋め尽くされていた。
　よく言われることだが、校舎の荒れは学校が荒れだす前兆である。荒れた学校を訪ねると、必ずガラスが割れ、戸は外れ、展示物はビリビリ、落書きとゴミの山である。多摩少年院の施設は1968年に改築されたもので、すでに42年が経過しているというが、教室棟ばかりでなく、施設全体に掃除が行き届き整然としている。あまりによく管理された姿の背後には、秩序維持に腐心する教職員の緊張感があるようにも感じられた。
　昨今の学校では、現代の子どもたちに旧来の学校の生活指導や教科指導が

うまく届かず、学級崩壊が一定の割合で定着しつつある。ベテラン教師ほど学級が崩壊するという皮肉な現象も起きている。少年院でも現代の少年たちにこれまでの指導方法が届きにくいという問題は生じているのだろうか。09年に発覚した広島少年院の教官による院生暴行事件の背景にもその辺のことが関係していないのだろうか。

「広島の背景には、過剰収容の問題があったように思います。4人部屋に6〜8人も入れざるをえなくなった。難しい子には単独室が必要ですが、その余裕もなかった。過剰収容になってしまうと、教育が機能しなくなって、職員も追いつめられてしまいます。多摩少年院の収容率は今、93％ですが、現場の感覚では、これでも少し過剰気味と感じています。

教育を機能させるもうひとつの大事なポイントは、身近なところで院生たちがロールモデルを見つけることだと位置づけています。身近なところで、せめてあのようになりたと思える人を探す大切さをよく伝えるようにしています」

教室棟を出て案内されたのは、食堂棟である。規律正しくストイックな少年院生活では、ご飯が非常に楽しみで、院生たちは意外なほどおいしいと言ってくれるという。だが入口に置かれていた昼のメニューは、一言でいって粗食、量も少なめだ。主な副食はコロッケと刻みキャベツのような簡単なもので、煮物の小鉢、漬物、味噌汁、ヨーグルトがついている。

「成長期の子どもたちなので、栄養と分量は十分なのでしょうか？」と保健師をつとめる参観メンバーのひとりが心配した。

「何を出しても皆、おいしいおいしいと食べ過ぎてしまうんです。でも少年院の作業はそれほど体を使わないでしょう。太りぎみの院生が増え出し、健康面での問題も出てきた。そこで、栄養士に頼んで必要カロリーを守るようなメニューに組み替えました。その結果がこれです。1日を通して必要な栄養は確保していますし、ご飯もどんぶり2杯は食べられるぐらい用意しています」

社会に居場所を見つけるために

出院の3カ月前になると、出院準備教育に移行する。

生活指導も出院準備講座や進路指導などに切り替わる。SST（ソーシャル・スキル・トレーニング）として、社会生活を円滑に送るため、人と接する時のスキルをロールプレイなどを通して学ぶ。たとえば、職場で遅刻した時の謝罪の仕方などを練習する。職業補導も農園での農作業や、施設内の園芸や土木建築、院生の衣類管理作業や食事作りの手伝いなど実生活に近づいたものにな

る。また、特別活動として登山などの院外訓練や福祉施設への奉仕活動なども行われる。

　めでたく迎えた出院の日には、午前9時から体育館で出院式が行われ、全教官と院生や父母の前で1分間の決意表明とスピーチをしてから出院することになる。

　だが、少年院で身に付けたものの真価が問われるのは、出院してからである。社会に出てからやっていけるか否かのひとつの目安として、出院時の総合的な成績評価が「不良」の者や「評定除外」の者が全体の約1割ほどいるというが、彼らは出院後に行方不明になったり再犯に陥りやすいという。

　再犯率に関する正確なデータはないとのことだが、多摩少年院への入院回数を見ると、初めての者が129人だが、2回目の者が34人いて全体の20%を占めている。最低でも2割程度は更生が難しいと見ていいのだろう。

「再犯理由として、出院してから社会に居場所を見つけられなかったことが大きいように思います。その背景には、保護者がしっかりしていないという問題がどうしてもある。父母が少年の背後からサポートできれば、ずいぶん違うのです。そうでないと、どうしても良くない交友の方へ流されていって、再犯につながっていきます」

　少年院の矯正教育とは結局、自分がそれまでどう生き、その結果どんな非行を犯してしまったのかを反省し、これからどう生き直すのかという過程なのだと思う。だから教官の仕事には、少年たちの「生き直し」をサポートするという非常に難しい部分が含まれる。

　けれどもあまりにも深刻な生活史を背負って育った少年には、短期間の矯正教育による「生き直し」が、容易に体の中に入っていかないのだろう。

「大体70点ぐらいで卒業していく子が多いのです。それが現実です。以前と比べて成長したというレベルまでは持って行くようにしています。いくら我々ががんばっても性格自体を変えることはどうしてもできない。せめて葛藤を抑えることができるように、苦手にしていた生活場面で問題行動が出ないようにする。このことだけは身につけてもらいたいと思ってがんばっているのです」

　最後に、参観メンバーから「少年院という閉鎖空間に社会の風を入れるためには、第三者委員会のような存在も考えられるのではないか」という意見が出た。

「身近な目標として保護者の参観を考えてみたいと思っています。多摩少年院は参観者が多くて、毎日のように参観者がみえます。参観者には、我々が指導に窮するところも見てもらいたいと思っています。参観希望があれば、できるだけ断らず、できるかぎり開くようにしています。裁判員制度も始まりました。

少年院の実態を市民の方々に知っていただき、よき理解者になってもらえればと願っています」

　少年保護手続きは捜査や少年審判段階も含めて、少年の人権を保護した上で、必要な情報を公開し、社会で共有することができていないように思われる。市民が少年院について知り、少年院もまた自らを社会に開いていくことが、その一助になることを願いつつ、恵が岡をあとにした。

（つかもと・ゆみ／ノンフィクション・ライター）

日本の刑事施設での処遇に関するアムネスティの発言（2000〜2010）

※　新しいものから古いものへと並べてある。

2010年8月27日　アムネスティ日本

秘密主義を止め、死刑制度の現実についての情報公開を

　アムネスティ・インターナショナル日本は、日本政府に対し、刑場の公開にとどまらず、死刑確定者の処遇、死刑執行に至る過程などを含む死刑制度の現実について、徹底した情報公開を行うよう要請する。

　本日、日本政府は、東京拘置所の刑場についてマスメディアに公開した。しかし報道によれば、公開の際、死刑執行に使用されるロープは外された状態で、踏み板が開く様子は公開されず、死刑確定者の死亡を確認する執行室の下の部屋も非公開とされた。アムネスティ日本は、今回の公開が死刑執行の残虐さを隠そうとする、不十分な公開であったと考える。そもそも日本の死刑制度は、依然として秘密主義のベールで隠されており、今回の公開だけでは日本の死刑の現実がどのようなものであるかを知ることはできない。

　例えば、法務大臣が死刑執行命令を出すに至る一連の手続きは、執行の順番がどのように決められるのかなど、詳細がまったく明らかにされていない。再審請求中の死刑執行や再審請求準備中の死刑執行についても、政府は、「法務大臣が再審や恩赦などに関する事由の有無を慎重に検討し、これらの事由等がないと認めた場合に執行する」と答弁しているが、実際にどのような検討が行われているのかは不明である。また、死刑執行に関わる刑務官や医務官には、きわめて強い精神的負荷がかかると考えられるが、彼らの心身の健康に対する何らかのケアがなされているのか、という点も明らかになっていない。

　さらに、死刑確定者は外部との面会が厳しく制限されているため、実際にどのような処遇に置かれているのか、非常に限られた情報しかない。死刑確定者の健康状態についても、死刑確定者が自らの診察記録の開示を申請しても認められず、独立した医療専門家による調査も認められない。日本の刑事訴訟法479条1項には、「心神喪失」の場合には死刑の執行を停止するとされているが、死刑執行に際して死刑確定者の精神状態を審査する手続きも不明である。

　2007年、国連の拷問禁止委員会は日本政府に対し、「精神障がいの可能性のある死刑確定者を識別するための審査の仕組みが存在しない」と指摘し、「死刑確定者とその家族のプライバシー尊重のためと主張されている、不必要な秘密主義と処刑の時期に関する恣意性」について、深刻な懸念を表明している。

　国連の「超法規的、即決あるいは恣意的処刑に関する特別報告者」は、2006年の報告書の中で、次のように指摘している。「十分な情報を持った上での死刑についての公の議論は、その運用についての透明性が確保されなければ不可能である。ある国が一方で世論に従うといいながら、一般社会に対して死刑の運用についての情報の提供を意図的に

拒んでいるというようなことは、筋が通っていない。一般社会の人びとは、ほとんど何も知らないに等しい状態で、どうして死刑制度に賛成だなどということができるだろうか。もしも世論というものが国にとって重要な考慮事項なのだとしたら、政府は関係する情報を入手できるようにし、できるだけの情報を得たうえで意見が出せるようにしなければならない。」[*1]

アムネスティ日本は、日本政府に対し、ただちに死刑の執行を停止し、その上で、死刑制度に関する秘密主義を止め死刑制度の現実を明らかにし、死刑廃止に向けた公の議論を行うよう要請する。特に、以下の点について情報を公開するよう、日本政府に強く要請する。

・法務大臣が死刑執行命令を出す際の命令書の起案・決裁の手続きの詳細と、執行の順番に関する基準とその決定担当官あるいは部署

・死刑確定者が再審や恩赦を請求中あるいは請求準備中である場合の検討手続きと、そうした場合に死刑執行命令を出すか否かの判断基準

・精神障がいや拘禁反応が出ている死刑確定者の人数と治療状況の詳細。また、死刑執行に際して、死刑確定者の精神状態を審査する手続きの詳細

さらに、日本政府に対し、早急に死刑確定者やその弁護人が診察記録を入手できるようにし、外部医療機関の専門家による診察の機会を保障するよう、アムネスティ日本は要請する。

[*1]　Alston, Philip, Transparency and the Imposition of the Death Penalty, Report of the Special Rapporteur on extrajudicial, summary or arbitrary executions, UN Doc. E/CN.4/2006/53/Add.3, 24 March 2006

2010年3月9日　アムネスティ英国支部

日本：世界一長期間拘束されている死刑囚は日本の良心の傷

英国・自由民主党のアリステア・カーマイケル議員は、日本の死刑囚の悲惨な状況について発言し、袴田巌死刑囚のケースについて「悲劇であり、日本の良心を傷つけるものだ」と語った。

元プロボクサーの袴田さんは、1968年に死刑判決を受けた。アムネスティ・インターナショナルの調査によれば、彼は、世界で最も長く拘束されている死刑囚である。彼は1968年に逮捕され、弁護士の立ち会いがないまま、20日間にわたる取調べを受けた。その後、殺人罪で有罪判決が下されたが、その根拠の一部となった自白は、警察の取調官によって強制されたものであると指摘されている。

アリステア・カーマイケルは、オークニー諸島およびシェトランド諸島選挙区から選出された下院議員である。彼は、死刑廃止のための超党派議員連盟の会長として、袴田さんのケースに取り組んでいる。昨年、同議員は日本を訪問し、袴田さんを釈放するよう日本政府に働きかけた。袴田さんが74歳の誕生日を迎える3月10日、カーマイケル議員は、ア

ムネスティの代表と共にロンドンの日本大使館を訪問し、同政府に対して、袴田さんの再審を開始するか、彼を釈放するよう強く求める予定である。

袴田さんの裁判に関しては、長年に渡ってその公正さに疑いが持たれている。第1審を担当した判事の一人は、自ら袴田さんの無実を確信していると語っている。一方、アムネスティでは、日本の死刑囚監房の状況が非常に過酷であると強く主張している。袴田さんは特に28年間以上も独房に拘禁されており、他の多くの死刑囚と同様、精神障害に苦しんでいる。

アリステア・カーマイケル議員は次のように語った。

「今日の世界では、誰であれ死刑を宣告されるべきではない。袴田巌さんが、ビートルズの時代から、また、人類が初めて月面着陸した頃からずっと死刑囚として拘禁され続けていることを思うと、私は言うべき言葉を失う」

「それは、袴田さん個人にとっての悲劇であるとともに、日本の良心に深く刻まれた傷である」

「私は、（米国の死刑囚である）ケニー・リッチーのケースについて長年関わってきた。だから、死刑囚がいかに悲惨な境遇に置かれているかを十分に理解している。しかし、袴田さんのケースは、そうした一般に言われる死刑囚のケースとはまったく違う。本当に衝撃的なケースである」

「ロンドンの日本大使館に行ったからといって、袴田巌さんを一夜にして死刑囚監房から出すことはできないだろう。しかしそれは、彼に公平な再審を保障すること、もしくは釈放を確保するための一歩なのだ」

アムネスティ英国支部事務局長のケイト・アレンは次のように述べた。

「大多数の人びとの日本についての認識の中には、日本がいまだに死刑制度を持っているという事実はないだろう。ましてや、一人の死刑囚が40年以上も収監され続けているという事実など想像もできないだろう」

「しかし、現実は本当にひどいものである。日本で死刑を宣告されると、数十年のあいだ非人間的な状況に置かれ、ある日突然、独房から引きずり出されて絞首刑に処せられるのである」

「74歳の誕生日を迎える袴田さんと共に、彼の事件がどうなるのか、私たちは真剣に注視しなければならない。袴田さんを裁いた第1審の不公正さと、彼の精神障害についての懸念が増していることを考慮すれば、日本の政府当局は一刻も早く再審の道を開くか、彼を直ちに釈放しなければならないはずである」

日本の死刑囚の処遇は非常に過酷なものである。昨年、アムネスティが発表した長文の報告書で述べたように、日本の死刑囚の多くは独房に収監される。その独房内では動き回ることは許されず、常に座ったままでいなければならない。死刑囚は、他の収容者と話をすることはもちろん、刑務官と目を合わせることも禁じられている。テレビ視聴もできず、外部の面会者は制限され、面会が認められないことも珍しくない。外界との接触はごくわずかしか認められないのである。アムネスティの調査によれば、これまでに多くの死刑囚

が精神障害に追い込まれてきたという事実がある。しかし、それにもかかわらず、いまだに精神障害を持つ死刑囚の処刑を止める保障措置はほとんどない。

今月後半、アムネスティは、死刑に関する国際的な調査結果を発表する予定である。この調査結果において、日本は世界最大の死刑執行国の一つであることが示されるだろう。日本は、2008年に15人の死刑囚を処刑している。

2010年2月8日　アムネスティ日本

死刑に関する情報を公開し、死刑廃止に向けた公的な議論を

アムネスティ・インターナショナル日本は、日本政府に対して、死刑に関する情報を国民に公開し、死刑廃止に向けた公的な議論を進めるよう要請する。

日本政府は6日、死刑制度を含む法制度に関する世論調査を発表した。アムネスティは、死刑は「生きる権利」を侵害する、残虐かつ非人道的な刑罰であり、世論の動向がどうあれ、このような人権侵害を正当化することはできないと考える。

国連自由権規約委員会は日本政府に対し、第4回日本政府報告書審査において、「人権の保障と人権の基準は世論調査によって決定されるものではないということを強調する」と指摘し、2008年に行われた第5回報告書審査においては「世論調査の結果にかかわらず、死刑の廃止を前向きに検討し、必要に応じて、国民に対し死刑廃止が望ましいことを知らせるべきである」と勧告している。

こうした勧告に沿って、日本政府は、秘密主義のベールで隠されている死刑制度そのもののあり方について、きちんとした情報公開を行うべきである。例えば、死刑囚がどのような処遇に置かれているのか、どのように処刑が行われるのか、などについては、ほとんど明らかにされていない。死刑制度を検討する際には、こうした情報を公開した上で、感覚的な判断ではなく、刑事政策に関するさまざまな要素、例えば、犯罪情勢とその原因、犯罪防止のために必要な方策なども適切に理解されていなくてはならない。

日本政府は、自由権規約委員会の勧告を履行し、日本国民に死刑制度の現状や死刑制度が抱える問題点を知らせるべきである。アムネスティ日本は、日本政府に対し、今回の世論調査の結果のみに左右されることなく、死刑の執行を公式に停止し、死刑廃止を視野に入れた公的な議論を開始するよう要請する。

背景情報：

- 国連総会は、2007年と2008年に続けて、「死刑の適用の一時停止」を求める決議を、100カ国以上の賛成によって採択している。現在、世界139カ国が死刑を法律上および事実上廃止しており、アジア太平洋地域においても27カ国が死刑を廃止している。東アジアでは、韓国が2008年に事実上の死刑廃止国となり、今年に入ってモンゴルが死刑執行停止を公式に宣言した。台湾も4年以上、死刑の執行を停止している。死刑廃止に踏み切ったこれらの国の多くで、世論の多数は死刑の存続を支持していた。例

えば、フィリピンでは、1999年の調査で世論の8割が死刑を支持していたが、2006年に死刑廃止に踏み切った。
- アムネスティはこれまで、死刑制度を含む日本の刑事司法制度について、代用監獄や捜査取調べ中の自白強要など、国際人権基準に合致せず、人権侵害と冤罪の温床になっているとして、再三にわたって懸念を表明してきた。これまでに4人の元死刑囚の冤罪が再審によって明らかになり、無罪判決を受けている。昨年10月には、2008年に処刑された「飯塚事件」の久間三千年さんの再審請求が行われるなど、死刑制度を含む日本の刑事司法制度の見直しが国内外から繰り返し要請されている。
- 科学的な研究において、死刑が他の刑罰より効果的に犯罪を抑止するという確実な証拠がみつかったことは一度もない。死刑と殺人発生率の関係に関する研究が1988年に国連からの委託で実施され、1996年と2002年に再調査されているが、最新の調査では「死刑が終身刑よりも大きな抑止力を持つことを科学的に裏付ける研究はない。そのような裏付けが近々得られる可能性はない。抑止力仮説を積極的に支持する証拠は見つかっていない」との結論が出されている。
- 犯罪被害者遺族の感情について、アムネスティ事務総長アイリーン・カーンは、次のように述べている。「アムネスティは死刑に反対ですが、死刑判決を受けた者が犯した罪を過小評価したり許したりしようとするものでは決してありません。人権侵害の犠牲者に深くかかわってきた組織として、アムネスティは、殺人事件の被害者には心からの哀しみを共有しますし、その痛みを軽視するつもりはありません。…当局が殺人事件の被害者に近しい人びとを支援し、苦しみを緩和するためのシステムを構築することがどうしても必要です。しかし、加害者を処刑しても、長期間におよぶ遺族の苦しみを癒すことはほとんどできません。それどころか、処刑された人の家族に同じ苦しみをもたらすことになるだけです」

＊ 参考情報
- 『死刑廃止Ｑ＆Ａ』http://www.amnesty.or.jp/modules/mydownloads/visit.php?cid=2&lid=16
- 『日本：これが最後の日？──日本の死刑制度（2006／仮訳版）』http://www.amnesty.or.jp/modules/mydownloads/visit.php?cid=7&lid=8

2009年9月10日　アムネスティ国際事務局

日本：精神障害を持つ死刑囚への死刑執行の停止を

　日本政府が、精神障害を持つ死刑囚を処刑し続けることは、非人間的であり、終わりにしなくてはならない。アムネスティ・インターナショナルは本日、日本において死刑判決を受けた精神障害者の処遇に関する新しい報告書を発表し、そのように述べた。

　アムネスティは、新しい報告書「首に掛けられたロープ：日本における精神医療と死刑」の中で、日本において精神障害を持つ死刑囚に死刑が執行されていることは、日本が署名している、深刻な精神障害を持つ死刑囚を死刑から保護するよう義務づける国際基準

に違反している、と強く批判した。

　現在、日本では102人の死刑囚が、死刑が執行されるのかどうか、そして、いつ死刑が執行されるのか、その告知を待っている。法的手続きが終了した死刑囚は、死刑執行を待つ日々を強いられており、たった2、3時間前の事前通告で死刑が執行されうる刑罰に向き合っている。毎日毎日が彼らの最後の日になる可能性があり、そして、死刑執行令状を持った刑務官の到着が、数時間以内に行われる彼らの死刑執行を宣告することになる。何年も、時によっては何十年もこのような年月を生きる人びとがいるのである。

　「長期間にわたって、受刑者を処刑の恐怖に日々さらされて生きる状況におくことは、残虐であり、非人道的かつ品位を傷つける行為である。日本において死刑囚に課される処遇は、彼らが死刑囚監房において、深刻な精神障害を発症する高い危険性にさらされていることを意味する」と、アムネスティの保健問題専門家で、この報告書の主執筆者であるジェームス・ウェルシュは述べた。

　「死刑囚の処遇は、彼らが深刻な精神衛生上の問題を発症するのを防止するために、直ちに改善される必要がある」

　日本の精神障害を抱える死刑囚の正確な人数は不明である。死刑制度と死刑囚の健康についての秘密主義と、独立した精神医療の専門家による調査の欠如が、死刑囚の精神状態を判定する方策として二次的な証言や記録に依拠するしかないという状況をもたらしている。日本政府は、死刑囚への面会を許可しない方針を取っており、アムネスティの死刑囚への面会要求を拒否している。

　アムネスティは、死刑囚がお互いに会話をすることを許されておらず、厳格な隔離が強制されているとの情報を得た。死刑囚の家族や弁護士、その他の人びととの面会は、1回あたりたった5分程度に制限されている。トイレに行くことを除いて、死刑囚は、独房の中で動き回ることを許されておらず、座り続けていなければならない。死刑囚は、他の受刑者に比べて、新鮮な空気や光に触れる機会も少なく、彼らに課せられた厳格な規則に違反する可能性がある行為をしたという理由で、更なる処罰を受ける場合もある。

　「こうした非人間的な環境は、死刑囚の不安と苦痛を増大させる。そして、多くの場合、死刑囚の精神的なバランスを失わせ、精神障害に追い込むことになる」とジェームス・ウェルシュは述べた。

　アムネスティによる国際調査によれば、精神衛生上の問題に苦しんでいる人びとは、死刑に追い込まれる危険性が特に高いことが示されている。精神障害が、犯罪に関与してしまう一因となることもあり、効果的な法的弁護に関与する被告の能力を損ない、さらに、控訴を断念するという死刑囚の決断に重大な影響を与える可能性がある。

　今回の報告書は、日本政府に対して、死刑廃止を念頭に置いて死刑の執行停止を行うよう求めている。また、日本政府に精神障害が関係しているかも知れないあらゆる事件を再調査し、精神障害を持つ死刑囚が死刑執行されないよう保証し、死刑囚の状況を改善するよう求めている。そうすれば、死刑囚が、精神衛生状態の悪化や深刻な精神障害の発症に苦しまずに済むのである。

アムネスティは、日本政府に対し、国際人権基準を遵守することによって、人権に対する確固たる責任を示すよう要求する。

＊　報告書の全文は以下からご覧いただけます（英語のみ）。http://www.amnesty.org/en/library/info/ASA22/005/2009/en

2008年10月31日　アムネスティ日本

自由権規約委員会の最終見解発表
日本の人権保障政策のグランドデザインが示される

　ジュネーブ時間10月30日（日本時間10月31日）、市民的および政治的権利に関する国際規約にもとづく自由権規約委員会による第5回日本政府報告書の審査の最終見解が発表されたのを受け、アムネスティ・インターナショナル日本はこれを歓迎するとともに、そこに記載された具体的な改善措置について、日本政府が直ちに必要な措置をとるよう強く呼びかける。

　最終見解は10月15日と16日の委員会による審査を受け、28日と29日にわたる会議で採択されたもので、日本が今後とるべき人権保障政策のためのグランドデザインを示している。委員会は、男女平等社会の実現を目指すいくつかの方策、DV対策法、国際刑事裁判所への加入などを積極的な側面として評価しつつ、第6パラグラフから第34パラグラフに至る29項目にわたり、日本政府に対して具体的な改善勧告をおこなっている。勧告内容は多岐にわたるとともに、1998年の前回勧告に比べても極めて具体的かつ詳細にわたっており、実現可能性が高い。日本政府は、こうした勧告を速やかに受け入れ、ただちにこれらを完全実施するための措置を講じなければならない。

法執行官への人権研修、および国内人権機関

　パラグラフ6で、委員会はまず、法執行機関、また下級審を含む司法において、人権条約に関する理解がいきわたっていない状態に懸念を示し、パラグラフ7で裁判官を含め、条約の適用及び解釈に関する研修をすべきことを勧告している。これは、国際的な人権基準とあまりにかい離した日本の人権理解に対して重大な警鐘を鳴らしているものである。同時に、パラグラフ8で個人通報制度への加入を強く求め、司法の独立との関係でこれに消極的な態度を示した日本政府の態度を批判している。さらに、パラグラフ9で、国内人権機関を、パリ原則に沿って行政府から独立した機関として設置するよう求めている。「独立」の文言が強調されたことで、現在政府内部で検討されている法務省内の人権擁護委員会では、その要件を満たさないことが指摘されているものである。

公共の福祉

　委員会はまた、パラグラフ10で公共の福祉の概念が人権を制限する方向で用いられていることに懸念を示し、立法による定義づけと、それが条約の許す制限を超えないよう保

障することを求めている。日本では公共の福祉の概念が、表現の自由の制限の事例などに頻繁に見られるように、人権制約の際に恣意的に用いられている点に懸念を示しているものである。

女性差別

　パラグラフ11、12、13で、女性差別の問題に関して、委員会は民法改正をただちに進めるとともに、第二次基本計画、女性の労働条件などに関して、より具体的な目標を設定した措置の実施を求めた。また、パラグラフ14で、刑法第177条の強姦罪の定義に男性に対するレイプも含めるとともに、重大な犯罪とし、被疑者側の立証責任を回避させ、合わせてこうした犯罪に対処するための特別のジェンダー研修を裁判官および法執行官に対して実施するよう求めた。パラグラフ15では、ドメスティック・バイオレンスに関しても、加害者を確実に処罰することに加えて被害者側に対するケアの対策を強調した。特に外国籍の被害者に対する特別のケアを求めている。この点は、パラグラフ23の人身売買の問題とも関係する。

死刑制度、および被拘禁者の人権

　死刑の問題に関しては、2つのパラグラフにわたって詳細な勧告がなされた。また昼夜間独居の関係でもうひとつパラグラフでも取り上げられた。

　パラグラフ16では、次のように勧告された。「世論の動向にかかわりなく、締約国は死刑の廃止を考慮すべきであり、一般世論に対して、死刑を廃止すべきであるということを必要な限り説明すべきである。現段階では、規約6条の2に規定された通り、死刑は最も重大な犯罪のみに厳格に限定すべきである。死刑囚の処遇、高齢者に対する死刑執行や精神疾患を持つ人の死刑執行については、より人道的なアプローチがとられるべきである。締約国はまた、死刑囚や家族が死刑執行に絡む心理的な負担を少しでも軽くすることができるよう、死刑の執行日時に関して、十分な期間的余裕をもって事前に知ることができるようするべきである。死刑囚に対しては、恩赦、減刑、執行延期手続きなどがより柔軟に認められるべきである。」

　パラグラフ17では、次のように勧告された。「締約国は、死刑事件に関しては必要的再審査手続きを設けるとともに、再審請求や恩赦の出願がなされている場合には執行停止の措置をとるべきである。恩赦の出願に関して回数制限を設けることは考慮してもよい。再審請求にかかわる弁護人との打ち合わせについては、すべて秘密接見交通が保障されるべきである。」

　これらに加えて、パラグラフ21では、次のように指摘された。「締約国は、死刑囚の拘禁を原則として昼夜間独居とすることについて、そうした原則を緩め、昼夜間独居は限られた期間のみの例外的な措置とし、期間制限を設けること。保護房に収容される囚人の身体的、精神的診断を事前におこなうこと。不服申立てができずに明確な基準もなく指定される『第4種制限区分』により一定の囚人を隔離処遇することを止めること。」

パラグラフ17とパラグラフ21の勧告は、パラグラフ34において1年後の進捗報告を義務付けるフォローアップ手続きの対象とされており、委員会がその重要性に着目していることは明らかである。死刑の適用犯罪を「最も重大な犯罪」に限ることに関しては、以前の勧告内容に厳格性要件が付け加えられたことで、具体的な立法措置として死刑適用犯罪を減少させ、量刑基準も客観的かつ厳格にすることが求められているものである。また、高齢者、精神疾患を持つ人に関する死刑執行に関しても、厳格な保障手続きを設けることが要請されている。さらに、現実的に機会を奪われ、その結果再三にわたる請求を余儀なくされている再審請求や恩赦出願に関して、これらを柔軟に認めるよう求めている。また、現在検察官は死刑執行停止の手続をとっていないが、そうした手続を必要的におこなうよう求めている。再審手続に関しては、再審が実際に開始されるまで秘密接見交通が認められない現状に対して厳しい指摘がなされ、再審請求の手続に関して秘密接見交通を保障することが求められた。これは、尋問中の弁護人の立会権とともに、公正な裁判を保障する上での当然の措置だが、これがとられていない日本の現状が極めて厳しく糾されたものである。

　昼夜間独居に関しては、死刑囚だけでなく、懲罰的におこなわれる隔離収容および原則昼夜間独居とされる第4種制限区分についても、懸念が示されている。

代用監獄、および捜査取り調べの可視化

　パラグラフ18では、代用監獄制度（日本政府は「代用刑事施設」と呼称している）について、条約（特に規約第14条）の保障措置が完全に満たされない限り廃止せよという強い勧告となった。尋問中の弁護人の立会を認めること、起訴前保釈の導入なども求められている。この勧告も、フォローアップの対象となっている。

　続くパラグラフ19では、取り調べ尋問の長さの制限とそれを逸脱した場合の罰則などの必要性も述べられている。尋問はすべて録音録画されるべきであり、弁護人の立ち会いの権利を保障するよう求めている。警察による取り調べの役割は真実発見ではなく証拠の収集に限られることが強調されたのは、捜査機関による取り調べが過剰な役割を担おうとしていることに対する重大な警鐘である。被疑者が黙秘することで不利益な判断をされることがないよう、また裁判所は自白ではなく近代的で科学的な証拠に依拠するべきであるとも指摘され、現在の取り調べが近代的でも科学的でもないと批判している。この勧告も、フォローアップの対象となっている。

刑事施設および留置施設視察委員会

　パラグラフ20では、刑事施設および留置施設の視察委員会に関しては、十分な資金と権限が認められるようにすることが求められる一方、委員の選任に関して施設当局の管理者が選任することに委員会は懸念を示している。また、被留置者が受け取った申立てについて都道府県公安委員会ではなく外部専門家による独立した審査機関で判断するよう求めている。どのような申立てがあったのかなどについて、詳細な統計を示すようにも

求められており、施設限りで申立てが握りつぶされることを防ぐよう意識されている。

日本軍性奴隷制

　日本軍性奴隷制、いわゆる「慰安婦」問題に関しては、パラグラフ22で、法的責任を認め、公式に謝罪すること、加害者に対する処罰、教育現場での言及義務が勧告された。これまでの他の条約機関や国際機関、他国議会などからの勧告内容に加え、さらに踏み込んだものとなっている。自由権規約委員会は、これまでも審議の中で本件に触れつつも、最終見解の勧告に含めたのは今回が初めてである。戦時性暴力に対する責任追及という重大な国際的な義務を、日本が60年以上を経て未だに果たしていないことを、明確に示した勧告として高く評価できる。

人身売買

　人身売買に関して、パラグラフ23で「締約国は、人身売買被害者を認定する努力を強化し、締約国に人身売買された、あるいは通過して売買された流れに関する体系的な統計を保証し、人身売買に関連した犯罪の加害者に関する量刑手続きの政策を見直し、被害者を保護する民間シェルターを支援し、通訳、医療、カウンセリング、未払い報酬や賠償請求のための法的支援、リハビリテーションのための長期支援、そして人身売買被害者の法的地位の安定などを保証することによって被害者支援を強化すべきである」と勧告された。

外国人研修生および技能実習生

　パラグラフ24では、研修生問題に関して、「締約国は、法定最低賃金と社会保障などをはじめとする最低労働基準に関する国内法による保護を、外国人研修生および技能実習生に適用し、研修生と技能実習生を搾取した雇用主に対して適正な制裁措置を科すべきである。また締約国は、現行の制度を、研修生及び技能実習生の権利が十分に保護された新たな枠組みに移行し、低賃金労働者を募集するよりもむしろ能力開発に焦点をあてることを検討すべきである」と勧告された。審議の中でも、奴隷的状態にあると指摘され、国際的にも注目されている。

出入国管理

　パラグラフ25では、入管法にかかわる政策に関して、拷問を受ける可能性のある国への送還を禁止する明示的な規定（ノン・ルフールマン原則）を設けることが勧告され、また難民認定手続きにおける通訳手配を含めた様々な問題の解決が指摘されている。特に難民不認定となった際に即時送還されることを防ぐよう勧告されている。合わせて、テロ容疑者を法相の判断のみで即時退去強制できる制度につき、不服申立てを実質的にできる条件を整えることを含め、情報開示と適正な手続きを設けることが勧告された。これにより、昨年11月から開始された外国人が入国する際の入国管理手続は、見直しを迫られ

ることになる。

表現の自由

　パラグラフ26の表現の自由の制限については、公職選挙法の戸別訪問の禁止がこれに抵触すると懸念されたほか、政治活動や市民運動でのビラ配布行為が住居侵入罪で逮捕、起訴、処罰されている現状に懸念を示し、そのような表現の自由の制限を排除するよう勧告している。これは立川のテント村事件などでの一連の警察、検察、裁判所の判断の動きを踏まえた勧告であり、日本の人権状況が国際的に見て極めて重大な問題を含んでいることを明確に示している。

子どもの虐待、および婚外子差別

　パラグラフ27で、子どもの虐待に関して性交同意年齢の引き上げが勧告されたほか、パラグラフ28では婚外子差別について国籍法第3条、民法900条4項の改正を求めるほか、戸籍法第49条1項1号で規定される出生届における嫡出の記述を無くすよう求めている。再三にわたって各条約機関から勧告されているにもかかわらず、未だに改正が進んでいない点であり、今回より詳細かつ具体的な勧告となっている。

LGBTへの差別

　同性愛者や性同一性障害にかかわる差別の根絶のため、パラグラフ29で、性的指向にもとづく差別の禁止を規定するべく勧告されている。また同性事実婚カップルに対しても異性婚カップルと同様の利益措置が講じられるよう求めている。

マイノリティへの差別

　年金制度に関して、パラグラフ30で国籍者以外に対する年金からの除外を是正することが勧告され、移行措置をとることが求められた。またパラグラフ31では、朝鮮学校に対して、他の私立学校と同様の卒業資格認定、その他の経済的、手続的な利益措置が講じられることが求められている。最後にパラグラフ32では、アイヌ民族、琉球／沖縄の先住民族性を正式に認め、土地権、文化権などを認めるよう求められた。日本政府が、アイヌ民族を先住民族として認めながら、国連先住民族権利宣言にある先住民族としては未だに認めていない現状に対して、強い懸念を示し、それを是正することも含めているものである。

報告期限および勧告の配布

　委員会はパラグラフ33で次回報告期限を2011年10月29日に設定するとともに、今回の最終見解の内容について、社会一般のみならず、政府、行政府、司法府部内の末端に至るまで、その内容を周知徹底させることを特に強調している。日本政府の今回の審査に際しての回答が形式にとどまり、かつ前回勧告からほとんど進展がなかった点を強く懸念

しての要請事項である。パラグラフ34には、パラグラフ17、18、19、21に関して1年後のフォローアップ手続を行うことが求められている。その他、以前に勧告され未だ実現していない項目についても、今後の審査における報告義務が規定された。

世論と人権保障

今回の審査に際しては、さまざま場面で日本政府は世論の動向や反対意見の存在を、改善措置をとらない言い訳として用いていた。しかし、人権の問題は、世論の動向で決めてはならない。むしろ世論や一般に広まる誤解を是正する役割や責任が締約国にあることが、再三指摘された。日本政府は、今回の最終見解を、今後の日本の人権状況を作り上げていく基礎となるグランドデザインとして受け止め、そのロードマップに従い、具体的な措置を講じることが強く求められる。

アムネスティ・インターナショナルは、日本政府に対し、今回の委員会からの最終見解を遅滞なく完全実施するよう強く求めるものである。人権の問題に国境はない。日本政府は、国際社会からの要請をこれ以上無視してはならない。

最終見解原文：http://www2.ohchr.org/english/bodies/hrc/docs/co/CCPR-C-JPN-CO.5.doc

2007年12月7日　アムネスティ日本

死刑執行抗議声明

死刑の執行に抗議します。

本日、死刑確定者の府川博樹さん（東京拘置所）、藤間静波さん（東京拘置所）、池本登さん（大阪拘置所）に対して死刑が執行されました。

今回の死刑の執行についても、本人や家族を含め誰にも事前の予告はなく、突然に行われました。今回は執行後に執行された死刑囚の氏名が公表され、加えて先月は国会の法務委員会が刑場視察を許可され、私どもの死刑廃止活動について法務大臣が直接に話を聞く機会が設けられるなど、死刑制度をめぐる秘密主義に風穴をあける動きがあることは評価します。しかし一方で、今年は執行数が3回に増加し、昨年を上回る9人の死刑がこの1年間に執行されたことに強く抗議します。

世界の死刑廃止の潮流は、政治制度や宗教、文化の差異を超えて広がっています。そのような中で日本がこの流れに逆行し続けていることに、アムネスティ・インターナショナルは懸念を表します。2006年に死刑を実際に執行した国は、日本を含むわずか25カ国であり、G8諸国で死刑を存置している国は日本と米国のみとなりました。その米国でも死刑廃止の議論が活発化し、執行数、死刑判決数は年々減少しています。

国際連合では11月15日、世界規模で死刑の執行停止を求める決議が国連第3部会で採択されました。この決議は、①死刑廃止を念頭に置いて、執行を停止する、②死刑に直面する者の権利の保護を確保する保障規定をさだめる国際基準を遵守し、③死刑の適

用を厳しく制限し、死刑相当犯罪の数を削減するよう各国に求めています。アムネスティはこの決議採択を歴史的な快挙とみなし、歓迎しています。同決議案は今月中旬に総会に提出され、採択される見通しです。

国連拷問禁止委員会は、2007年5月に拷問等禁止条約の実施状況に関する第1回日本政府報告書に対して最終見解を発表しました。委員会は死刑確定者の処遇状況に関し、日本の死刑制度に関する多くの条項が「拷問あるいは虐待に相当しうる」とし、改善に向けてあらゆる手段をとるよう勧告しました。また、死刑確定者の法的保障措置が制約されている点についても深刻な懸念を表明し、死刑の執行をすみやかに停止し、死刑を減刑するための措置を考慮し、恩赦を含む手続きを改善し、すべての死刑事件の上訴権を必須とし、死刑執行が遅延した場合は死刑を減刑することを確実に法律で規定すべきと勧告しました。

世界中が日本の死刑制度の行方を見守っています。国連をはじめとする死刑執行停止に向けた国際的な圧力は、今後大きくなることが予想されます。死刑制度という究極の人権侵害を廃止する一歩を、日本が近い将来に踏み出すことをアムネスティは期待しています。

2007年6月5日　アムネスティEU事務所

EU：死刑問題について日本と対峙せよ

ドイツのEU議長国期間がまもなく終わるが、その終盤に行なわれるサミットの議長国として、ドイツは本日の日本との会談で人権問題を提起することを忘れてはならない。

日本は海外人道援助大国であるが、自国内では重大な人権問題を抱えたままである。その最たるものが、先進国でも数少ない死刑存置国であるという事実である。2006年12月25日に久し振りの死刑執行があってから、これまでに7人が絞首刑に処せられた。

アムネスティ・インターナショナルはEU議長国ドイツに書簡を送り（書簡はwww.amnesty-eu.org）、死刑に関するEUガイドラインに照らし日本が死刑廃止に向けて実際に動き出すことを求めるよう要請した。また、国際基準を満たしていない裁判前拘禁制度のもとで、自白の強要の問題が依然として発生していることもとりあげるよう、アムネスティは議長国ドイツに求めた。

アムネスティのEU事務所のディック・オースティン所長は次のように述べた。「日本は近代国家だとよく言われるが、日本で行なわれている死刑はその反対に中世的な側面を持っている。たとえば執行方法が絞首であることや、死刑囚本人ですら執行を知らされないことがあるという秘密主義などである」。

刑務所の状態もまた、アムネスティが懸念する重大要因である。死刑囚は、時には数十年にわたって独居拘禁される。外部との面会は、回数が少ない上に監視つきとなり、テレビは禁止され、書物は制限される。その結果、精神を患う人びともいると伝えられている。

アムネスティはEU議長国に対し、「慰安婦」として知られる第二次世界大戦中の日本軍

の性奴隷の問題についても取り上げるよう求めた。

　性奴隷制のすべての被害者に対し、完全な謝罪と賠償を行なっていないことは、日本の人権記録のもう一つの汚点であり、サミットで取り上げるべき問題であると、オースティン所長は述べた。

2005年6月4日　アムネスティ国際事務局

日本：今こそ人権分野でリーダーシップを示すとき

　「経済的、政治的に大きな力を持つ国として、日本は国内外でより人権を促進しなければならない。国外に向けては警戒的で、国内に関しては保守的な日本の人権政策は、ただちに止めなければならない」アムネスティ・インターナショナルのアイリーン・カーン事務総長は、5日間にわたる東京訪問を終えるにあたって、そのように語った。

　「日本は、まず国内の人権状況をもっとまともにするべきだ」

　受刑者の処遇を改善しようとする最近の立法を歓迎しつつも、アムネスティは、ただちに取り組まなければならない大きな問題が残っていると、注意を喚起した。

　「代用監獄制度は秘密主義で覆われている。外部からの監視がない中での取調べや自白の強要などは、決して容認することはできない」アイリーン・カーン事務総長はそのように強調した。

　「代用監獄は日本の人権史に残る汚点であり、ただちに廃止されなければならない」

　「昨年日本で死刑判決を受けた人数は、過去25年間で一番多い。これは死刑廃止に向かっている国際的な流れに真っ向から逆行している」と、カーン事務総長は語った。

　「日本は、先進主要8カ国（G8）の中で、死刑を執行しているたった2カ国のうちの1つである」

　アムネスティは、日本政府に対し、ただちに死刑執行を停止し、死刑廃止に向けた公の議論を起こすよう求めた。

　「特に自白に偏重した有罪判決が多く、代用監獄制度が存在するがゆえの誤判の危険性は、あまりに高く、受け入れがたい。死刑はただちに廃止されるべきである」

　アムネスティは、難民申請者を幅広く長期にわたって収容していることを批判した。収容期間は、平均して13ヶ月以上に及んでいる。多くが収容中、医療措置をうけることが許されない。

　「日本政府はただちに、収容されているすべての人びとの事例を見直す正式な手続きを確立するべきである。収容は、例外的な場合に限られるべきだ」とカーン事務総長は強調した。

　難民認定制度上の不備を指摘したうえで、アムネスティは、日本政府に対し、1951年難民条約上の義務にしたがい、公正で透明性のある制度を確保するよう要請した。

　日本政府は、さらなる研修が必要であることを認め、アムネスティに支援を要請した。

　日本は、人身売買への対処が不十分であるという批判をうけてきた。この問題を是正す

るため日本政府がはらってきた努力に言及しつつ、アムネスティは、女性や少女を中心とする被害者を保護するためにさらに多くの取組みがなされるべきであると強調した。

「人権は日本の国内にとどまるものではない。朝鮮民主主義人民共和国からインドネシア、アフガニスタンからビルマ（ミャンマー）という、この地域における大きな人権問題を考えると、日本政府は、その外交政策の中に人権に関する配慮を大胆にとりいれるべきだ。日本政府は、国際司法、武器規制、そして国連人権機関の改革に対する真摯な姿勢を明確に示さなくてはならない」とカーン事務総長はつづけた。

アムネスティは、日本に対し、来るG8サミットにおいて、武器貿易条約（ATT）のための提案を支持するよう求めた。

アムネスティはまた、日本に対し、国際刑事裁判所設置規程（ローマ規程）へ加入するよう求めた。

「日本政府は、国際刑事裁判所に協力的ではあるものの、加入には二の足をふんでいる。迅速な加入によって、日本は、国際司法に参加するという明確なメッセージを送ることになる」とカーン事務総長は断言した。

国連安保理の拡大だけでなく、国連人権理事会というより権限が大きく信頼性の高い機関を設置しようとする国連改革の動きは、日本にとってリーダーシップを発揮する絶好の機会である。

「国連安保理の常任理事国入りをめざす日本の熱意は、人権に関する義務を果たすという強い決意に裏打ちされたものでなくてはならない」とカーン事務総長は締めくくった。

「今こそリーダーシップを示すときだ」

背景

5日間の日本滞在中、アイリーン・カーンは、細田官房長官、南野法務大臣、外務省高官、JICA理事長の緒方貞子氏、国会議員、日本弁護士連合会、企業経営者、NGO関係者、外交官、研究者などと会合した。

2005年3月30日　アムネスティ日本

日本：アムネスティ日本、受刑者処遇法案に対する提言

社団法人アムネスティ・インターナショナル日本
監獄法改正案／受刑者処遇法案に関する提言

国際的な人権擁護団体であるアムネスティ・インターナショナルは、1998年に日本の拘禁施設における人権状況について詳細なレポートを発表した。名古屋刑務所での暴行事件が発覚して以来、このアムネスティからの提言も含めて、NGOからの提言を受けた行刑改革でも再び模索され、2003年に設置された行刑改革会議でも、4月、アムネスティの代表が国際的な人権基準からする現在の行刑の問題点、あり得るべき改善点などを指摘した。

2003年末に最終提言をまとめた行刑改革会議の勧告は、十分とはいかないまでも、これまでの行刑のあり方に一石を投じる重要な一歩であった。アムネスティは、この行刑改革会議が果たした努力を一定評価する。しかし、最も重要なのは、これをどのようにして実現し、かつこの提言には最終的に盛り込まれなかった点について注意を喚起するものである。

　行刑改革会議の提言は、既決の囚人に対する処遇に焦点をあてており、この点は未決の囚人に対する取り扱い、代用監獄制度の廃止を含めた包括的な検討がさらに必要である。アムネスティは、それだけでなく、司法における取調べの問題、警察での尋問中のビデオ録画の導入、逮捕時での弁護人選任権などについても十分に国際基準を満たすべきであると再度強く勧告する。これらは、1998年の自由権規約委員会からの最終見解、拷問等禁止委員会による提言など各種の国際機関ですでに十分指摘されながら、日本政府が実現を未だに拒んでいる事項である。

　既決の囚人に対する処遇については、名古屋刑務所での職員による暴行、死亡事件を契機に大きな話題となった。しかし、すでに1998年、アムネスティはこうした暴行、虐待事件が日常化しているという点を指摘し、国際的な勧告を出している。

　今回の監獄法改正にあたっては、処遇部分につき、別立法にゆだねることにより、実質的な監獄法の改正を実現しようとしている。これについては、いくつかの点で好意的に評価できる。

　まず、第三者による刑務所訪問委員会を設置し、一般からの目を入れて刑務所内の処遇に対する監視機能を強化するという点である。これまでともすれば外部からの目を入れようとしなかった刑務所の態度を大きく変えるという点で、この改善は評価できる。事実、昨年より、アムネスティをはじめとするNGOが刑務所を訪問することが比較的容易になった。そして、当局者と処遇の状況について意見交換をすることができるようになったのは大きな前進である。この制度については、今後、不服申立の受理の手続き、その中立性の確保、NGOの参加の拡大など、今後の改善に期待する点が大きい。

　一方、不服申立機関として設けられる予定の手続きは、現在上程が予定されている「人権擁護法案」との相克が大きい。特に本来の行刑改革会議の提言では、刑務所などを統括する法務省とは別の独立した機関による機能として構想されていたものが、人権擁護法案では法務省の外局として設置されることがうたわれている。これは人権監視機能としての役割を大きく減じるものであり、行刑改革会議の提言とも矛盾する。他国を見ても、仮に司法省の下に設置される場合でも、その司法省は刑務所などを統括する部署ではなく、人権侵害を監視される部署が、それを監視する機能を同じ省庁に持つという例はまず見られない。これはパリ原則に反する措置であり、ただちに撤回されなければならない。

　改善点の2点目は、外部とのアクセスの容易化と軍隊式行進、点呼などの実務の緩和である。これらについて、アムネスティが訪問した各刑務所では、徐々にではあるが比較的変更がスムーズに進んでいることが認められた。しかし他の施設の状況は不明である上、依然として所長の裁量による部分が大きいため、明確に受刑者の権利、保護措置として

法文に明記されることが望ましい。また、刑務作業前後の裸体検査が多くの施設で未だに実施されており、その結果問題となる物が見つかった例が極端に少ないにも関わらず、施設側は廃止の意向を表明していないが、これについても再考の余地がある。

外部とのアクセスの容易化について、電話での連絡が許される可能性が出てきていることは注目に値する。韓国などではすでに実施されている措置であり、これに引き続き、面会時の不必要な職員付き添いの廃止なども考慮されるべきと考える。

改善点の3点目として、拘束具、保護房、革手錠に関する緩和がある。革手錠は廃止され、第2種手錠がそれに替わっている。しかしその使用頻度は依然として多く、革手錠ほどの非人道的な取り扱いにまではいかなくても、過度に苦痛を与える形で使用されている形跡があり、また保護房についても24時間ビデオ録画が導入されることになったものの、保護房の多用それ自体は改善されていない。拘束具の使用については、現在最低限の利用にとどめているとの当局からの説明を受けているが、それと相反する申立が収容者側から寄せられていることも指摘しておきたい。

1998年にアムネスティが出した提言の中で未だに実現の可能性がたっていないものとしては、軽屏禁の廃止がある。アムネスティは、現在の態様でおこなわれている軽屏禁は国際的基準に反する残虐な取り扱いにあたると考えている。しかし、懲罰としての軽屏禁は依然として規程から削除されておらず、現実に運用されている。この懲罰の決定にあたるのも刑務所当局であり、中立性、手続きの透明性が確保されていないという問題点がある。

受刑者に対する医療措置についても十分ではない。そもそも受刑者には厚生労働省の管轄する保険の適用がなく、あくまでも法務省の判断として措置が講じられるのみである。しかも刑務所内の医療関係者の数は圧倒的に不足しており、特に夜や休日の診療体制が不十分である。さらに、外部病院の利用については非常に制限的である。収容者が診察の際、医者の目を見ないように指導されている場合もあるということである。この点については厚生労働省と協力の上、通常の健康保険の対象とし、必要な医療措置を直ちに講じることが必要である。また、一部の施設では冷暖房設備が整っておらず、受刑者は激しい暑さや寒さに苦しんでいる。

医療措置も含めてだが、刑務作業を中心としたプログラムのため、カウンセリングや具体的な改善・社会復帰プログラムに関与出来る人員が非常に限られている。人員体制の増加が要求されているが、現実的に処遇プログラムを推進するための技術を備えた人員は非常に限られており、かつ刑務作業の時間に関する定めがあるため、実際に処遇に利用できる時間も限られてしまっている。これでは実効的な改善・社会復帰プログラムは期待できない。刑務作業時間の短縮ないし緩和、賃金制の導入も視野に含めた、抜本的な改善策と人員体制が検討されるべきである。

過剰拘禁が取りざたされているが、その主な要因は高齢の受刑者の増加である。そのため介護を含めた医療措置の整備は極めて優先順位の高い問題だと考えられる。今回の監獄法改正の議論の中で、今後の日本の行刑の先端的な道が、国際的な人権基準に沿っ

て開かれることが最も重要である、とアムネスティ・インターナショナル日本は考えている。

2003年4月13日　アムネスティ日本

拷問の加害者・責任者に対する徹底した責任の追及を求める。
受刑者の処遇は国際的な人権水準を保障するものでなければならない。

　名古屋刑務所での受刑者に対する拷問・虐待致死、致傷のケースの発覚を契機に、日本の各刑務所における重大な人権侵害の実態が明らかとされつつある。法務省当局は刑務所内で死亡した者に関する資料の存在を明らかとしたが、その資料によれば、死因が不明瞭であり、何らかの拷問・虐待の存在の可能性が懸念される不審事例が相当数含まれている。

　その実態について徹底した真相究明が行われず、拷問の加害者・責任者がその責任追及を免れれば、加害者の行為は裁かれることなく放置され、責任を問われなかった加害者は、また新たな人権侵害行為に及ぶ危険性がある。その責任は、直接の加害者はもちろん、組織的な背景にまで十分に切り込んで追及されなければならない。

　一方、法務省は、現行監獄法を廃止して受刑者処遇法案策定作業を開始することを決定し、法務大臣の私的諮問機関として行刑改革会議が設置された。しかし、行刑改革会議の委員の人選は不透明であり、また、実務作業にあたる事務局は検察庁からの出向中の検事等により占められ、NGO、民間団体の関与する余地がない。刑務所内での死亡事例に関する資料の隠蔽をはじめ、受刑者に対する重大な人権侵害についての調査・公表を怠ってきたのは、ほかならぬ法務省、検察庁当局である。かねてからアムネスティ・インターナショナル日本をはじめとするNGOや、また国際的場面においても、日本の受刑者の処遇に関して問題意識が提起されてきたにもかかわらず、根本的解決がなされてこなかった。それだけでなく、調査によれば多くの重大人権侵害が隠蔽されてきた可能性が示唆されている。

　アムネスティ・インターナショナル日本は、日本政府に対し、以下の点を求める。
・現在存在する不審事例について徹底した真相究明を行い、拷問の加害者・責任者の責任が適正に裁かれること。また、実態を十分に踏まえた上で受刑者の処遇についての議論をすべきであること。
・行刑改革会議及び受刑者処遇関連法案の策定過程での議論の透明性を確保し、策定作業へのNGOの参加機会を確保すること。かつ、NGOの意見を十分に反映させること。
・独立性を有する第三者機関による不審事例、不服申立事例の調査制度を整備すること。
・新規制定される受刑者処遇関連法案においては、自由権規約の規約人権委員会において指摘された日本の受刑者処遇の問題点を解消し、拷問等禁止条約、国連で近時採択された同選択議定書の趣旨を踏まえ、国際的な人権水準を保障したものとすること。

2002年12月19日　アムネスティ日本

拷問等禁止条約選択議定書
日本の拘禁施設内の暴力をなくすため、日本政府は早期の批准を

　12月18日、ニューヨークの国連総会本会議において、拷問等禁止条約の選択議定書が圧倒的支持を得て採択された。反対は4カ国（米国、ナイジェリア、マーシャル諸島、ベラウ共和国）で、日本は棄権した。（アムネスティ国際事務局ニュースリリースを参照）

　拷問等禁止条約が1984年に採択されて以来、アムネスティをはじめとする世界中の人権NGOが拷問防止のためにより実効的なメカニズムの確立を目指して取り組んできた。今回採択された選択議定書は、拷問等防止小委員会が締約国の拘禁施設に関する情報に無制限にアクセスする権限を認め、国内外の専門家が拘禁施設を定期的に訪問し改善のための勧告を出すことができるなど、拘禁施設内の拷問や虐待を防止するための画期的なメカニズムを持つに至った。

　しかし日本政府は、本年7月24日の国連社会経済理事会、また11月8日の国連総会第3委員会において、同選択議定書採択に反対票を投じ、12月18日の国連総会本会議においても採択を棄権した。本会議での採択後、日本政府は今回の棄権の理由として採択までの手続きで憂慮すべき点があったことを挙げ、将来の人権条約の交渉プロセスが改善されるよう求めた。その一方で日本政府は、拷問防止に向けた積極的な関与と査察訪問メカニズムを有効なものにするための意思も表明した。

　アムネスティ・インターナショナル日本は、監獄や入管収容施設など日本の拘禁施設内の暴行・虐待行為について警鐘を鳴らし続けてきた。去る10月に明らかになった名古屋刑務所暴行事件は、まさに日本の拘禁施設全般の構造的問題を象徴している。日本は、国内外の独立専門家による査察を積極的に受け入れ、拷問・虐待防止のメカニズムを早急に確立するために、その支援を得る必要がある。

　その意味で、日本政府が国連総会本会議において本議定書の採択を棄権したことはたいへん残念であった。しかし、同時に、日本政府が拷問防止に取り組む積極的な意思を表明したことを、アムネスティ日本は歓迎する。そして、日本政府が来る2003年1月、速やかに選択議定書に署名し、批准の手続をとり、国連総会で示した拷問防止に向けた積極的な意思を具体化するよう強く求めるものである。

2002年11月20日　アムネスティ国際事務局

日本：刑務所での虐待を中止せよ

　アムネスティ・インターナショナルは、本日、日本政府に対して、名古屋刑務所における30歳の男性に対する虐待と5月に起きた囚人の死、その他、刑務官による暴行や虐待について、完全で公開され、かつ独立した調査を行なうよう訴えた。

「このような虐待の責任者すべてが裁かれなければならない」と、アムネスティは語った。

アムネスティは日本政府に対し、刑務所を査察し、被拘禁者の処遇や一般的な拘禁状況を監視するための独立した機関の設置を求めた。査察機関は、囚人と個別に何人も交えずに面談できるべきであり、また査察結果を公に公開すべきである。また、この機関には、構成員として医師と精神医学者を加えるべきである。

「日本は、同国が加入する国際人権基準が保障している、すべての被拘禁者の権利が保護されるよう保障するべきである」。アムネスティは語った。

アムネスティによれば、矯正施設は過剰拘禁の状態にあり、秘密主義で、囚人に対する虐待が広範に行なわれている。

アムネスティはまた、日本の矯正施設内部の規則について透明性がないことを強調した。矯正施設の長は、施設内の規則の決定について広い裁量権を与えられており、これらは「施設の安全確保」を理由に公開されていない。

日本の拘禁施設は、全て極めて厳しい規律系のもとで運営されている。被拘禁者たちは、施設職員が厳格に執行する恣意的な規則に従うことを強制される。囚人たちは、しばしばお互いに話すこともできないばかりか、目で合図することすら許されない。こうした規則をやぶった場合に加えられる懲罰は、たとえば同じ姿勢で何時間も、時には数カ月間も座って静止させられ、身体を洗うことも運動も禁止されるといったものなどである。懲罰は、不服を申し立てた者すべてにも適用される。

アムネスティによれば、複数の矯正施設がいまだに、懲罰として「保護房」に囚人を拘禁している。保護房は、囚人たちが、いくらか不安定だったり、弱ったりした徴候がある場合に収容するために作られた特別な房である。囚人は、金属手錠や革手錠で拘束され、食事の時ですらはずされることはない。また、ズボンに開けられた穴から排尿しなければならない（股割れズボン）。

「このような処遇は残虐かつ非人道的で品位を傷つけるものであり、ただちに中止しなければならない」とアムネスティは語った。

日本の刑務所の多くが革手錠を使った懲罰を減らした一方で、名古屋刑務所は、昨年の53回から、今年に入って148回と使用回数を大幅に増やしているといわれる。アムネスティは、革手錠とベルトの使用は拘束衣と同じ効果があり、懲罰として科すことがあってはならないと考える。

アムネスティは、日本政府に対して、被拘禁者の処遇に関する国際基準を遵守し、不服申立の調査のために独立した機構を設置するよう要求する。またアムネスティは、日本政府に対し、被拘禁者処遇最低基準規則第33、「拷問及びその他の残虐な、非人道的な若しくは品位を傷つける取り扱いまたは刑罰の効果的な調査と報告に関するマニュアル」（イスタンブール議定書）で規定されている国際基準、市民的及び政治的権利に関する国際規約（自由権規約）、および拷問等禁止条約に、注意を払うよう求める。

アムネスティは、11月8日に5人の刑務官が名古屋刑務所内での被拘禁者に対する暴行容疑で逮捕されたことに注目しているが、日本各地に同様のケースが多くあることを懸

念している。

　1997年および1998年、アムネスティは日本の刑事施設における虐待、「中世の拷問具」を思わせるような革手錠の使用に焦点をあてた報告書を発表した。1998年、国連人権委員会は日本で拘束具が頻繁に使用されていることや、囚人に対する残虐な取り扱い、とりわけ懲罰としての革手錠の使用について懸念を表明した。

背景情報

　本年11月8日、名古屋刑務所の刑務官8人が、戒具の使用に関して、検察庁に逮捕されたという。9月25日に起きた30歳男性に対する革手錠と枷の使用である。その結果、囚人は内出血を起こし、病院での治療が必要となった。また、最近の情報では、5月に死亡した49歳の男性に対しても、名古屋刑務所の刑務官たちが同じような戒具を使用し、暴力を加えたということである。

　被拘禁者最低基準規則の第33では、「拷問およびその他の残虐、非人道的または品位を傷つける取り扱いまたは刑罰の効果的調査と記録のためのマニュアル」（イスタンブール議定書）や市民的および政治的権利に関する国際規約（自由権規約）、拷問およびその他の残虐な、非人道的または品位を傷つける取り扱いまたは刑罰を禁止する条約（拷問等禁止条約）などの国際基準と同様、囚人への虐待を禁止している。

2002年11月18日　アムネスティ日本

名古屋刑務所事件の再発防止のため実効的な国内人権機関の設立と拷問禁止の国際的枠組みへの加盟を

　2002年10月、名古屋刑務所における刑務官の暴行による受刑者の死亡・傷害事件が明らかになった。両事件は共に、被害者が、革手錠を使用され保護房に収容された際の事件であり、極端なまでに革手錠のベルトをきつく締める等の刑務官による暴行によって起きたものである。うち1件は、処遇につき弁護士会への人権救済申し立てを行った受刑者が、弁護士会の調査を2日後に控えて暴行を受けたというものであった。

　その後の調査により、全国の刑務所で革手錠を使用するなどした暴行行為が広範に多発している事実、及び、かかる処遇の不満につき不服申立を行おうとした受刑者が申立の妨害を受け、不服申立を行ったが故に暴行や懲罰を受ける等の事実が明らかにされてきた。なお、革手錠を使用した虐待行為は、オーバーステイの外国人等を収容する入国管理局の拘禁施設内でも頻繁に起こっている。

　アムネスティ・インターナショナルは、1998年に、報告書「日本の刑事施設における残虐な懲罰」（日本語訳）を発表し、拘禁施設内の暴行・虐待行為について警鐘を鳴らし、かかる状況の改善、および、不服申立制度の徹底を求めてきた。しかし、今回の件が明るみに出るまで、拘禁施設内の虐待行為は継続されるに至っている。

　現在参議院で審議されている人権擁護法案について、アムネスティ日本は人権を保護

し促進するために人権委員会は独立的で信頼性があり、かつ効果的なものでなければならないと主張する。日本において刑務所や入国管理局の拘禁施設は人権侵害が真っ先に懸念される場であるにもかかわらず、人権委員会が現法案のように法務省下におかれたのでは、かかる人権侵害に対応することが出来ない。現に、過去に刑務所内から受刑者が法務大臣等に不服申立を行った例でも、実効的救済は行われてこなかった。日本政府は、人権委員会を法務省の外局とする現在の人権擁護法案を再考すべきである。

また、本年11月8日に国連総会の第3委員会で採択された拷問等禁止条約の選択議定書につき、日本政府は反対票を投じている。この選択議定書は、新たに設立される拷問等防止小委員会が締約国内の身柄拘禁施設を訪問し、その施設の状況について改善の勧告などを行うとするものである。不当な人権侵害の防止は徹底して図られる必要があり、日本の拘禁施設は国際的調査を広く受け入れるべきである。

アムネスティ・インターナショナル日本は、日本政府に対し、以下を強く求める。

・矯正施設や入管施設などの拘禁施設において、保護房や革手錠の使用を含む、虐待や恣意的な懲罰の運用をただちに止めること。
・政府が提出した人権擁護法案を抜本的に修正し、人権委員会を法務省の所管からはずし、政府機関による人権侵害に効果的に対応できるようにすること。
・きたる国連総会本会議での拷問等禁止条約の選択議定書の採択に際して、賛成票を投じ、可及的速やかに署名ないし批准すること。

2002年11月12日　アムネスティ国際事務局

日本：人権擁護法案に重大な懸念

アムネスティ・インターナショナルは日本政府に対し、現在参議院で審議されている人権擁護法案や個人情報保護法案について議論を尽くし、広く公開しながら協議を進めるよう呼びかけた。特に、人権擁護法案については、アムネスティは、修正されない限り人権侵害を防止することはできないだろうと述べた。

人権擁護法案では、新たに国内人権委員会を設置することを提案している。アムネスティは、人権を保護し促進するために、人権委員会は独立的で信頼性があり、かつ効果的なものでなければならないと考える。法務省の外局として設立されるべきではない。

アムネスティによれば、日本における入国管理局や矯正施設は人権侵害が懸念される場である。

「日本政府は、人権委員会を法務省の外局として置くことを再検討すべきである。法務省とそのような関係に立つことは、人権状況を監視し改善するべき委員会の能力に、悪影響を与えることになる可能性が高い」と、アムネスティは強調した。

「独立した機関として設置されないかぎり、人権委員会は監視機能を効果的に果たすことは期待できない。また委員会は、自由かつ無条件に国内外の非政府組織（NGO）と協力できるようになるべきである。」

「人権委員会は、『国内人権機関の地位に関する原則』(パリ原則)等の国際基準に沿って設置されるべきである。」

　「我々は、日本政府が人権擁護法案を修正し、国際人権諸条約のすべての規定を実施するよう要請する。日本政府には、そうした条約の締約国としての責任がある」と、アムネスティは語った。

2002年11月7日　アムネスティ日本

真に実効性のある国内人権機関の設置を！
人権擁護法案に関するアムネスティ・インターナショナル日本声明

　アムネスティ・インターナショナル日本は、日本政府が2002年3月8日に提出し、継続審議となり、現在参議院で審議がおこなわれている「人権擁護法案」について、設置が検討されている人権委員会には実効性に疑問があり、国際社会から要請されている国内人権機関として機能しない可能性が高いとして、重大な懸念を表明する。

　政府案の人権委員会は、公権力による人権侵害に対する監視、是正機能を有していない。公権力による人権侵害は、他の私人間における人権侵害とその構造が根本的に異なる。これを同列に扱うことは、自由権規約委員会からの指摘を無視しているだけでなく、国内人権機関が当局の権力の濫用を防止することを主たる目的として考案された制度であることを全く考慮していないと言えよう。

　特に、検討されている人権委員会の政府からの独立性は極めて不十分である。法務省は、国際社会から人権侵害の温床であるとの指摘を受けている入国管理施設、矯正施設や刑事司法手続を所轄する省庁である。同じ省庁内に人権委員会を設置したならば、これらの施設や手続に対する実効的な監視、是正機能は到底期待できない。またこれは、国内人権機関の国際的な基準である「国内人権機関の地位に関する原則」(パリ原則)にも合致していない。政府は、具体的な根拠を示さないままに機関の独立性を主張しているが、特有の人事交流制度などを通して、当局の意思が反映されてしまう可能性は、人権委員会の機能に対する最大の危険である。

　さらに政府案は、報道による人権侵害を過度に重視しており、表現の自由に対する萎縮的効果を生じさせる懸念すらある。また政府案には、国内人権機関の設置根拠であるはずの国際的な人権基準への言及がなく、人権を擁護するべき日本政府の国際的な義務、責任が示されていない。

　アムネスティ・インターナショナル日本は、現在の政府案を抜本的に修正し、国際基準に沿った独立性を持ち、被害者の救済にとって真に実効性のある国内人権機関を設置するよう、日本政府に強く要求する。

2002年11月6日　アムネスティ国際事務局

国連：拷問防止に値段をつけるのか？
日本は拷問防止のための選択議定書採択を支持せよ

　重大な票決を迎えるにあたり、アムネスティ・インターナショナルは、いくつかの国家が国連総会において、費用がかかることを理由に拷問防止を目的とした新しい条約の採択に反対していることに深い懸念を抱いている。拷問等禁止条約の新しい選択議定書によって、専門家が拘禁施設を訪問し、拷問を防止するための勧告を出すことができるようになる。

　「拷問を防ぐ手段について費用がかかることを理由に反対するとは、驚くべきことだ」と、アムネスティのレンツォ・ポミ国連担当代表は語った。

　米国と日本は、費用がかかるという理由で新しい選択議定書を批判している。米国は、選択議定書によってかかる財源を、他の国際人権条約のような通常の国連予算からではなく、締約国のみで負担すべきだと要求している。アムネスティは、この米国の提案に徹底的に反対する。

　「米国の提案は、貧しい国ぐにがこの選択議定書を批准するのを妨げる可能性がある。拷問の防止が富める国の特権であってはならない」

　アムネスティの2002年版年次報告書によれば、治安部隊、警察やその他の当局から拷問や虐待を受けていることが報告されている国ぐにの数は111カ国に上る。

　「拷問がいまだ広範に行なわれ続けていることはショッキングな事である。拷問を未然に防ぐ必要性については是も非もない」とポミ国連担当代表は語った。

　アムネスティ・インターナショナルは国連総会に出席するすべての国に対し、新たな選択議定書を支持し、必ず最終的に採択するよう呼びかけた。

背景情報

　拷問等禁止条約の選択議定書の目的は、国内および国際的な専門家による拘禁施設の視察訪問を可能にすることによって、拷問を防止するという義務を各国が果たすのを支援することにある。これらの専門家は、自分たちの視察訪問にもとづいて、拷問や虐待を防止するための具体的な勧告を出す。選択議定書については過去10年にわたり交渉が続けられ、すでに国連人権委員会と経済社会理事会では承認されている。今後、総会による最終的な承認が必要となる。

　アムネスティは過去40年にわたり、拷問の犠牲者のために取り組み続けてきた。

　詳細はhttp://www.stoptorture.org/。

2001年5月25日　アムネスティ日本

政府から真に独立し、国際的な人権基準に則った人権救済制度の確立を

人権擁護推進審議会の答申を受けて

　人権擁護施策推進法に基づいて設置された「人権擁護推進審議会」が今日、「人権救済制度の在り方」と題する答申(以下、「答申」)を発表した。社団法人アムネスティ・インターナショナル日本(以下、「アムネスティ」)は、答申が国際的な潮流を視野に入れつつ政府から独立した人権擁護機関を設置する方向性を示したこと、ならびに同機関が公権力による人権侵害の被害者をその救済対象としていることを一定評価しつつも、提案されている機関による救済の実効性について懸念している。答申は、人権擁護機関の政府からの独立性の確保や、公権力による人権侵害の被害者救済の実効性の提示、また対象とされる人権侵害の類型の提示などについて、不十分である。

　アムネスティは日本政府に対し、答申を具体化する今後の過程において、それらの懸念についての十分な議論がなされること、ならびにその過程において、さらには将来設置される人権擁護機関の業務そのものについて、人権擁護活動を行なっている諸団体や個人、また人権侵害の被害当事者を含めた市民の参加を保障するよう要請する。

対象とする人権課題の明確化を――国際的な人権基準を取り組む人権課題と位置付けること

　答申は、「差別」、「虐待」、「公権力による人権侵害」、「メディアによる人権侵害」を、人権救済制度が取り組むべき人権課題と位置付けているが、この類型は性質の異なる事象を同列に扱うもので、不十分かつ不自然である。日本政府は、国連を中心に作成された国際的な人権条約の多くについて締約国となっており、それらを国内で実施、促進する法的義務を負っている。したがって、これらの国際的な人権条約が規定する権利に対する侵害を取り組むべき人権課題として明示していくことが重要である。(注1)

公権力による人権侵害についての実効的な救済策を

　アムネスティは、とりわけ捜査手続きや拘禁・収容施設内における暴行その他の虐待について、行政による既存の救済・不服申し立ての制度が十分に機能していない場面での人権侵害事例が多く存在し、そのような事例についてこそ救済を図る必要性が高いと認識している。したがって、そのことを強く認識した上で人権擁護機関の任務・権限を決定するべきと考える。具体的には、裁判や既存の制度による救済の記録にあらわれてこない現状についても調査・モニターし、人権侵害が生じていないかについての徹底したチェック機能を果たすこと、ならびにこれまでに十分に機能してこなかったそれらの制度の問題点を克服し、改善に結びつける役割を負うことを求める。そのためには、「(公権力による人権侵害については)私人間における差別や虐待にもまして救済を図る必要がある」との答申の記述を具体化すべく、刑事拘禁施設や入国管理局の外国人収容施設に対する立

ち入り調査や法的拘束力を有する資料開示請求などの強力な調査機能、また処遇改善の勧告機能などの強い権限が付与される必要がある。また、証拠の偏在などによって裁判で不利な立場におかれる被害者に対して、実質的な平等を確保するべく補助を行う機能も必要である。(注2)

政府からの真の独立性の確保を

　答申は、人権擁護機関が政府から独立性を確保することを保障しておらず、また、実際に救済実務に関与する主体について、適切な提案をしていない。このことは、この答申が掲げる基本方針を根底から無にすることに等しい。公権力による人権侵害の被害者救済に際しても、人権侵害が政府機関によって行なわれている以上、人権擁護機関が政府から独立したものであることは必要不可欠な条件である。今後、人権擁護機関が政府からの独立性を確保し、また適任者が救済実務にあたることを可能にするため、あらゆる努力が払われるべきである。(注3)

行政府や立法府への提言機能を

　アムネスティは、人権擁護機関が、国際的な人権基準を国内で実施する機関としても機能することを期待している。その意味で、個別的な救済や啓発を通じて得た情報に基づき、行政府ならびに立法府に対して提言を行なう機能を併せ持つことが重要であると考える。答申は人権救済機関が政府への「助言」や国会への情報提供を任務とすべきと提案しているが、助言や情報提供では不十分である。具体的には、多くの個別事例についての情報を収集し、それらの情報を国際的な人権基準に基づいて分析し、公権力に対しては権力濫用の予防のためのチェック機能を強く働かせ、個別救済だけでは解決できない問題について必要な立法措置や制度改善、また新たな政策の導入や国際的な人権条約の国内実施の促進などについての提言を行なうことが望まれる。

(注1) 答申は随所で、国連総会で採択された「国内人権機関の地位に関する原則（パリ原則）」の重要性や、国際条約の条約機関によって採択された、人権侵害の申し立てに対する調査および救済のための独立した機関等の設置に関する日本政府への勧告に言及している。それらに留意するのであれば、その勧告の基調となっている国際的な人権条約が規定する権利救済の必要性を明確に位置付けることが重要であろう。

(注2) 答申は公権力による人権侵害を、「歴史的にも、また現在でも看過することのできない」ものと位置付け、「私人間における差別や虐待にもまして救済を図る必要がある」と指摘し、さらに「捜査手続きや拘禁・収容施設内における暴行その他の虐待」が存在することを認めて積極的救済の必要性を強調しており、この点については評価したい。しかしながら一方で、各種行政処分についての既存の一般または個別の不服申し立て制度や他の関係諸制度との役割分担の必要性を理由に、「一律に積極的救済の対象とするのでなく、人権擁護上看過し得ないものについて、個別に事案に応じた救済を図っていく」との消極的表現を用いている。

(注3) 答申は、提案している人権擁護機関が「政府から独立性を有し、中立公正さが制度的に担保された組織」であるべきとしている。しかしながら一方で答申は、その設置に向けては「法務省人権擁護局の改組も視野に入れて、体制の整備を図る」としており、両者は矛盾している。特に刑事拘禁施設や入国管理局の外国人収容施設内での虐待などについては、これまでの救済・申し立て制度が法務省内部の制度であったために十分な救済が構造的に行なわれてこなかったことが問題なのであり、法務省の一部局や法務局、地方法務局の改組を持って人権救済機関の事務を担わせることは、問題の解決にならない。また、答申は積極的救済に

寄与すべき主体として人権擁護委員を位置付けている。このことは、答申が、人権擁護委員制度など既存の人権擁護制度について、「政府の内部部局である法務省の人権擁護局を中心とした制度であり、公権力による人権侵害事案について公正な調査処理が確保される制度的保障に欠けている」との認識を示していることと矛盾している。

2001年1月18日　アムネスティ国際事務局

日本：司法制度改革審議会に対してアムネスティ日本が意見表明

社団法人 アムネスティ・インターナショナル日本理事長声明
国際社会から信頼され、評価される刑事裁判手続改革の実現を

　国際的な人権擁護団体として、国際連合経済社会理事会の協議資格をもつNGOであるアムネスティ・インターナショナルは、過去、数回の勧告によって、日本政府に対し、刑事裁判手続の改革、とりわけ捜査段階における手続について、主として以下の改善を求めてきた。
（1）被疑者に対する公選弁護人制度の創設
（2）被疑者の弁護士に対するアクセスの改善（電話による打ち合わせ等も含めた接見交通権の具体的な保障）
（3）代用監獄制度の廃止
（4）被疑者取り調べの可視化（テープ及びビデオ等による記録化）及び具体的な取り調べ規則の制定（尋問規則による長時間調べの制限、取調官の身元明示、弁護士立ち会いの保障等）
（5）起訴前勾留（被疑者段階）における保釈制度の確立
（6）人身保護請求の実効性の確立
　こうした捜査段階における被疑者の権利保障に欠ける状態は、日本政府も批准している市民的および政治的権利に関する国際規約（国際人権規約・自由権規約）14条2項が規定する無罪推定原則の保障が徹底されていないこと、また同条3項の各項の権利保障が具体的に実現されていないことによるものであり、その結果、日本における刑事裁判は国際社会から、必ずしも公正なものとして評価されているとは言い難い。
　当団体、すなわち社団法人アムネスティ・インターナショナル日本は、国連NGOであるアムネスティ・インターナショナルの日本支部として、昨年、法務省・外務省を主務官庁とする社団法人格を取得したところであるが、今般、司法制度改革審議会が刑事裁判手続全体の改革の方向を検討していることについては高く評価するとともに、これら捜査手続における被疑者の権利保障の改善と併せた国民の司法参加の方策を検討されるよう要請するために、現段階で当社団法人理事長の声明という形で、意見を表明するものである。
　国民の司法参加の形としては、現在、陪審・参審の双方の形態が考慮されているが、少なくとも、刑事司法に参加する市民が事実認定にかかわること、参加する市民は広く一般の国民から事件単位に無作為に選出されること、事実認定については市民が職業裁判官と実質的に対等の権限を有し、その数においても上回っていることなどを最低限の要

件として参加の形態を構想し、かつ現行の調書による裁判（公判）を払拭することこそきわめて重要である。

　公判の前段としての捜査段階で、捜査機関が自白調書を作成することにのみ精力を注いでいる現状は、公判そのものが自白中心、調書偏重裁判であることの裏返しである。このことが被疑者の身柄を拘束し、弁護士との接見を制限し、代用監獄を温存するというおよそ先進国には見られない、国際人権規約の趣旨から大きく逸脱した権利の未保障状態を残す結果となっている。

　この現状を改善していくために、敢えて踏み込んでいうならば、職業裁判官とともに事実認定を行う参審制よりも、むしろ市民が裁判官から独立して事実認定を行う陪審制が有効に働く可能性が高い。

　陪審裁判においては、陪審員のみが事実認定を行うために、陪審員の面前における証人自身の生の証言及び物的証拠の提示が重要であり、直接、それらを見聞きすることが手続の中核となるものである。調書はこれらの証言を弾劾するために必要な限度で参照されるにすぎない。参審制度では、現在の公判手続と同様、手続を主宰する裁判官が事実認定をも担当する結果、引き続き調書を重視するおそれがあり、また裁判官の心証形成が手続の公平性、公正性に影響するおそれも払拭できない。さらに、このような口頭主義、直接主義に徹した公平・公正な公判を充実したものとするには、弁護人と被疑者との公判開始前の十分な打ち合わせが必要であり、被疑者の保釈をはじめ、被疑者に対する取り調べの記録化及びその規制、被疑者側に対する事前の証拠開示等その防御権を発揮させるための制度保障を欠くことはできない。こうした改革こそ、過去において4名もの死刑囚再審無罪という結果を引き起こした我が国の刑事司法の欠陥を是正し、国際社会から信頼され、評価される刑事裁判制度を構築する端緒となるものと確信する。

　貴審議会における中間報告において、「司法制度全体の中で、国民の司法参加（関与）を拡充していくことが必要である」とし、「訴訟手続への新たな参加制度（欧米諸国の陪審・参審制度をも参考としながら、特定の国の制度にとらわれることなく、主として刑事訴訟事件の一定の事件を念頭に置き、我が国にふさわしいあるべき参加形態）の検討等」とされている点について、アムネスティ・インターナショナルが国際的に信頼される司法の確立という立場から述べている上記の諸点について十分な配慮をされたうえで、捜査手続の改革を視野に入れた参加形態の選択・構想に関する結論を出されるよう、本書面をもって改めて要請する。

2000年12月8日　アムネスティ国際事務局

日本：人権状況に進展みられず

　「日本政府は人権に関する文書を作成しているばかりでなく、日本やアジア・太平洋地域の人権擁護を実効的に推進すべきだ」とアムネスティ・インターナショナルのピエール・サネ事務総長は5日間にわたる訪日派遣をこう締めくくった。

ロンドンのアムネスティ・インターナショナル国際事務局の代表団は日本政府や政党の代表者、労働組合の代表者、弁護士、人権侵害被害者などに面会した。

死刑

　世界の大多数の国々は人びとを処刑することを止めている。一方、日本には100名を超える人びとが死刑判決を受けており、うち52名はいつでも国が処刑できる状態にある。先週も10年以上を死刑囚としてすごした3名が秘密裏に、予告も無く処刑されたばかりだ。

　アムネスティ代表団との面会後、社会民主党、公明党、日本共産党、連合（日本労働組合総連合会）のすべてが死刑に関する国民的議論を巻き起こしていくことに合意した。

　「最終的には死刑が法律から消し去られることを望んでいる」と事務総長は語った。

拷問と虐待

　事務総長はまた、アムネスティが拷問や虐待について懸念を持つ拘禁施設について言及した。

　日本のすべての拘禁施設は過度に厳格な制度で運用されており、所員が管轄する恣意的な規則に被拘禁者が従うことを強制している。囚人はお互いに話すことも、目を合わせることさえ禁止されている。こうした規則に違反すると、同じ姿勢で何時間も座り続けることを、ときには何か月も強制され、入浴や運動も禁止されるなどの懲罰を受ける。

　刑務所によっては依然として懲罰の手段として囚人を「保護房」に拘禁している。拘禁された者は金属手錠や革手錠をかけられ、犬のように食べ、ズボンに開けられた穴から用便を垂れ流すことを強いられる。このような処遇は残虐な非人道的な又は品位を傷つけるものであり廃止すべきである。

　星野暁子さんの配偶者である星野文昭さんは無期懲役刑に服している政治囚である。罪状は殺人だが、文昭さんは否認している。暁子さんはアムネスティ代表団に、文昭さんが保護房に2回収容されたと語った。1度はゴキブリを踏んでしまった足を洗ったことが理由だった。現在、文昭さんは月に2回しか手紙を出すことを許されていない。電話をかけることも、写真を所持することも禁止されている。暁子さんが面会に行っても、文昭さんの手に触れることさえ許されていない。

　隔離拘禁と拷問は明確な関連があるにも関わらず、代用監獄制度は警察が被疑者を最大23日間拘禁し、尋問することを許している。日本政府は代用監獄制度を改め、被拘禁者が家族や弁護士、必要な場合には医者にアクセスできるよう保証すべきである。先ごろ改正された少年法において、子どもたちを代用監獄に拘禁することを禁止しなかった点をアムネスティは懸念している。

　「日本で拷問や虐待を止めさせるのは可能だ。それには政治的意思を発揮することだ。政府はまず、拷問を咎め、すべての拷問や虐待の訴えを調査し、加害者を裁判にかけることから始めるべきだ。」

　政府は国際基準に則った行動規則の遵守を命じるべきであり、さらには、独立した苦

情申し立て制度の実施が望まれる。

保護を受けられない難民たち
　日本は難民条約の締約国になっているが、難民としての保護を求める人びとの受け入れ数は物悲しい限りだ。1994年から1997年の間に516名の難民申請者のうち、難民資格が認められたのはひとりしかしない。数知れない庇護希求者が空港や港湾の「上陸防止施設」に収容されている。その多くは難民申請する機会さえも与えられずに避難してきた国に送還され、人権侵害の危険に晒されている。
　ロヒンジャ民族であるゾウミントゥさんはミャンマー（ビルマ）での拷問や迫害を逃れ、日本にたどり着いたとたんに拘禁された。ゾウミントゥさんによれば、1998年、成田空港にある狭い室に2か月も拘禁され、自らの食事さえ購入を強いられ、シャワーは週に1度しか許されなかった。その後別の入管施設に移され、9か月を過ごしたとのこと。アムネスティ代表団に以下のように語った。
　「私が日本でどんな悪いことをしたというのでしょうか。こんなに長く拘禁するなんて……私たちはただ、ビルマに戻って家族に無事会える日がくるまで、一時の避難を求めたかっただけなのに……」
　ゾウミントゥさんによれば、成田空港の狭い一室には、5名のタミール人が共に拘禁されていた。その後この5人は難民資格を認められず、スリランカに送還されてしまったとのこと。
　ゾウミントゥさんの日本での難民資格は認められなかったが、この決定についてなんら説明はなされていない模様だ。ゾウミントゥさんの2回目の訴えは未定のままだ。

国際刑事裁判所
　日本は人権擁護に関するほとんどの国際条約の締約国となっている。国連では、政府代表が国際刑事裁判所の設置に賛成を表明した。この規程（訳注：国際刑事裁判所の設置に関するローマ規程）への署名期限が2000年12月31日に迫っているにもかかわらず、日本政府は賛成表明をまだ実行に移していない。

日本とアジア・太平洋地域
　「日本企業は自らの影響力が人権や責任と避け難い関連を持つことを認識するのに程遠い位置にいる」とサネ事務総長は語った。
　「主要な援助国、あるいは海外投資や平和維持当事者として、日本政府も外交関係のあらゆる面に人権擁護を包含すべきだ。アジア・太平洋地域の平和と繁栄がそれにかかっているからだ。」
　「人権の分野に日本はもっと責任を果たさなければならない。日本の人権状況についてアムネスティは長年、同じ懸念を表明してきた。変革を起こすべき時は久しく待望されている」とサネ事務総長は訴えた。

アンケート結果（2008年度調査）

＊アンケート項目について、以下、補足説明をする。

- **制限区分（制限の緩和）**：受刑者に自発性や自律性を身につけさせるため、受刑者の生活や行動に対する制限を受刑成績に応じて少しずつ緩やかなものにしていく制度。この制度においては、受刑者は、改善更生の意欲の喚起及び社会生活に適応する能力の育成を図ることができる見込みの程度に応じて、その見込みが高い順に、第1種から第4種までの区分に指定される（『平成21年度犯罪白書』より）。
- **優遇措置**：改善更生に向けたさらなる努力を促すため、比較的短期間における受刑態度の評価に応じて、外部交通の回数を増加させたり、自弁使用できる物品の範囲を広げるなどの措置を講じ、まじめに受刑生活を送っている受刑者によりよい待遇を与える制度。この制度においては、受刑者は、受刑態度の評価に応じて、良好な順に、第1類から第5類までの区分に指定される（『平成21年度犯罪白書』より）。
- **指名医による診療**：刑事施設の長は、被収容者が刑事施設職員でない医師等を指名して診療を受けることを申請した場合に、刑事施設に収容される前にその医師等による診療を受けていたことその他の事情に照らして、刑事施設内において自弁でその診療を受けることを許すことができる。
- **警備用具の使用**：刑務官が、被収容者の自傷・他害行為や逃走その他の規律・秩序を害する行為を制止する場合に使用を許されている警備用具は、次のとおり。警棒・警じょう・さすまた・盾・催涙弾、催涙ガス筒および着色弾ならびにこれらの発射機・催涙スプレー。
- **拘束衣の使用**：刑務官は、被収容者が自傷のおそれがある場合に、他に防止手段がない場合には、刑事施設の長の命令により（一定の場合には命令を待たないで）、拘束衣を使用することができる。
- **保護室への収容**：刑務官は、被収容者が自傷のおそれがある場合や、刑務官の制止に従わず大声や騒音を発するときに規律・秩序維持のために特に必要な場合などにおいて、刑事施設の長の命令により（一定の場合には命令を待たないで）、その者を保護室に収容できる。
- **閉居罰**：被収容者に対する懲罰の一種。居室内で謹慎し、面会や信書の発受等一定の行為が停止される。

札幌刑務所　〒007-8601 北海道札幌市東区東苗穂2条1-5-1

職員体制（平成19年1月1日現在、支所〔刑務所、札幌拘置、小樽拘置、室蘭拘置〕を含む）	定数（平成18年度）：479人／現在職員数：478人／男性刑務官数：354人／女性刑務官数：62人／有給休暇取得日数平均（平成18年）：4.2日
定員	受刑者：1,688人／未決拘禁者：0人
入所者数（平成19年3月31日現在）	受刑者：1,823人（女性0人、無期懲役者0人、労役場留置者27人）／未決拘禁者：0人
障害・疾患を持つ受刑者（平成18年12月31日現在）	精神上の疾病または障害を有するため医療を主として行う刑事施設等に収容する必要があると認められる者：10人／身体上の疾病または障害を有するため医療を主として行う刑事施設等に収容する必要があると認められる者：38人／発達障害：統計なし
高齢受刑者（平成19年3月31日現在）	60歳以上：187人（65歳以上88人、70歳以上38人、75歳以上7人）／最高齢者：79歳／介護を必要とする者：0人
外国人受刑者（平成18年12月31日現在）	日本人と異なる処遇を必要とする外国人（F指標）：116人／国籍：19カ国
制限区分（平成18年12月31日現在）	第1種：0人／第2種：17人／第3種：1,310人／第4種：244人
優遇措置（平成18年12月31日現在）	第1類：0人／第2類：14人／第3類：848人／第4類：193人／第5類：146人
女性収容区域廊下の録画	該当なし
女性収容区域の宿直勤務	該当なし
冷暖房（支所を含む）	冷房：居室内に冷房設備なし／暖房：すべての居室内および居室棟のそれぞれの廊下に暖房設備を設置
医師・看護師（平成19年1月1日現在）	医師：常勤6人、非常勤1人（内科2人、外科2人、精神科1人、歯科2人）／看護師：9人／准看護師の資格を持っている刑務官：2人
土曜・日曜・祝日・夜間の当直体制	医師は当直していないが交代で自宅待機しており、常に医師と連絡が取れる体制にあり、急患に対しても速やかに登庁して対応。病状によっては外部の病院に搬送
死亡（平成18年）	4人（すべて受刑者）　年齢：50歳代1人、60歳代2人、70歳代1人／性別：男性／死亡原因：病気
自殺企図（平成18年）	3人（受刑者）
拒食（平成18年）	連続して15食以上拒食した者なし
医療のための移送（平成18年）	外部の病院に移送した受刑者数：15件13人／医療刑務所に移送した受刑者数：4人
指名医による診療（支所を含む）	申請：0件

警備用具の使用（支所を含む）	0件
拘束衣の使用（支所を含む）	0件
保護室への収容（平成18年）	延べ126回、44人、最長197時間29分
障害のある受刑者のための工場（寮内工場）（平成18年12月31日現在）	有。ただし障害を有している受刑者だけではなく、一般受刑者と集団で同一に行動することがやや困難な受刑者も多く含む。20人
作業後の裸体検査（支所を含む）	実施せず
作業報奨金（平成18年、支所を含む）	受刑者1人あたりの月額最高額：15,873円／同最低額：512円／同平均額：2,327円／監査：月1回審査を実施
教育的処遇コース	薬物依存離脱指導：6カ月12回の指導、対象人員2人、前年度実施延べ人数は24人 暴力団離脱指導：6カ月10回の指導、対象人員5人、前年度実施延べ人数は50人 性犯罪再犯防止指導：3カ月12回の指導、対象人員4人、前年度実施延べ人数は48人 被害者の視点を取り入れた教育：6カ月12回の指導、対象人員2人、前年度実施延べ人数は24人 就労支援指導：職業訓練生を対象に2回実施、1回目の対象人員13人、2回目12人、前年度実施延べ人数は25人
職業訓練	建築科：5人、1年／左官科：5人、1年／溶接科：1人、4カ月／建設機械科：2人、4カ月
面会・通信等（平成18年）	休日面会：実施せず／親族以外の者の面会許可：1,326件／電話などの電気通信の方法による通信：申請0件
受刑者への懲罰（平成18年）	戒告：127人／作業の10日以内の停止：0人／自弁の物品の使用または摂取の一部または全部の15日以内の停止：0人／書籍の閲覧の一部または全部の15日以内の停止：24人／報奨金計算額の3分の1以内の削減：41人
閉居罰（平成18年）	実施：延べ1,226回、実人数統計なし、最長35日間 運動（支所を含む）：受罰後7日目に実施、以降5日おき。30分、室外、悪天候の場合室内 入浴（支所を含む）：運動の要領と同じ。ただし7日目および5日目が入浴該当日でない場合は、該当日直近の入浴日に実施。男性15分、女性20分 姿勢（支所を含む）：正座または安座を最長で2時間25分。足を組み替えることも可。水は申し出れば飲める
受刑者からの苦情（平成18年）	法務大臣に対して申出：33件／監査官に対して申出：30件／刑事施設の長に対して申出：38件

※　平成19年6月19日回答。

札幌刑務所札幌刑務支所　〒007-8603 北海道札幌市東区東苗穂2条1-5-2

職員体制	「札幌刑務所」参照
定員	受刑者：423人／未決拘禁者：85人
入所者数（平成19年3月31日現在）	受刑者：350人（女性350人、無期懲役者5人、労役場留置者1人）／未決拘禁者：26人（女性26人、死刑確定者0人）
障害・疾患を持つ受刑者（平成18年12月31日現在）	精神上の疾病または障害を有するため医療を主として行う刑事施設等に収容する必要があると認められる者：0人／身体上の疾病または障害を有するため医療を主として行う刑事施設等に収容する必要があると認められる者：0人／発達障害：統計なし
高齢受刑者（平成19年3月31日現在）	60歳以上：38人（65歳以上20人、70歳以上8人、75歳以上3人）／最高齢者：92歳／介護を必要とする者（平成18年12月31日現在）：1人
外国人受刑者（平成18年12月31日現在）	日本人と異なる処遇を必要とする外国人（F指標）：1人／国籍：1カ国
制限区分（平成18年12月31日現在）	第1種：0人／第2種：0人／第3種：286人／第4種：33人
優遇措置（平成18年12月31日現在）	第1類：0人／第2類：16人／第3類：141人／第4類：29人／第5類：133人
女性収容区域廊下の録画	なし
女性収容区域の宿直勤務	男性刑務官だけで行うこと：なし
冷暖房	「札幌刑務所」参照
医師・看護師（平成19年1月1日現在）	医師：常勤1人、非常勤3人（内科1人、産婦人科1人、精神科2人）／看護師：2人／准看護師の資格を持っている刑務官：3人
土曜・日曜・祝日・夜間の当直体制	医師は当直していないが、常に医師と連絡が取れる体制にあり、急患に対しても速やかに登庁して対応。病状によっては外部の病院に搬送
死亡（平成18年）	0人
自殺企図（平成18年）	0人
拒食（平成18年）	連続して15食以上拒食した者なし
医療のための移送（平成18年）	外部の病院に移送した受刑者数：2人／医療刑務所に移送した受刑者数：3人
指名医による診療	「札幌刑務所」参照
警備用具の使用	「札幌刑務所」参照
拘束衣の使用	「札幌刑務所」参照
保護室への収容（平成18年）	延べ38回、16人、最長147時間37分

障害のある受刑者のための工場（寮内工場） （平成18年12月31日現在）	無
作業後の裸体検査	「札幌刑務所」参照
作業報奨金	「札幌刑務所」参照
教育的処遇コース	薬物依存離脱指導：6カ月8回の指導、対象人員8人、前年度実施延べ人数は64人 被害者の視点を取り入れた教育：6カ月1回の指導、対象人員1人、前年度実施延べ人数は1人 交通安全指導：6カ月12回の指導、対象人員5人で実施予定
職業訓練	OA科：8人、6カ月／家事サービス科：4人、3カ月
面会・通信等（平成18年）	休日面会：実施せず／親族以外の者の面会許可：261件／電話などの電気通信の方法による通信：申請0件
受刑者への懲罰（平成18年）	戒告：30人／作業の10日以内の停止：0人／自弁の物品の使用または摂取の一部または全部の15日以内の停止：0人／書籍の閲覧の一部または全部の15日以内の停止：4人／報奨金計算額の3分の1以内の削減：1人
閉居罰（平成18年）	実施：延べ108回、91人、最長28日間／運動：「札幌刑務所」参照／入浴：「札幌刑務所」参照／姿勢：「札幌刑務所」参照
受刑者からの苦情（平成18年）	法務大臣に対して申出：16件／監査官に対して申出：22件／刑事施設の長に対して申出：1件

※　平成19年6月19日回答。

札幌刑務所札幌拘置支所　〒007-8602 北海道札幌市東区東苗穂2条1-1-1

職員体制	「札幌刑務所」参照
定員	受刑者：40人／未決拘禁者：282人
入所者数 （平成19年3月31日現在）	受刑者：157人（女性0人、無期懲役者0人、労役場留置者1人）／未決拘禁者：146人（女性0人、死刑確定者1人）
障害・疾患を持つ受刑者 （平成18年12月31日現在）	精神上の疾病または障害を有するため医療を主として行う刑事施設等に収容する必要があると認められる者：0人／身体上の疾病または障害を有するため医療を主として行う刑事施設等に収容する必要があると認められる者：0人／発達障害：統計なし
高齢受刑者 （平成19年3月31日現在）	60歳以上：14人（65歳以上4人、70歳以上3人、75歳以上1人）／最高齢者：83歳／介護を必要とする者（平成18年12月31日現在）：0人
外国人受刑者 （平成18年12月31日現在）	日本人と異なる処遇を必要とする外国人（F指標）：0人
制限区分 （平成18年12月31日現在）	第1種：0人／第2種：0人／第3種：40人／第4種：0人
優遇措置 （平成18年12月31日現在）	第1類：0人／第2類：0人／第3類：39人／第4類：1人／第5類：0人
女性収容区域廊下の録画	該当なし
女性収容区域の宿直勤務	該当なし
冷暖房	「札幌刑務所」参照
医師・看護師 （平成19年1月1日現在）	医師：常勤1人、非常勤0人（麻酔科1人）／看護師：1人／准看護師の資格を持っている刑務官：1人
土曜・日曜・祝日・夜間の当直体制	医師は当直していないが、常に医師と連絡が取れる体制にあり、急患に対しても速やかに登庁して対応。病状によっては外部の病院に搬送
死亡（平成18年）	1人（受刑者なし、30歳代男性病死）
自殺企図（平成18年）	0人
拒食（平成18年）	連続して15食以上拒食したもの1人（内訳回答なし）、195食（自弁の飲食物は時々摂取）
医療のための移送 （平成18年）	外部の病院に移送した受刑者数：3人／医療刑務所に移送した受刑者数：0人
指名医による診療	「札幌刑務所」参照
警備用具の使用	「札幌刑務所」参照
拘束衣の使用	「札幌刑務所」参照

保護室への収容（平成18年）	延べ29回、12人、最長270時間15分
障害のある受刑者のための工場（寮内工場）（平成18年12月31日現在）	無
作業後の裸体検査	「札幌刑務所」参照
作業報奨金	「札幌刑務所」参照
教育的処遇コース	該当なし
職業訓練	該当なし
面会・通信等（平成18年）	休日面会：実施せず／親族以外の者の面会許可：599件／電話などの電気通信の方法による通信：申請0件
受刑者への懲罰（平成18年）	叱責：11人／作業の10日以内の停止：0人／自弁の物品の使用または摂取の一部または全部の15日以内の停止：0人／書籍の閲覧の一部または全部の15日以内の停止：3人／報奨金計算額の3分の1以内の削減：0人
閉居罰（平成18年）	実施：延べ9回、9人、最長20日間／運動：「札幌刑務所」参照／入浴：「札幌刑務所」参照／姿勢：「札幌刑務所」参照
受刑者からの苦情（平成18年）	法務大臣に対して申出：0件／監査官に対して申出：5件／刑事施設の長に対して申出：2件

※ 平成19年6月19日回答。

札幌刑務所小樽拘置支所　〒047-0034 北海道小樽市緑1-9-21

職員体制	「札幌刑務所」参照
定員	受刑者：0人／未決拘禁者：72人
入所者数（平成19年3月31日現在）	受刑者：4人（女性0人、無期懲役者0人、労役場留置者0人）／未決拘禁者：6人（女性0人、死刑確定者0人）
障害・疾患を持つ受刑者（平成18年12月31日現在）	精神上の疾病または障害を有するため医療を主として行う刑事施設等に収容する必要があると認められる者：0人／身体上の疾病または障害を有するため医療を主として行う刑事施設等に収容する必要があると認められる者：0人／発達障害：統計なし
高齢受刑者（平成19年3月31日現在）	60歳以上：0人
外国人受刑者（平成18年12月31日現在）	日本人と異なる処遇を必要とする外国人（F指標）：0人
制限区分（平成18年12月31日現在）	第1種：0人／第2種：0人／第3種：3人／第4種：0人
優遇措置（平成18年12月31日現在）	第1類：0人／第2類：0人／第3類：4人／第4類：0人／第5類：0人
女性収容区域廊下の録画	該当なし
女性収容区域の宿直勤務	該当なし
冷暖房	「札幌刑務所」参照
医師・看護師（平成19年1月1日現在）	医師：常勤0人、非常勤0人／看護師：0人／准看護師の資格を持っている刑務官：2人
土曜・日曜・祝日・夜間の当直体制	医師は当直していないが、嘱託医と連絡が取れる体制にあり、急患に対しても速やかに登庁して対応。病状によっては外部の病院に搬送
死亡（平成18年）	0人
自殺企図（平成18年）	0人
拒食（平成18年）	連続して15食以上拒食した者なし
医療のための移送（平成18年）	外部の病院に移送した受刑者数：0人／医療刑務所に移送した受刑者数：0人
指名医による診療	「札幌刑務所」参照
警備用具の使用	「札幌刑務所」参照
拘束衣の使用	「札幌刑務所」参照
保護室への収容（平成18年）	延べ0回

障害のある受刑者のための工場（寮内工場） （平成18年12月31日現在）	無
作業後の裸体検査	「札幌刑務所」参照
作業報奨金	「札幌刑務所」参照
教育的処遇コース	該当なし
職業訓練	該当なし
面会・通信等（平成18年）	休日面会：実施せず／親族以外の者の面会許可：1件／電話などの電気通信の方法による通信：申請0件
受刑者への懲罰（平成18年）	戒告：0人／作業の10日以内の停止：0人／自弁の物品の使用または摂取の一部または全部の15日以内の停止：0人／書籍の閲覧の一部または全部の15日以内の停止：0人／報奨金計算額の3分の1以内の削減：0人
閉居罰（平成18年）	実施：延べ0回
受刑者からの苦情 （平成18年）	法務大臣に対して申出：0件／監査官に対して申出：0件／刑事施設の長に対して申出：0件

※　平成19年6月19日回答。

札幌刑務所室蘭拘置支所　〒050-0081 北海道室蘭市日の出町1-18-22

職員体制	「札幌刑務所」参照
定員	受刑者：0人／未決拘禁者：52人
入所者数 （平成19年3月31日現在）	受刑者：6人（女性0人、無期懲役者0人、労役場留置者0人）／未決拘禁者：10人（女性0人、死刑確定者0人）
障害・疾患を持つ受刑者 （平成18年12月31日現在）	精神上の疾病または障害を有するため医療を主として行う刑事施設等に収容する必要があると認められる者：0人／身体上の疾病または障害を有するため医療を主として行う刑事施設等に収容する必要があると認められる者：0人／発達障害：統計なし
高齢受刑者 （平成19年3月31日現在）	60歳以上：0人
外国人受刑者 （平成18年12月31日現在）	日本人と異なる処遇を必要とする外国人（F指標）：0人
制限区分 （平成18年12月31日現在）	第1種：0人／第2種：0人／第3種：3人／第4種：0人
優遇措置 （平成18年12月31日現在）	第1類：0人／第2類：0人／第3類：4人／第4類：0人／第5類：0人
女性収容区域廊下の録画	撮影時間：24時間／録画の保管期間：必要に応じて検証し、約6カ月間は保管
女性収容区域の宿直勤務	男性刑務官だけで行うこと：有／暴行が起きないような対策：監視カメラで24時間監視し、居室の鍵は勤務監督者が管理
冷暖房	「札幌刑務所」参照
医師・看護師 （平成19年1月1日現在）	医師：常勤0人、非常勤0人／看護師：0人／准看護師の資格を持っている刑務官：1人
土曜・日曜・祝日・夜間の当直体制	医師は当直していないが、嘱託医と連絡が取れる体制にあり、急患に対しても速やかに登庁して対応。病状によっては外部の病院に搬送
死亡（平成18年）	0人
自殺企図（平成18年）	0人
拒食（平成18年）	連続して15食以上拒食した者なし
医療のための移送 （平成18年）	外部の病院に移送した受刑者数：0人／医療刑務所に移送した受刑者数：0人
指名医による診療	「札幌刑務所」参照
警備用具の使用	「札幌刑務所」参照
拘束衣の使用	「札幌刑務所」参照

保護室への収容(平成18年)	延べ5回、4人、最長80時間
障害のある受刑者のための工場(寮内工場) (平成18年12月31日現在)	無
作業後の裸体検査	「札幌刑務所」参照
作業報奨金	「札幌刑務所」参照
教育的処遇コース	該当なし
職業訓練	該当なし
面会・通信等(平成18年)	休日面会:実施せず／親族以外の者の面会許可:0件／電話などの電気通信の方法による通信:申請0件
受刑者への懲罰(平成18年)	戒告:0人／作業の10日以内の停止:0人／自弁の物品の使用または摂取の一部または全部の15日以内の停止:0人／書籍の閲覧の一部または全部の15日以内の停止:0人／報奨金計算額の3分の1以内の削減:0人
閉居罰(平成18年)	実施:延べ0回
受刑者からの苦情 (平成18年)	法務大臣に対して申出:0件／監査官に対して申出:0件／刑事施設の長に対して申出:0件

※ 平成19年6月19日回答。

旭川刑務所　〒071-8153 北海道旭川市東鷹栖3線20-620

職員体制（平成19年1月1日現在）	定数：136人／現在職員：136人／男性刑務官：126人／女性刑務官：3人／有給休暇取得平均（平成18年度）：4.3日
定員（平成19年3月末日現在）	受刑者：296人／未決拘禁者：99人
入所者数（平成19年3月末日現在）	受刑者：365人（女性0人、無期懲役者58人、労役場留置者13人）／未決拘禁者：33人（女性2人、死刑確定者0人）
障害・疾患を持つ受刑者（平成19年3月末日現在）	精神障害（M指標）：0人／身体上の疾患または障害（P指標）：0人／発達障害：統計なし
高齢受刑者（平成19年3月末日現在）	60歳以上：50人（65歳以上26人、70歳以上6人、75歳以上3人）／最高齢者：78歳／介護を必要とする者：0人
外国人受刑者（平成19年3月末日現在）	日本人と異なる処遇を必要とする外国人（F指標）：0人
制限区分（平成19年4月10日現在）	第1種：0人／第2種：15人／第3種：273人／第4種：53人
優遇措置（平成19年4月10日現在）	第1類：2人／第2類：24人／第3類：197人／第4類：76人／第5類：68人
女性収容区域廊下の録画	撮影時間：24時間／録画の保管期間：約2カ月
女性収容区域の宿直勤務	男性刑務官だけで行うこと：有 暴行が起きないような対策：女性が収容されている居室扉および窓の鍵を監督当直者が保管
冷暖房	冷房：居室内に冷房設備なし／暖房：一部の居室内に暖房器具を設置。居室棟のそれぞれの廊下に暖房器具を設置
医師・看護師（平成19年1月1日現在）	医師：常勤1人・非常勤1人（内科1人・精神科1人）／看護師：0人／准看護師の資格を持っている刑務官：5人
土曜・日曜・祝日・夜間の当直体制	医師は当直していないが、常に医師あるいは准看護師と連絡がとれる体制にあり、休日夜間の急患に対しても速やかに登庁して対応。病状によっては外部の病院に搬送。
死亡（平成18年）	1人（受刑者）　年齢：50歳代／性別：男性／死亡原因：病気
自殺企図（平成18年）	0人
拒食（平成18年）	連続して15食以上拒食（不食）した者は2人　最も長期の居食：52食
医療のための移送（平成18年）	外部の病院に移送した受刑者数：7件6人／医療刑務所に移送した受刑者数：2人
指名医による診療（平成18年）	申請：0件／許可：0件
警備用具の使用（平成18年）	該当なし

拘束衣の使用	延べ1回、1人、最長4時間38分
保護室への収容	延べ14回、7人、最長52時間45分
障害のある受刑者のための工場（寮内工場）	無
作業後の裸体検査	パンツ・シャツでの検査を実施
作業報奨金 （平成18年12月分）	受刑者1人あたりの月額最高額：17,901円／同最低額：627円／同平均額：4,369円／監査：月に1回監査
教育的処遇コース	薬物依存離脱指導：月1回の指導、対象人員6人、昨年度実施延べ人数51人 暴力団離脱指導：月1回の指導、対象人員3人、昨年度実施延べ人数15人 被害者の視点を取り入れた教育：月1回の指導、対象人員5人、昨年度実施延べ人数25人 交通安全指導（実施予定）：8カ月8回の指導、対象人員3人、年1回
職業訓練	溶接科（平成18年2月13日〜2月28日）：7人
面会・通信等	休日面会：実施していない／親族以外の者の面会許可：把握せず／電話などの電気通信の方法による通信：申請1件・許可0件
受刑者への懲罰 （平成18年12月31日現在）	戒告：7人／作業の10日以内の停止：0人／自弁の物品の使用または摂取の一部または全部の15日以内の停止：0人／書籍の閲覧の一部または全部の15日以内の停止：12人／報奨金計算額の3分の1以内の削減：225人
閉居罰	実施：延べ162回、94人、最長50日 運動：週に1〜2回、40分、室外で実施 入浴：週1〜2回、15分 姿勢：安座が基本だが、食事・休息・運動・入浴・用便など適宜実施。水は自由に飲むことができる
受刑者からの苦情	法務大臣に対して申出：18件／監査官に対して申出：18件／刑事施設の長に対して申出：32件

※ 名寄拘置支所を含む。平成19年6月20日回答。

帯広刑務所　〒089-1192 北海道帯広市別府町南13-33

職員体制 (平成19年1月1日現在)	定数：131人／現在職員数：129人／男性刑務官数：118人／女性刑務官数：2人／有給休暇取得日数平均（平成18年度）：6.0日
定員(平成19年3月31日現在)	受刑者：464人／未決拘禁者：48人
入所者数 (平成19年3月31日現在)	受刑者：495人（女性0人、無期懲役者0人、労役場留置者1人）／未決拘禁者：14人（女性4人、死刑確定者0人）
障害・疾患を持つ受刑者	精神障害（M指標）：0人／身体上の疾患または障害（P指標）：0人／発達障害：統計なし
高齢受刑者 (平成19年3月31日現在)	60歳以上：40人（65歳以上15人、70歳以上2人、75歳以上0人）／最高齢者：71歳／介護を必要とする者：0人
外国人受刑者	日本人と異なる処遇を必要とする外国人（F指標）：0人
制限区分 (平成19年4月10日現在)	第1種：0人／第2種：14人／第3種：403人／第4種：34人
優遇措置 (平成19年4月10日現在)	第1類：0人／第2類：39人／第3類：209人／第4類：50人／第5類：60人
女性収容区域廊下の録画	撮影時間：24時間／録画の保管期間：必要に応じて検証し、5年間保管
女性収容区域の宿直勤務	男性刑務官だけで行うこと：夜間は男性刑務官だけ 暴行が起きないような対策：監視カメラで24時間撮影し、居室の鍵は勤務監督者が管理
冷暖房	冷房：なし／暖房：すべての居室内および居室棟廊下に暖房器具を設置
医師・看護師 (平成19年1月1日現在)	医師：常勤0人、非常勤1人（内科1人）／看護師：0人／准看護師の資格を持っている刑務官：7人
土曜・日曜・祝日・夜間の当直体制	医師は当直していないが、常に准看護師と連絡が取れる体制にあり、急患にも速やかに対応。病状によっては外部の病院に搬送
死亡（平成18年）	0人
自殺企図	1人（内訳無回答）
拒食	0人
医療のための移送	外部の病院に移送した受刑者数：2人／医療刑務所に移送した受刑者数：3人
指名医による診療	申請：0件
警備用具の使用	0件
拘束衣の使用	0件

保護室への収容	延べ30回、13人、最長552時間58分
障害のある受刑者のための工場（寮内工場）	精神的障害、発達障害等を有している受刑者ばかりでなく、高齢受刑者など一般受刑者と集団行動することが困難な受刑者を収容する、いわゆる養護工場が有。9人
作業後の裸体検査	パンツを着用させたままで検査
作業報奨金	受刑者1人あたりの月額最高額：15,366円／同最低額：540円／同平均額：3,456円／監査：月に1回実施
教育的処遇コース	薬物依存離脱指導：月1回の指導、対象人員10人以内、年12回、前年度実施延べ人数は120人 被害者の視点を取り入れた教育：月1回の指導、対象人員5人以内、年12回、前年度実施延べ人数は36人 就労支援指導：月1回の指導、対象人員20人以内、年10回、前年度実施延べ人数は200人 教科指導：月2回の指導、対象人員10人以内、年17回、前年度実施延べ人数は170人
職業訓練	ビル設備管理科：10人、7カ月／農業園芸科：5人、1年／溶接科：6人、3カ月
面会・通信等（平成18年）	休日面会：0人／親族以外の者の面会許可：統計資料なし／電話などの電気通信の方法による通信：申請0件
受刑者への懲罰	戒告：40件／作業の10日以内の停止：0件／自弁の物品の使用または摂取の一部または全部の15日以内の停止：0件／書籍の閲覧の一部または全部の15日以内の停止：0件／報奨金計算額の3分の1以内の削減：単独では7件、軽屏禁または閉居罰との併科が52件
閉居罰	実施：延べ318件、実人数は統計なし、最長40日 運動：週に1～2回40分間、室外 入浴：週1回15分間。入浴日に入浴が該当しない日は居室内で体を拭かせている 姿勢：受刑者の作業時間に当たる時間中（休憩時間を除く）は居室の中央で安座を基本姿勢とするが、強制はしていない。休憩等の際の用便は認めている。水は自由には飲める
受刑者からの苦情	法務大臣に対して申出：5件／監査官に対して申出：11件／刑事施設の長に対して申出：21件

帯広刑務所釧路刑務支所　〒085-0833 北海道釧路市宮本2-2-5

職員体制	定数：112人／現在職員数：111人／男性刑務官数：101人／女性刑務官数：3人／有給休暇取得日数平均（平成18年）：5.9日
定員	受刑者：278人／未決拘禁者：61人
入所者数	受刑者：367人（女性0人、無期懲役者0人、労役場留置者4人）／未決拘禁者：13人（女性4人、死刑確定者0人）
障害・疾患を持つ受刑者	精神上の疾病または障害を有するため、医療を主として行う刑事施設等に収容する必要がある者：0人／身体上の疾病または障害を有するため、医療を主として行う刑事施設等に収容する必要がある者：0人／発達障害：統計なし
高齢受刑者	60歳以上：24人（65歳以上7人、70歳以上4人、75歳以上0人）／最高齢者：73歳／介護を必要とする者：0人
外国人受刑者	日本人と異なる処遇を必要とする外国人（F指標）：0人
制限区分	第1種：0人／第2種：4人／第3種：340人／第4種：2人
優遇措置	第1類：0人／第2類：3人／第3類：247人／第4類：15人／第5類：12人
女性収容区域廊下の録画	撮影時間：24時間／録画の保管期間：3年程度
女性収容区域の宿直勤務	男性刑務官だけで行うこと：有 暴行が起きないような対策：ビデオ撮影のほか、女性を収容する居室の鍵は他の鍵とは別の保管庫に保管し、やむを得ず同鍵を使用する場合は、監督当直者が同鍵の使用目的等を確認し、複数の職員立会いの下で開扉することを条件として貸出
冷暖房	冷房：なし／暖房：すべての居室内および居室棟廊下に暖房機器を設置
医師・看護師	医師：常勤0人、非常勤1人（内科）／看護師：0人／准看護師の資格を持っている刑務官：6人
土曜・日曜・祝日・夜間の当直体制	医師は当直していないが、常に非常勤医師あるいは准看護師と連絡が取れる体制にあり、急患に対しても速やかに登庁して対応、病状によっては外部の病院へ搬送
死亡	1人（うち受刑者は0人）
自殺企図（平成18年）	0人
拒食（平成18年）	0人
医療のための移送（平成18年）	外部の病院に移送した受刑者数：7人／医療刑務所に移送した受刑者数：2人
指名医による診療	申請：0件

警備用具の使用	0件
拘束衣の使用	0件
保護室への収容	延べ11回、5人、最長3日
障害のある受刑者のための工場（寮内工場）	無。精神的障害や身体的障害が多少見受けられる受刑者は一般の受刑者と同じ工場で作業させているが、作業内容については受刑者の個々の能力や障害の度合い等を考慮し選定
作業後の裸体検査	実施せず
作業報奨金	受刑者1人あたりの月額最高額：10,815円／同最低額：556円／同平均額：2,338円／監査：月に1回審査
教育的処遇コース	薬物依存離脱指導：6カ月12回の指導、対象人員10人程度、前年度実施延べ人数は20人 被害者の視点を取り入れた教育：6カ月12回の指導、対象人員4人、前年度実施延べ人数は8人
職業訓練	溶接科：10人、3カ月
面会・通信等	休日面会：申出0件／親族以外の者の面会許可：統計なし／電話などの電気通信の方法による通信：申出0件
受刑者への懲罰	戒告：20人／作業の10日以内の停止：0人／自弁の物品の使用または摂取の一部または全部の15日以内の停止：0人／書籍の閲覧の一部または全部の15日以内の停止：0人／報奨金計算額の3分の1以内の削減：1人
閉居罰	実施：延べ104回、104人、最長40日間 運動：5日に1回、30分、荒天時を除き屋外 入浴：5日に1回、15分 姿勢：一般の受刑者が作業している時間帯は安座姿勢をとるよう指導。足の組み換え等は許容。湯茶や水は一般受刑者と同様に休憩安息時間にとるよう指導
受刑者からの苦情	法務大臣に対して申出：2件／監査官に対して申出：1件／刑事施設の長に対して申出：2件

※　平成19年6月4日回答。

網走刑務所　〒093-0088 北海道網走市三眺

職員体制	定数：221人／現在職員数：219人／男性刑務官数：204人／女性刑務官数：2人／有給休暇取得日数平均（平成18年）：4.2日
定員	受刑者：1,119人／未決拘禁者：40人
入所者数	受刑者：1,039人（女性0人、無期懲役者0人、労役場留置者3人）／未決拘禁者：7人（女性2人、死刑確定者0人）
障害・疾患を持つ受刑者	精神障害（M指標）：0人／身体上の疾患または障害（P指標）：0人／発達障害：統計なし
高齢受刑者	60歳以上：107人（65歳以上33人、70歳以上17人、75歳以上5人）／最高齢者：78歳／介護を必要とする者：0人
外国人受刑者	日本人と異なる処遇を必要とする外国人（F指標）：0人
制限区分	第1種：29人／第2種：70人／第3種：819人／第4種：63人
優遇措置	第1類：1人／第2類：92人／第3類：477人／第4類：84人／第5類：105人
女性収容区域廊下の録画	撮影時間：24時間／録画の保管期間：DVD等に保存し、2年程度保存
女性収容区域の宿直勤務	男性刑務官だけで行うこと：有 暴行が起きないような対策：監視カメラで24時間撮影し、居室の鍵は勤務監督者が管理
冷暖房	冷房：居室内になし／暖房：すべての居室内および居室棟の廊下に暖房設備を設置
医師・看護師	医師：常勤1人、非常勤5人（内科2人、歯科3人）／看護師：0人／准看護師の資格を持っている刑務官：4人
土曜・日曜・祝日・夜間の当直体制	医師は当直していないが、常に医師あるいは准看護師と連絡が取れる体制にあり、急患に対しても速やかに登庁して対応、病状によっては外部の病院へ搬送
死亡	3人（すべて受刑者。40歳代男病死、60歳代男病死、70歳代男病死）
自殺企図	2人（すべて受刑者）
拒食	0人
医療のための移送	外部の病院に移送した受刑者数：15人／医療刑務所に移送した受刑者数：5人
指名医による診療	申請：0件
警備用具の使用	0件
拘束衣の使用	0件

保護室への収容	延べ106回、実人数について統計なし、最長12日間
障害のある受刑者のための工場（寮内工場）	有。11人
作業後の裸体検査	実施せず
作業報奨金	受刑者1人あたりの月額最高額：16,967円／同最低額：396円／同平均額：3,018円／監査：月に1回審査を実施
教育的処遇コース	薬物依存離脱指導：3カ月6回の指導、対象人員10人程度、年1回実施、前年度実施延べ人数は42人 交通安全指導：3カ月6回の指導、対象人員10人程度、年2回実施、前年度実施延べ人数は72人 就労支援指導：3カ月6回の指導、対象人員10人程度、年1回実施、前年度実施延べ人数は100人 暴力団離脱指導：3カ月6回、対象人員10人程度、年1回実施予定 性犯罪再犯防止指導：3カ月6回、対象人員10人程度、年1回実施予定 被害者の視点を取り入れた教育：3カ月6回、対象人員10人程度、年1回実施予定
職業訓練	溶接科：4人、1カ月／土木科：10人、3カ月
面会・通信等	休日面会：1件／親族以外の者の面会許可：統計なし／電話などの電気通信の方法による通信：申請1件／許可1件
受刑者への懲罰	戒告：7人／作業の10日以内の停止：0人／自弁の物品の使用または摂取の一部または全部の15日以内の停止：0人／書籍の閲覧の一部または全部の15日以内の停止：19人／報奨金計算額の3分の1以内の削減：25人
閉居罰	実施：延べ361回、実人数は統計なし、最長50日間 運動：おおむね5日ごと、30分間、雨天以外は室外 入浴：7日ごとに1回、15分間 姿勢：受刑者の作業時間に当たる時間中（休憩時間は除く）に安座または正座の姿勢。水は職員に申し出て飲める。安座姿勢時の足の組み換えや、休憩時等の用便は認められる
受刑者からの苦情	法務大臣に対して申出：11件／監査官に対して申出：49件／刑事施設の長に対して申出：39件

※ 平成19年6月22日回答。

月形刑務所　〒061-0595 北海道樺戸郡月形町1011

職員体制	定数：203人／現在職員数：194人／男性刑務官数：183人／女性刑務官数：3人／有給休暇取得日数平均（平成18年度）：7.1日
定員	受刑者：1,264人／未決拘禁者：65人
入所者数	受刑者：891人（女性0人、無期懲役者0人、労役場留置者8人）／未決拘禁者：10人（女性0人、死刑確定者0人）
障害・疾患を持つ受刑者	精神上の疾病または障害を有するため医療を主として行う刑事施設等に収容する必要があると認められる者：0人／身体上の疾病または障害を有するため医療を主として行う刑事施設等に収容する必要があると認められる者：0人／発達障害：統計なし
高齢受刑者	60歳以上：96人（65歳以上34人、70歳以上6人、75歳以上0人）／最高齢者：71歳／介護を必要とする者：0人
外国人受刑者	日本人と異なる処遇を必要とする外国人（F指標）：0人
制限区分	第1種：0人／第2種：12人／第3種：711人／第4種：47人
優遇措置	第1類：0人／第2類：42人／第3類：399人／第4類：100人／第5類：50人
女性収容区域廊下の録画	撮影時間：24時間／録画の保管期間：3～6カ月DVDに保存
女性収容区域の宿直勤務	男性刑務官だけで行うこと：有 暴行が起きないような対策：宿直勤務で女性収容区域を巡回する際には処遇本部に連絡し、連絡を受けた職員はモニターで巡回職員の行動を確認。その他居室外に出す場合には、監督者の指示により職員2人で実施
冷暖房	冷房：なし／暖房：すべての居室内および居室等廊下に暖房設備を設置
医師・看護師	医師：常勤0人、非常勤4人（内科3人、精神科1人）／看護師：0人／准看護師の資格を持っている刑務官：5人
土曜・日曜・祝日・夜間の当直体制	医師は当直していないが、常に医師あるいは准看護師と連絡が取れる体制にあり、急患に対しては非常勤医師または准看護師が登庁して対応、病状によっては外部の病院へ搬送
死亡	0人
自殺企図（平成18年）	0人
拒食（平成18年）	連続して15食以上拒食した者は1人（内訳回答なし）。19食
医療のための移送	外部の病院に移送した受刑者数：5人／医療刑務所に移送した受刑者数：2人
指名医による診療	申請：45件／許可：0件

警備用具の使用	0件
拘束衣の使用	0件
保護室への収容	延べ35回、35人、最長6日
障害のある受刑者のための工場（寮内工場）	あるが、ほとんどが高齢受刑者など一般受刑者と集団で行動することが困難な受刑者。15人
作業後の裸体検査	実施せず
作業報奨金	受刑者1人あたりの月額最高額：10,917円／同最低額：666円／同平均額：2,684円／監査：月に1回審査
教育的処遇コース	薬物依存離脱指導：4カ月12回の指導、年2回、対象人員30人程度、前年度実施延べ人数は314人 暴力団離脱指導：4カ月9回の指導、年1回、対象人員4人程度、前年度実施延べ人数は36人 被害者の視点を取り入れた教育：6カ月7回の指導、年1回、対象人員6人程度、前年度実施延べ人数は65人
職業訓練	建設機械科：2人、5カ月／溶接科：60人、1カ月／木工科：60人、1カ月／建築科：5人、1カ月
面会・通信等	休日面会：実施せず／親族以外の者の面会許可：統計なし／電話などの電気通信の方法による通信：申請0件
受刑者への懲罰	戒告：28人／作業の10日以内の停止：0人／自弁の物品の使用または摂取の一部または全部の15日以内の停止：0人／書籍の閲覧の一部または全部の15日以内の停止：閉居罰との併科で1人／報奨金計算額の3分の1以内の削減：9人
閉居罰	実施：延べ352件、実人数統計なし、最長40日間 運動：おおむね7日ごと、30分、雨天時等を除き室外 入浴：おおむね7日ごと、15分 姿勢：受刑者の作業時間帯に正座または安座をするように指導。姿勢が正座または安座となっているので、各自がそれぞれ座り方を変えている。水は職員に申し出て飲むことができる
受刑者からの苦情	法務大臣に対して申出：28件／監査官に対して申出：50件／刑事施設の長に対して申出：19件

※　岩見拘置支所を含む。平成19年5月30日回答。

函館少年刑務所　〒042-8639 北海道函館市金堀町6-11

職員体制	定数：191人／現在職員数：191人／男性刑務官数：168人／女性刑務官数：3人／有給休暇取得日数平均（平成18年）：8.8日
定員	受刑者：868人／未決拘禁者：80人
入所者数	受刑者：1,101人（女性3人、無期懲役者0人、労役場留置者1人）／未決拘禁者：28人（女性7人、死刑確定者0人）
障害・疾患を持つ受刑者	精神上の疾病または障害を有するため、医療を主として行う刑事施設等に収容する必要がある者：0人／身体上の疾病または障害を有するため、医療を主として行う刑事施設等に収容する必要がある者：0人／発達障害：統計なし
高齢受刑者	60歳以上：156人（65歳以上37人、70歳以上9人、75歳以上3人）／最高齢者：90歳／介護を必要とする者：0人
外国人受刑者	日本人と異なる処遇を必要とする外国人（F指標）：0人
制限区分	第1種：0人／第2種：64人／第3種：1,015人／第4種：5人
優遇措置	第1類：8人／第2類：147人／第3類：673人／第4類：99人／第5類：29人
女性収容区域廊下の録画	撮影時間：24時間／録画の保管期間：必要と認められるときにDVD等に保存し検証を行い、問題がないことを確認するまで保管
女性収容区域の宿直勤務	男性刑務官だけで行うこと：有 暴行が起きないような対策：女性収容区域を巡回するときは処遇部門に連絡し、連絡を受けた職員はモニターで巡回職員の行動を確認。居室等はすべて施錠
冷暖房	冷房：なし／暖房：すべての居室内および居室棟廊下に暖房機器を設置
医師・看護師	医師：常勤1人、非常勤0人（内科1人）／看護師：0人／准看護師の資格を持っている刑務官：8人
土曜・日曜・祝日・夜間の当直体制	医師は当直していないが、常に医師あるいは准看護師と連絡が取れる体制にあり、急患に対しても速やかに登庁して対応、病状によっては外部の病院へ搬送
死亡	1人（受刑者。50歳代男病死）
自殺企図	3人（うち受刑者は2人）
拒食	0人
医療のための移送	外部の病院に移送した受刑者数：6人／医療刑務所に移送した受刑者数：1人
指名医による診療	申請：0件

警備用具の使用	0件
拘束衣の使用	0件
保護室への収容	延べ52回、実人数は統計なし、最長6日
障害のある受刑者のための工場（寮内工場）	有（高齢受刑者も含む。10人）
作業後の裸体検査	実施せず
作業報奨金	受刑者1人あたりの月額最高額：12,168円／同最低額：699円／同平均額：2,608円／監査：月に1回審査
教育的処遇コース	薬物依存離脱指導：3カ月10回の指導、対象人員10人程度、年2回実施、前年度実施延べ人数は200人 被害者の視点を取り入れた教育：6カ月10回の指導、対象人員13人、年1回実施、前年度実施延べ人数は91人 交通安全指導：3カ月8回の指導、対象人員10人程度、年2回実施、前年度実施延べ人数は160人 就労支援指導：2カ月8回の指導、対象人員40人程度、年2回実施、前年度実施延べ人数は592人 性犯罪再犯防止指導：4カ月14回の指導、対象人員4人、年1回実施、前年度実施延べ人数は56人
職業訓練	木工科：20人、1年／洋服科：17人、1年／数値制御科：6人、3カ月／短期理容科：4人、3カ月／情報処理科：30人、6カ月／溶接科：18人、6カ月／通信技術科：25人、6カ月／ボイラー科：7人、1年／船舶職員科：17人、1年／自動車整備科：14人、1年／クリーニング科：20人、1年／理容科：18人、2年／製版印刷科：27人、6カ月
面会・通信等	休日面会：0件／親族以外の者の面会許可：統計なし／電話などの電気通信の方法による通信：申請1件／許可1件
受刑者への懲罰	戒告：19人／作業の10日以内の停止：0人／自弁の物品の使用または摂取の一部または全部の15日以内の停止：0人／書籍の閲覧の一部または全部の15日以内の停止：0人／報奨金計算額の3分の1以内の削減：9人
閉居罰	実施：延べ185回、実人数は統計なし、最長25日間 運動：おおむね5日ごと、30分、雨天時等を除き室外 入浴：おおむね5日ごと、15分 姿勢：受刑者の作業時間に当たる時間中で、正座または安座をするよう指導。各自は自由に座り方を変えられる。水は職員に申し出て飲むことができる。
受刑者からの苦情	法務大臣に対して申出：8件／監査官に対して申出：9件／刑事施設の長に対して申出：13件

※　平成19年6月4日回答。

青森刑務所　〒030-0111 青森県青森市大字荒川字藤戸88

職員体制（平成19年1月1日現在）	定数：183人／現在職員数：179人／男性刑務官数：165人／女性刑務官数：4人／有給休暇取得日数平均（平成18年）：3.9日
定員（平成19年4月1日現在）	受刑者：658人／未決拘禁者：159人
入所者数（平成19年4月1日現在）	受刑者：753人（女性0人、無期懲役者0人、労役場留置者2人）／未決拘禁者：42人（女性2人、死刑確定者0人）
障害・疾患を持つ受刑者（平成19年4月1日現在）	精神障害（M指標）：0人／身体上の疾患または障害（P指標）：0人／発達障害：0人
高齢受刑者（平成19年4月1日現在）	60歳以上：94人（65歳以上27人、70歳以上16人、75歳以上9人）／最高齢者：77歳／介護を必要とする者：0人
外国人受刑者（平成19年4月1日現在）	日本人と異なる処遇を必要とする外国人（F指標）：0人／通訳：必要とする場合にはボランティア等に依頼
制限区分（平成19年4月10日現在）	第1種：0人／第2種：3人／第3種：601人／第4種：（回答なし）
優遇措置（平成19年4月10日現在）	第1類：0人／第2類：0人／第3類：397人／第4類：40人／第5類：130人
女性収容区域廊下の録画	撮影時間：24時間／録画の保管期間：4カ月保管
女性収容区域の宿直勤務	男性刑務官だけで行うこと：夜間および休日の昼間は複数の男性職員で対応 暴行が起きないような対策：居室および食器口等施錠し、鍵は監督当直者が管理するとともに、複数の男子職員で女区に入る場合は、無線で本部に入る旨通報、ビデオカメラで確認
冷暖房	冷房：単独室・共同室になし／暖房：パネルヒーター（蒸気）を設置
医師・看護師（平成19年1月1日現在）	医師：常勤1人、非常勤0人（外科1人）／看護師：0人／准看護師の資格を持っている刑務官：5人
土曜・日曜・祝日・夜間の当直体制	医師は当直していないが、常に医師あるいは准看護師に連絡をすれば登庁する体制にある。外部の病院への搬送も実施
死亡（平成18年）	2人（うち受刑者2人）　年齢：60歳代／性別：男性／死亡原因：病気
自殺企図（平成18年）	1人（内訳は回答なし）
拒食（平成18年）	連続して15食以上拒食した者は0人。最高で11食
医療のための移送（平成18年）	外部の病院に移送した受刑者数：11人／医療刑務所に移送した受刑者数：2人
指名医による診療（平成18年）	申請：0件
警備用具の使用（平成18年）	0件

拘束衣の使用（平成18年）	0件
保護室への収容（平成18年）	延べ45回、23人、最長49時間10分
障害のある受刑者のための工場（寮内工場） （平成19年4月1日現在）	精神障害や発達障害のある受刑者、高齢等で一般受刑者との集団行動が困難な受刑者を処遇している工場有。7人
作業後の裸体検査	実施せず
作業報奨金	受刑者1人あたりの月額最高額：18,431円／同最低額：660円／同平均額：3,377円／監査：毎月、企画部門（作業）において集計・検査し、監督者が確認
教育的処遇コース	薬物依存離脱指導：6カ月8回の指導、対象人員6人程度、年1回実施、前年度実施延べ人数は21人 被害者の視点を取り入れた教育：6カ月12回の指導、対象人員6人程度、年2回実施、前年度実施延べ人数は12人 暴力団離脱指導：1人当たり1〜2回の個別指導、前年度実施延べ人数は75人
職業訓練	木工科：8人、6カ月／木工科（塗装）：10人、6カ月／建築科（建設）：3人、2カ月
面会・通信等	休日面会：0件／親族以外の者の面会許可：実施しているが件数は把握せず／電話などの電気通信の方法による通信：申請0件
受刑者への懲罰 （平成18年12月31日現在）	戒告：29人／作業の10日以内の停止：0人／自弁の物品の使用または摂取の一部または全部の15日以内の停止：0人／書籍の閲覧の一部または全部の15日以内の停止：259人／報奨金計算額の3分の1以内の削減：144人
閉居罰	実施：延べ257回、実人数は把握せず、最長30日間 運動：週1〜2回、30分間、屋外 入浴：週1〜2回、15分間 姿勢：原則として就業時間中、居室中央に安座。時間中に適宜手や足、首等を軽く動かす等の動作は禁止していない。水は職員に申出をして飲んでいる
受刑者からの苦情	法務大臣に対して申出：24件／監査官に対して申出：41件／刑事施設の長に対して申出：29件

※　弘前・八戸各拘置支所を含む。

宮城刑務所　〒984-8523 宮城県仙台市若林区古城2-3-1

職員体制（平成19年1月1日現在、支所〔仙台拘置・石巻拘置・古川拘置〕を含む）	定数：361人／現在職員数：回答なし／男性刑務官数：301人／女性刑務官数：3人／有給休暇取得日数平均（平成18年）：4.0日
定員（平成19年3月31日現在）	受刑者：1,020人／未決拘禁者：0人
入所者数（平成19年3月31日現在）	受刑者：1,123人（女性0人、無期懲役者147人、労役場留置者11人）／未決拘禁者：0人
障害・疾患を持つ受刑者（平成19年3月31日現在、支所を含む）	精神障害（M指標）：12人／身体上の疾病または障害（P指標）：27人／発達障害：統計なし
高齢受刑者（平成19年3月31日現在、支所を含む）	60歳以上：202人（65歳以上100人、70歳以上47人、75歳以上15人）／最高齢者：84歳／介護を必要とする者：3人
外国人受刑者（平成19年3月31日現在、支所を含む）	日本人と異なる処遇を必要とする外国人（F指標）：1人／通訳：必要な場合には外部機関に依頼／国籍：1カ国
制限区分（平成19年4月10日現在、支所を含む）	第1種：0人／第2種：6人／第3種：955人／第4種：48人／区分指定なし：126人
優遇措置（平成19年4月10日現在、支所を含む）	第1類：6人／第2類：64人／第3類：558人／第4類：133人／第5類：209人／区分指定なし：165人
女性収容区域廊下の録画	該当なし
女性収容区域の宿直勤務	該当なし
冷暖房（支所を含む）	冷房：居室内になし／暖房：居室内に暖房設備はないが、居室棟のそれぞれの廊下にストーブを設置
医師・看護師（平成19年1月1日現在、支所を含む）	医師：常勤6人、非常勤1人（内科2人、外科2人、精神科1人、歯科1人）／看護師：14人／准看護師の資格を持っている刑務官：5人
土曜・日曜・祝日・夜間の当直体制	医師は当直していないが交代で自宅待機しており、常に医師に連絡が取れる体制にあり、急患に対しても直ちに登庁して対応。病状によっては外部の病院に搬送
死亡（平成18年、支所を含む）	8人（すべて受刑者）　年齢：30歳代1人、50歳代4人、60歳代3人／性別：男性／死亡原因：病気
自殺企図（平成18年、支所を含む）	20人（うち受刑者14人）
拒食（平成18年、支所を含む）	4人（内訳は無回答）、最長151食
医療のための移送（平成18年、支所を含む）	外部の病院に移送した受刑者数：12人／医療刑務所に移送した受刑者数：10人
指名医による診療（支所を含む）	申請：0件
警備用具の使用（支所を含む）	0件

拘束衣の使用（支所を含む）	0件
保護室への収容 （平成18年、支所を含む）	延べ192回、64人、最長14日
障害のある受刑者のための工場（寮内工場） （平成19年3月31日現在、支所を含む）	養護工場が有。ただし精神的障害・発達障害および身体的障害のある受刑者だけでなく、高齢のため一般受刑者と集団行動することが困難な受刑者も含まれる。33人
作業後の裸体検査 （支所を含む）	実施せず
作業報奨金 （平成18年、支所を含む）	受刑者1人あたりの月額最高額：25,596円／同最低額：528円／同平均額：3,758円／監査：担当職員が集計・計算し、幹部職員が確認
教育的処遇コース （支所を含む）	薬物依存離脱指導：3カ月12回の指導、対象人員7人程度、年2回実施、前年度実施延べ人数は163人 暴力団離脱指導：4カ月6回の指導、対象人員8人程度、年1回実施、前年度実施延べ人数は51人 性犯罪再犯防止指導：3カ月14回の指導、対象人員4人程度、年1回実施、前年度実施延べ人数は56人 被害者の視点を取り入れた教育：6カ月12回の指導、対象人員6人程度、年1回実施、前年度実施延べ人数は18人 交通安全指導：3カ月10回の指導、対象人員5人程度、年1回実施予定 就労支援指導：3カ月7回の指導、対象人員3人程度、年1回実施、前年度実施延べ人数は13人
職業訓練 （平成18年度、支所を含む）	溶接科：3人、3カ月／木工科：5人、3カ月／畳科：3人、3カ月／表具科：3人、6カ月／配管科：3人、6カ月／小型建設機械科：10人、2カ月／窯業科：3人、6カ月
面会・通信等 （平成18年、支所を含む）	休日面会：1件（重症者）／親族以外の者の面会許可：統計なし／電話などの電気通信の方法による通信：申請0件
受刑者への懲罰 （平成18年、支所を含む）	戒告（叱責を含む）：374人／作業の10日以内の停止：0人／自弁の物品の使用または摂取の一部または全部の15日以内の停止：0人／書籍の閲覧の一部または全部の15日以内の停止：18人／報奨金計算額の3分の1以内の削減：162人
閉居罰 （平成18年、支所を含む）	実施（軽屏禁含む）：延べ947回、実人数は回答なし、最長45日間 運動：執行後7日以内の直近の運動日に実施、以後原則として5日以内に1回の割合で30分。雨天以外は屋外 入浴：執行後7日以内の直近の入浴日に実施、以後通常の入浴日ごとに拭身と入浴を交互に実施。15分 姿勢：正座または安座の姿勢を朝食終了後から仮就寝（冬季は午後5時30分、夏季は午後6時30分）まで続けるよう指示。短時間で足を組み替えたりすることを許可している。水（茶）については、朝・昼・夕の食事時間帯以外は原則として許可せず
受刑者からの苦情（平成18年、支所を含む）	法務大臣に対して申出：112件／監査官に対して申出：60件／刑事施設の長に対して申出：59件

※　平成19年6月19日回答。

宮城刑務所仙台拘置支所　〒984-0825 宮城県仙台市若林区古城2-2-1

定員(平成19年3月31日現在)	受刑者：5人／未決拘禁者：185人
入所者数 (平成19年3月31日現在)	受刑者：59人（女性5人、無期懲役者0人、労役場留置者0人）／未決拘禁者：131人（女性7人、死刑確定者5人）
女性収容区域廊下の録画	撮影時間：24時間／録画の保管期間：録画した画像は翌朝に検証、ハードディスクに1週間分保存
女性収容区域の宿直勤務	男性刑務官だけで行うこと：有 暴行が起きないような対策：監視カメラで24時間撮影。居室の鍵は勤務監督者が管理。複数の男子刑務官で対応

※　他の項目については本所参照。平成19年6月19日回答。

宮城刑務所石巻拘置支所　〒986-0874 宮城県石巻市双葉町3-48

定員(平成19年3月31日現在)	受刑者：0人／未決拘禁者：28人
入所者数 (平成19年3月31日現在)	受刑者：59人（女性0人、無期懲役者0人、労役場留置者2人）／未決拘禁者：7人（女性0人、死刑確定者0人）
女性収容区域廊下の録画	撮影時間：24時間／録画の保管期間：録画した画像は翌朝に検証、ハードディスクに1週間分保存
女性収容区域の宿直勤務	男性刑務官だけで行うこと：有 暴行が起きないような対策：監視カメラで24時間撮影。居室の鍵は勤務監督者が管理。複数の男子刑務官で対応

※　他の項目については本所参照。平成19年6月19日回答。

宮城刑務所古川拘置支所　〒986-6174 宮城県大崎市古川千手寺町2-2-2

定員(平成19年3月31日現在)	受刑者：5人／未決拘禁者：35人
入所者数 (平成19年3月31日現在)	受刑者：6人（女性1人、無期懲役者0人、労役場留置者1人）／未決拘禁者：12人（女性0人、死刑確定者0人）
女性収容区域廊下の録画	撮影時間：24時間／録画の保管期間：録画した画像は翌朝に検証、ハードディスクに1週間分保存
女性収容区域の宿直勤務	男性刑務官だけで行うこと：有 暴行が起きないような対策：監視カメラで24時間撮影。居室の鍵は勤務監督者が管理。複数の男子刑務官で対応

※　他の項目については本所参照。平成19年6月19日回答。

大阪刑務所（2004年）

府中刑務所（2005年）

秋田刑務所　〒010-0948 秋田県秋田市川尻新川町1-1

職員体制 (平成19年1月1日現在)	定数：188人／現在職員数：186人／男性刑務官数：172人／女性刑務官数：3人／有給休暇取得日数平均（平成18年度）：3.9日
定員（平成19年3月31日現在）	受刑者：580人／未決拘禁者：100人
入所者数 (平成19年3月31日現在)	受刑者：667人（女性0人、無期懲役者0人、労役場留置者6人）／未決拘禁者：34人（女性2人、死刑確定者0人）
障害・疾患を持つ受刑者 (平成19年3月31日現在)	精神障害（M指標）：0人／身体上の疾患または障害（P指標）：0人／発達障害：統計なし
高齢受刑者 (平成19年3月31日現在)	60歳以上：114人（65歳以上48人、70歳以上18人、75歳以上7人）／最高齢者：80歳／介護を必要とする者（平成18年）：0人
外国人受刑者（平成18年）	日本人と異なる処遇を必要とする外国人（F指標）：0人
制限区分 (平成18年12月31日現在)	第1種：0人／第2種：6人／第3種：594人／第4種：12人
優遇措置 (平成18年12月31日現在)	第1類：0人／第2類：7人／第3類：367人／第4類：22人／第5類：98人
女性収容区域廊下の録画	撮影時間：24時間／録画の保管期間：3カ月保存
女性収容区域の宿直勤務	男性刑務官だけで行うこと：有 暴行が起きないような対策：監視カメラで24時間撮影。居室鍵は監督当直者が管理。複数の職員で対応
冷暖房	冷房：居室内に冷房設備は設置せず／暖房：居室内暖房設備はないが、居室棟のそれぞれの廊下にストーブを設置
医師・看護師 (平成19年1月1日現在)	医師：常勤1人、非常勤1人（内科2人）／看護師：0人／准看護師の資格を持っている刑務官：7人
土曜・日曜・祝日・夜間の当直体制	医師は当直していないが、常に医師あるいは准看護師と連絡が取れる体制にあり、急患発生時にも速やかに登庁して対応。病状によっては外部の病院に搬送
死亡（平成18年）	3人（うち受刑者2人）　年齢：40歳代1人／50歳代1人／性別：男性／死亡原因：病気
自殺企図（平成18年）	0人
拒食（平成18年）	連続して15食以上拒食した受刑者は2人
医療のための移送 (平成18年)	外部の病院に移送した受刑者数：12人／医療刑務所に移送した受刑者数：6人
指名医による診療 (平成18年)	申請0件
警備用具の使用（平成18年）	0件

拘束衣の使用（平成18年）	0件
保護室への収容（平成18年）	延べ79回、34人、最長9日
障害のある受刑者のための工場（寮内工場）（平成18年）	無。可能なものは一般工場で就業
作業後の裸体検査	実施せず
作業報奨金（平成18年度）	受刑者1人あたりの月額最高額：16,797円／同最低額：600円／同平均額：3,146円／監査：監督者が確認
教育的処遇コース	薬物依存離脱指導：1カ月2回の指導、対象人員10人程度、年2回実施、昨年度実施延べ人数は240人 暴力団離脱指導：1カ月1回の指導、対象人員1人、年11回実施、昨年度実施延べ人数は11人 被害者の視点を取り入れた教育：1カ月2回の指導、対象人員4人程度、年2回実施、昨年度実施延べ人数は54人 就労支援指導：1カ月1回の指導、対象人員8人程度、年9回実施、昨年度実施延べ人数は64人
職業訓練	木造建築科：5人、～1年／うるし科：1人、～1年／フォークリフト科：9人、～2カ月
面会・通信等（平成18年）	休日面会：0件／親族以外の者の面会許可：461件／電話などの電気通信の方法による通信：申請0件
受刑者への懲罰	戒告：33件／作業の10日以内の停止：0件／自弁の物品の使用または摂取の一部または全部の15日以内の停止：0件／書籍の閲覧の一部または全部の15日以内の停止：38件／報奨金計算額の3分の1以内の削減：2件
閉居罰	実施：統計なし 運動：7日以内に1回、その後は5日を越えないごとに1回、30分 入浴：7日ごとに1回、15分、他の入浴日には拭身をさせている 姿勢：安座。時間に関しては指示していない朝食後～仮就寝（食事、点検時を除く）。水は飲むことができる
受刑者からの苦情（平成18年）	法務大臣に対して申出：25件／監査官に対して申出：21件／刑事施設の長に対して申出：35件

※ 横手・大館・大曲各拘置支所を含む。平成19年6月26日回答。

山形刑務所　〒990-2162 山形県山形市あけぼの2-1-1

職員体制（平成19年1月1日現在）	定数（平成18年度）：215人／現在職員数：209人／男性刑務官数：192人／女性刑務官数：3人／職員の平均有給休暇取得日数（平成18年度）：5.1日
定員（平成19年3月31日現在）	受刑者：1,318人／未決拘禁者：111人
入所者数（平成19年3月31日現在）	受刑者：1,196人（女性0人、無期懲役者22人、労役場留置者10人）／未決拘禁者：45人（女性4人、死刑確定者0人）
障害・疾患を持つ受刑者（平成19年3月31日現在）	精神障害（M指標）：0人／身体上の疾患または障害（P指標）：0人／発達障害：統計なし
高齢受刑者（平成19年3月31日現在）	60歳以上：162人（65歳以上統計なし／70歳以上34人／75歳以上統計なし／最高齢者の年齢：83歳／高齢のため介護を必要とする者（平成19年5月1日現在）：5人
外国人受刑者（平成19年3月31日現在）	日本人と異なる処遇を必要とする外国人（F指標）：0人／通訳：府中刑務所国際対策室に職員の応援を依頼したり、ボランティア・大使館等に依頼したりする
制限区分（平成18年12月31日現在）	第1種：0人／第2種：22人／第3種：1,036人／第4種：13人／未指定者：159人
優遇措置（平成18年12月31日現在）	第1類：0人／第2類：79人／第3類：753人／第4類：135人／第5類：27人／未指定者：236人
女性収容区域廊下の録画	撮影時間：24時間／録画の保管期間：必要に応じて検証し、約6カ月間は保管
女性収容区域の宿直勤務	男性刑務官だけで行うこと：男性刑務官だけで行っている　暴行が起きないような対策：監視カメラで24時間撮影。男子職員が対応する場合は、複数の男子刑務官で対応
冷暖房	冷房：居室内に冷房設備はないが、共同室内に扇風機を備え付け／暖房：各居室内に暖房設備が設置されているほか、居室棟のそれぞれの廊下にはストーブを設置
医師・看護師（平成19年1月1日現在）	医師：常勤1人、非常勤1人（内科1人、精神科1人）／看護師：0人／准看護師の資格を持っている刑務官：9人
土曜・日曜・祝日・夜間の当直体制	医師は当直していないが、常に医師あるいは准看護師と連絡が取れる体制にあり、急患に対しても速やかに登庁して対応、病状によっては外部の病院へ搬送
死亡（平成18年）	1人（受刑者）　年齢：50歳代／性別：男性／死亡原因：病気
自殺企図	5人（うち受刑者5人）
拒食	0人
医療のための移送	外部の病院に移送した受刑者数：23人／医療刑務所に移送した受刑者数：1人

指名医による診療	申請：0件
警備用具の使用	0件
拘束衣の使用	0件
保護室への収容 （平成18年12月31日現在）	延べ26回、25人、最長5日
障害のある受刑者のための工場（寮内工場） （平成19年5月1日現在）	無。ただし障害のあるものと一般受刑者を同じ工場で働かせることはしない
作業後の裸体検査	原則として実施せず
作業報奨金 （平成19年4月分）	受刑者1人あたりの月額最高額：18,642円／同最低額：605円／同平均額：2,739円／監査：監督者が確認
教育的処遇コース	薬物依存離脱指導：3カ月18回の指導、対象人員8人程度、年2回、前年度実施延べ人数は288人 性犯罪再犯防止指導：3.5カ月14回の指導、対象人員4人程度、年2回、前年度実施延べ人数は76人 被害者の視点を取り入れた教育：3カ月12回の指導、対象人員10人程度、年1回、前年度実施延べ人数は20人 就労支援指導：5日10回の指導、対象人員10人程度、年2回、前年度実施延べ人数は400人 交通安全指導：3カ月10回の指導、対象人員10人程度、年2回の予定
職業訓練	電気工事科：5人、1年／造園科：9人、1年／溶接科：9人、1年／自動車整備科：10人、1年／繊維デザイン科：2人、1年／数値制御機械科：10人、6カ月／情報処理科：16人、6カ月／革工芸科：8人、6カ月／ボイラー運転科：15人、3カ月／フォークリフト運転科：20人、1カ月
面会・通信等	休日面会：実施せず／親族以外の者の面会許可：統計なし／電話などの電気通信の方法による通信：申請0件
受刑者への懲罰 （平成18年12月31日現在）	戒告：51人／作業の10日以内の停止：0人／自弁の物品の使用または摂取の一部または全部の15日以内の停止：0人／書籍の閲覧の一部または全部の15日以内の停止：3人／報奨金計算額の3分の1以内の削減：29人
閉居罰	実施：延べ283件、実人数統計なし、最長30日間 運動：7日目ごとに1回、30分、原則屋外、雨天時は屋内 入浴：7日を超えない範囲内で実施、15分 姿勢：受刑者の作業時間中（休憩45分は確保）、居室の中央で安座または正座をするように指導、同じ姿勢を長時間続けるような指導はしていない。水は自由に飲める
受刑者からの苦情	法務大臣に対して申出：12件／監査官に対して申出：19件／刑事施設の長に対して申出：30件

※　米沢・鶴岡・酒田各拘置支所を含む。

福島刑務所	〒960-8254 福島県福島市南沢又字上原1
職員体制 (平成19年1月1日現在)	定数：260人／現在職員数：255人／男性刑務官数：231人／女性刑務官数：3人／有給休暇取得日数平均（平成18年度）：5.2日
定員（平成19年3月31日現在）	受刑者：1,560人／未決拘禁者：300人
入所者数 (平成19年3月31日現在)	受刑者：1,166人（女性2人、無期懲役者2人、労役場留置者22人）／未決拘禁者：58人（女性2人、死刑確定者0人）
障害・疾患を持つ受刑者	精神障害（M指標）：0人／身体上の疾患または障害（P指標）：0人／発達障害：統計なし
高齢受刑者 (平成19年3月31日現在)	60歳以上：155人（65歳以上85人、70歳以上32人、75歳以上8人）／最高齢者：82歳／介護を必要とする者：0人
外国人受刑者 (平成19年4月10日現在)	日本人と異なる処遇を必要とする外国人（F指標）：60人／国籍：10カ国
制限区分 (平成19年4月10日現在)	第1種：0人／第2種：6人／第3種：922人／第4種：177人
優遇措置 (平成19年4月10日現在)	第1類：0人／第2類：20人／第3類：721人／第4類：190人／第5類：82人
女性収容区域廊下の録画	撮影時間：24時間／録画の保管期間：保管期間は定めていないが、映像は保管し事後検証をしている
女性収容区域の宿直勤務	男性刑務官だけで行うこと：拘置支所において有 暴行が起きないような対策：居室窓および扉の開口部は二重施錠。鍵は監督当直者が管理。監視カメラで検証
冷暖房	冷房：居室内に冷房設備はないが、共同室内に扇風機を設置／暖房：各居室内には凍結防止用の温水循環型パネルを設置しているほか、居室棟のそれぞれの廊下にストーブを設置
医師・看護師	医師：常勤2人、非常勤2人（内科3人、外科1人）／看護師：0人／准看護師の資格を持っている刑務官：10人
土曜・日曜・祝日・夜間の当直体制	医師は当直していないが、常に医師あるいは准看護師と連絡が取れる体制にあり、急患にも速やかに登庁して対応。病状によっては外部の病院に搬送
死亡（平成18年度）	2人（いずれも受刑者）　年齢：50歳代1人、80歳代1人／性別：男性／死亡原因：病気
自殺企図（平成18年）	11人（うち受刑者9人）
拒食	連続して15食以上拒食した者は2人（いずれも受刑者）。最長49食
医療のための移送	外部の病院に移送した受刑者数：28件25人／医療刑務所に移送した受刑者数：5人
指名医による診療	申請：0件

警備用具の使用 (平成19年4月10日現在)	0件
拘束衣の使用 (平成19年4月10日現在)	0件
保護室への収容(平成18年)	延べ72回、39人、最長15日間
障害のある受刑者のための工場(寮内工場) (平成18年12月31日現在)	有。ただし精神障害や発達障害等を有している受刑者ばかりでなく、高齢受刑者など一般受刑者と集団で行動することが困難な受刑者を含む。17人
作業後の裸体検査 (平成18年12月31日現在)	実施せず
作業報奨金 (平成18年12月分)	受刑者1人あたりの月額最高額:15,645円／同最低額:495円／同平均額:2,036円／監査:担当者以外に複数の監督者がチェック、当該月の金額が適正であることを確認
特別改善指導(平成18年)	薬物依存離脱指導:4カ月9回の指導、対象人員10人程度、年3回、前年度実施延べ人数は270人 被害者の視点を取り入れた教育:6カ月12回の指導、対象人員10人程度、年2回、前年度実施延べ人数は240人 暴力団離脱指導:3カ月6回の指導、対象人員10人程度、年3回、前年度実施延べ人数は180人 就労支援指導:3カ月に9回の指導、対象人員は左官科・農業園芸科各5人、就労支援科9人、前年度実施延べ人数は81人 (平成19年度からの予定:交通安全指導:5カ月間10回の指導、対象人員10人程度、年1回、延べ100人)
職業訓練	左官科:11人、1年／農業園芸科:7人、1年間／就職支援コース科:8人、3カ月
面会・通信等	休日面会:0人／親族以外の者の面会許可:統計なし／電話などの電気通信の方法による通信:申請0件
受刑者への懲罰 (平成18年12月31日現在)	戒告:56件／作業の10日以内の停止:0件／自弁の物品の使用または摂取の一部または全部の15日以内の停止:0件／書籍の閲覧の一部または全部の15日以内の停止:22件／報奨金計算額の3分の1以内の削減:62件
閉居罰 (平成18年12月31日現在)	実施:延べ471件、実人数は統計なし、最長50日 運動:最初の1週間は1回、以後5日ごとに2回、30分、屋外 入浴:受刑後7日目に入浴、以後入浴該当日に拭身・入浴と交互に各15分間 姿勢:休憩時・昼食時を除き、仮就寝時刻まで安座。水は自由に飲める。午前・午後それぞれ室内体操の音楽を流し、身体を動かす機会を与える。本人から足を伸ばしたいとの申出があれば、そのつど許可
受刑者からの苦情	法務大臣に対して申出:16件／監査官に対して申出:33件／刑事施設の長に対して申出:19件

※ 会津若松・郡山・いわき・白河各拘置支所を含み、福島刑務支所は含まない。平成19年6月22日回答。

福島刑務所福島刑務支所　〒960-8536 福島県福島市南沢又字水門下66

職員体制（平成19年1月1日現在）	定数：94人／現在職員数：87人／男性刑務官数：8人／女性刑務官数：75人／有給休暇取得日数平均（平成18年度）：5.8日
定員（平成19年3月31日現在）	受刑者：490人／未決拘禁者：10人
入所者数（平成19年3月31日現在）	受刑者：517人（女性517人、無期懲役者3人、労役場留置者3人）／未決拘禁者：0人
障害・疾患を持つ受刑者	精神障害（M指標）：1人／身体上の疾患または障害（P指標）：2人／発達障害：統計なし
高齢受刑者（平成19年3月31日現在）	60歳以上：65人（65歳以上34人、70歳以上17人、75歳以上8人）／最高齢者：86歳／介護を必要とする者：0人
外国人受刑者	日本人と異なる処遇を必要とする外国人（F指標）（平成19年3月31日現在）：26人／国籍（平成18年12月31日現在）：1カ国
制限区分（平成19年4月10日現在）	第1種：0人／第2種：8人／第3種：480人／第4種：6人
優遇措置（平成19年4月10日現在）	第1類：0人／第2類：8人／第3類：329人／第4類：91人／第5類：5人
女性収容区域廊下の録画	撮影時間：24時間／録画の保管期間：保管期間は定めていないが、映像は保管し事後検証をしている
女性収容区域の宿直勤務	男性刑務官だけで行うこと：無
冷暖房	冷房：居室内に冷房設備はないが、共同室内に扇風機を設置／暖房：各居室内には凍結防止用の温水循環型パネルを設置しているほか、居室棟のそれぞれの廊下にストーブを設置
医師・看護師（平成19年1月1日現在）	医師：常勤1人、非常勤3人（内科3人、外科1人、歯科医1人）／看護師：1人／准看護師の資格を持っている刑務官：0人
土曜・日曜・祝日・夜間の当直体制	医師は当直していないが、常に医師あるいは看護師と連絡が取れる体制にあり、急患にも速やかに登庁して対応。病状によっては外部の病院に搬送
死亡（平成18年度）	1人（受刑者）　年齢：60歳代／性別：女性／死亡原因：病気
自殺企図（平成18年）	5人（うち受刑者4人）
拒食	0件
医療のための移送（平成18年度）	外部の病院に移送した受刑者数：3人／医療刑務所に移送した受刑者数：3人
指名医による診療	申請：0件
警備用具の使用	0件
拘束衣の使用	0件

保護室への収容 (平成18年度)	延べ10回、9人、最長1日間
障害のある受刑者のための工場(寮内工場)	無。工場は同じ
作業後の裸体検査	実施せず
作業報奨金 (平成19年3月分)	受刑者1人あたりの月額最高額：6,997円／同最低額：638円／同平均額：1,979円／監査：作業報奨金の取り扱いは、担当者以外に複数の監督者がチェックを行い、当該月の金額が適正であることを確認
特別改善指導(平成18年)	薬物依存離脱指導：4カ月9回の指導、対象人員10人程度、年4回、前年度実施延べ人数は396人 被害者の視点を取り入れた教育：6カ月6回の指導、対象人員5人程度、年2回、前年度実施延べ人数は9人 交通安全指導（平成19年度から）：3カ月6回の指導、対象人員10人程度、年3回の予定
職業訓練	販売サービス科：10人、3カ月／点字翻訳科：5人、1年
面会・通信等	休日面会：0人／親族以外の者の面会許可：統計なし／電話などの電気通信の方法による通信：申請0件
受刑者への懲罰 (平成18年12月31日現在)	戒告：24件／作業の10日以内の停止：0件／自弁の物品の使用または摂取の一部または全部の15日以内の停止：0件／書籍の閲覧の一部または全部の15日以内の停止：0件／報奨金計算額の3分の1以内の削減：4件
閉居罰 (平成18年12月31日現在)	実施：延べ72件、実人数は統計なし、最長15日 運動：週1回、30分、屋外 入浴：受罰中であっても、他の受刑者同様 姿勢：受刑者の作業中に当たる時間中、居室の中央で安座または正座。水は職員に申し出て飲むことができる。午前および午後の一定時間に居室内での運動の機会を与えている
受刑者からの苦情 (平成19年3月31日現在)	法務大臣に対して申出：3件／監査官に対して申出：1件／刑事施設の長に対して申出：5件

※　平成19年6月22日回答。

盛岡少年刑務所　〒020-0102 岩手県盛岡市上田字松屋敷11-11

職員体制（平成19年1月1日現在）	定数：142人／現在職員数：142人／男性刑務官数：125人／女性刑務官数：2人／有給休暇取得日数平均（平成18年）：4.7日
定員（平成19年3月31日現在）	受刑者：408人／未決拘禁者：72人
入所者数（平成19年3月31日現在）	受刑者：460人（女性2人、無期懲役者0人、労役場留置者6人）／未決拘禁者：本所21人（女性1人、死刑確定者0人）
障害・疾患を持つ受刑者	精神障害（M指標）：1人／身体上の疾患または障害（P指標）：1人／発達障害：統計なし
高齢受刑者（平成19年3月31日現在）	60歳以上：4人（65歳以上1人、70歳以上0人、75歳以上0人）／最高齢者：68歳／介護を必要とする者：0人
外国人受刑者（平成19年3月31日現在）	日本人と異なる処遇を必要とする外国人（F指標）：1人／国籍数：1カ国
制限区分（平成19年4月10日現在）	第1種：0人／第2種：38人／第3種：326人／第4種：59人
優遇措置（平成19年4月10日現在）	第1類：0人／第2類：45人／第3類：185人／第4類：89人／第5類：103人
女性収容区域廊下の録画	撮影時間：24時間／録画の保管期間：3カ月間
女性収容区域の宿直勤務	男性刑務官だけで行うこと：男性刑務官が女性収容区域を巡回　暴行が起きないような対策：複数の職員で女子収容者に対応するなど対策を講じている
冷暖房	冷房：居室内に冷房設備はない／暖房：設置している
医師・看護師	医師：常勤1人、非常勤0人（内科1人）／看護師：0人／准看護師の資格を持っている刑務官：6人
土曜・日曜・祝日・夜間の当直体制	医師は当直していないが、常に医師あるいは准看護師と連絡が取れる体制にあり、急患に対して速やかに登庁して対応。症状に応じて外部医療機関に搬送。
死亡	0人
自殺企図（平成18年）	1人（内訳は無回答）
拒食	0人
医療のための移送（平成18年）	外部の病院に移送した受刑者数：7件5人／医療刑務所に移送した受刑者数：1人
指名医による診療	申請：0件
警備用具の使用	0件
拘束衣の使用	0件

保護室への収容（平成18年）	延べ17回、13人、最長1日間
障害のある受刑者のための工場（寮内工場）	無
作業後の裸体検査	実施していない
作業報奨金 （平成19年3月分）	受刑者1人あたりの月額最高額：16,507円／同最低額：627円／同平均額：2,525円／監査：担当職員が集計および計算し、幹部職員が確認
特別改善指導（平成18年）	薬物依存離脱指導：3カ月10回の指導、対象人員8人以内、年3回実施、前年実施延べ人数158人／性犯罪再犯防止指導：【中密度】おおむね6カ月45回の指導、対象人員8人以内、年1回実施、実績なし／【高密度】おおむね8カ月64回の指導、対象人員8人以内、年1回、実績なし／【低密度】おおむね3カ月14回の指導、対象人員8人以内、前年実施延べ人数56人 就労支援指導：6日間の指導、対象人員15人程度、年2回実施、前年度実施延べ人数は172人 害者の視点を取り入れた教育
職業訓練	溶接科：前後期各10人、6カ月／自動車整備科：前後期各10人、6カ月／自動車タイヤ整備科：前後期各10人、6カ月／ビル設備管理：前後期各10人、6カ月／情報処理：前後期各10人、6カ月
面会・通信等	休日面会（平成18年）：なし／親族以外の者の面会許可：149件／電話などの電気通信の方法による通信：申請0件
受刑者への懲罰 （平成18年12月31日現在）	戒告：20人／作業の10日以内の停止：0人／自弁の物品の使用または摂取の一部または全部の15日以内の停止：0人／書籍の閲覧の一部または全部の15日以内の停止：0人／報奨金計算額の3分の1以内の削減：69人
閉居罰	実施（平成18年）：延べ444回、209人、45日 運動：週に1回、30分、室内または室外で実施 入浴：冬季夏季にかかわらず週に1回、15分実施 姿勢：正座または安座。水を飲むことは禁止していない。休憩時間を定期的に設けている
受刑者からの苦情	法務大臣に対して申出：6件／監査官に対して申出：14件／刑事施設の長に対して申出：23件

盛岡少年刑務所一関拘置支所　〒020-0877 岩手県一関市城内3-1

定員（平成19年3月31日現在）	受刑者：0人／未決拘禁者：16人
入所者数 （平成19年3月31日現在）	受刑者：4人（女性1人、無期懲役者0人、労役場留置者0人）／未決拘禁者：4人（女性0人、死刑確定者0人）

※　他の項目については本所参照。

水戸少年刑務所　〒312-0033 茨城県ひたちなか市市毛847

職員体制 （平成19年1月1日現在）	定数（平成18年）：140人／現在職員数：141人／男性刑務官数：130人／女性刑務官数：0人／有給休暇取得日数平均（平成18年度、本支所あわせて）：4.1日
定員（平成19年3月31日現在）	受刑者：564人／未決拘禁者：0人
入所者数 （平成19年3月31日現在）	受刑者：671人（女性0人）（本支所合わせて無期懲役者0人、労役場留置者15人）／未決拘禁者：0人（女性0人）（本支所あわせて死刑確定者0人）
障害・疾患を持つ受刑者 （平成18年12月31日現在）	精神障害（M指標）：1人／身体上の疾患または障害（P指標）：0人／発達障害：0人
高齢受刑者 （平成19年3月31日現在）	60歳以上：34人（65歳以上11人、70歳以上5人、75歳以上0人）／最高齢者：74歳／介護を必要とする者：0人
外国人受刑者	日本人と異なる処遇を必要とする外国人（F指標）：0人
制限区分 （平成18年12月31日現在）	第1種：0人／第2種：7人／第3種：622人／第4種：1人
優遇措置 （平成18年12月31日現在）	第1類：0人／第2類：34人／第3類：249人／第4類：142人／第5類：205人
女性収容区域廊下の録画	撮影時間：24時間／録画の保管期間：事後検証の必要性から、通常6か月間保存
女性収容区域の宿直勤務	男性刑務官だけで行うこと：平日の夜間および休日は男性刑務官のみ 暴行が起きないような対策：居室扉および食器口は常時異なった鍵で施錠し、鍵は監督当直者が保管。緊急時以外に居室扉を開閉することはなく、また配食および投薬については、男性職員2人により食器口のみを開錠
冷暖房	冷房：すべての居室に冷房設備はないが、すべての共同室および2人拘禁している夜間単独室（懲罰中および昼夜間居室処遇中の者は除く）に扇風機を設置／暖房：すべての居室に暖房設備はないが、すべての居室棟廊下に暖房器具を設置
医師・看護師 （平成19年1月1日現在）	医師：常勤0人、非常勤5人（外科内科4人、整形外科1人）／看護師：0人／准看護師の資格を持っている刑務官：10人
土曜・日曜・祝日・夜間の当直体制	医師は当直していないが、常に医師または准看護師と連絡が取れる体制にあり、急患に対しても速やかに登庁して対応。病状によっては外部の病院へ搬送。
死亡	0人
自殺企図	1人（内訳回答なし）
拒食	連続して15食以上の拒食した者は1人。17食

医療のための移送	外部の病院に移送した受刑者数：10件10人／医療刑務所に移送した受刑者数：3人
指名医による診療	申請：0件
警備用具の使用	0件
拘束衣の使用	0件
保護室への収容	延べ204回、101人、最長9日間
障害のある受刑者のための工場（寮内工場） （平成19年1月1日現在）	有。高齢受刑者など一般受刑者と集団で行動することが困難な受刑者も含む。4人
作業後の裸体検査	実施せず
作業報奨金（平成19年3月）	受刑者1人あたりの月額最高額：10,031円／同最低額：495円／同平均額：2,224円／監査：統計担任者が計算をし、監督者が確認
教育的処遇コース	薬物依存離脱指導：4カ月11回の指導、対象人員10人程度、年3回実施、前年度実施延べ人数は158人 被害者の視点を取り入れた教育：9カ月11回の指導、対象人員4～5人程度、年1回実施、前年度実施延べ人数34人 暴力団離脱指導：3カ月6回の指導、対象人員4人、年4回実施予定 性犯罪再犯防止指導：2カ月4回の指導、対象人員3人、年6回実施予定
職業訓練	木材工芸科：5人、4カ月、年度内2回／溶接科：5人、3カ月、年度内2回／フォークリフト科：6人、3カ月、年度内2回
面会・通信等	休日面会：0件／親族以外の者の面会許可：統計なし／電話などの電気通信の方法による通信：申請0件
受刑者への懲罰	戒告：51件／作業の10日以内の停止：0件／自弁の物品の使用または摂取の一部または全部の15日以内の停止：0件／書籍の閲覧の一部または全部の15日以内の停止：4件／報奨金計算額の3分の1以内の削減：171件
閉居罰	実施：延べ634回、実人数は統計なし、最長60日 運動：最初は週1回、その後は週2回、30分、室外 入浴：週1回、15分 姿勢：安座または正座、昼食時間を除く午前7時40分から午後4時20分まで。用便等のための一時的な離席、昼食・休憩時の必要なたち歩きは認めている。水は自由に飲むことができる
受刑者からの苦情	法務大臣に対して申出：116件／監査官に対して申出：116件／刑事施設の長に対して申出：335件

※ 「障害・疾患を持つ受刑者」以降の項目は支所を含めた数字。平成20年度より「水戸刑務所」に名称変更。平成19年8月3日回答。

水戸少年刑務所水戸拘置支所　〒310-0045 茨城県水戸市新原1-9-1

職員体制 (平成19年1月1日現在)	定数（平成18年度）：40人／現在職員数：38人／男性刑務官数：35人／女性刑務官数：3人／有給休暇取得日数平均（平成18年）：水戸少年刑務所全体の統計を参照
定員(平成19年3月31日現在)	受刑者：36人／未決拘禁者：156人
入所者数 (平成19年3月31日現在)	受刑者：38人（女性13人、無期懲役者・労役場留置者は水戸少年刑務所全体の統計を参照）／未決拘禁者：53人（女性9人、死刑確定者は水戸少年刑務所全体の統計を参照）

※　他の項目については本所参照。平成19年8月3日回答。

水戸少年刑務所土浦拘置支所　〒300-0814 茨城県土浦市国分町5-1

職員体制 (平成19年1月1日現在)	定数（平成18年度）：25人／現在職員数：24人／男性刑務官数：23人／女性刑務官数：1人／有給休暇取得日数平均（平成18年）：水戸少年刑務所全体の統計を参照
定員(平成19年3月31日現在)	受刑者：6人／未決拘禁者：117人
入所者数 (平成19年3月31日現在)	受刑者：33人（女性3人、無期懲役者・労役場留置者は水戸少年刑務所全体の統計を参照）／未決拘禁者：59人（女性3人、死刑確定者は水戸少年刑務所全体の統計を参照）

※　他の項目については本所参照。平成19年8月3日回答。

水戸少年刑務所下妻拘置支所　〒304-0066 茨城県下妻市下妻甲-6

職員体制 (平成19年1月1日現在)	定数（平成18年）：16人／現在職員数：16人／男性刑務官数：15人／女性刑務官数：1人／有給休暇取得日数平均（平成18年度）：水戸少年刑務所全体の統計を参照
定員(平成19年3月31日現在)	受刑者：0人／未決拘禁者：58人
入所者数 (平成19年3月31日現在)	受刑者：24人（女性0人、無期懲役者・労役場留置者は水戸少年刑務所全体の統計を参照）／未決拘禁者：21人（女性0人、死刑確定者は水戸少年刑務所全体の統計を参照）

※　他の項目については本所参照。平成19年8月3日回答。

尾道刑務所（2009年）

大阪医療刑務所（2010年）

栃木刑務所	〒328-8550 栃木県栃木市惣社町2484
職員体制 （平成19年1月1日現在）	定数（平成18年度）：160人／現在職員数：154人／男性刑務官数：19人／女性刑務官数：128人／有給休暇取得日数平均（平成18年）：5.4日
定員（平成19年3月31日現在）	受刑者：648人／未決拘禁者：0人
入所者数 （平成19年3月31日現在）	受刑者：825人（女性825人、無期懲役者32人、労役場留置者8人）／未決拘禁者：0人
障害・疾患を持つ受刑者 （平成19年3月31日現在）	精神上の疾病または障害を有するため医療を主として行う刑事施設等に収容する必要があると認められる者：5人／身体上の疾病または障害を有するため医療を主として行う刑事施設等に収容する必要があると認められる者：1人／発達障害：統計なし
高齢受刑者 （平成19年3月31日現在）	60歳以上：108人（65歳以上70人、70歳以上23人、75歳以上13人）／最高齢者：87歳／介護を必要とする者：0人
外国人受刑者	日本人と異なる処遇を必要とする外国人（F指標）：220人／国籍：16カ国／通訳：職員もしくは非常勤等の外部通訳を要請
制限区分 （平成19年3月31日現在）	第1種：0人／第2種：108人／第3種：664人／第4種：36人
優遇措置 （平成19年3月31日現在）	第1類：7人／第2類：39人／第3類：546人／第4類：73人／第5類：26人
女性収容区域廊下の録画	撮影時間：24時間／録画の保管期間：検証等の必要から通常7日間保管
女性収容区域の宿直勤務	男性刑務官だけで行うこと：無
冷暖房	冷房：閉鎖単独室以外、すべての居室に扇風機を設置／暖房：すべての共同室と単独室にあり
医師・看護師 （平成19年1月1日現在）	医師：常勤2人、非常勤2人（産婦人科2人、精神科2人）／看護師：1人／准看護師の資格を持っている刑務官：4人
土曜・日曜・祝日・夜間の当直体制：	医師は当直していないが、常に連絡が取れる体制にあり、急患に対しても速やかに登庁して対応、病状によっては外部の病院へ搬送
死亡（平成18年度）	0人
自殺企図（平成18年度）	10人（いずれも受刑者）
拒食（平成18年度）	2人（いずれも受刑者）。最長74食
医療のための移送 （平成18年度）	外部の病院に移送した受刑者数：13件12人／医療刑務所に移送した受刑者数：7人
指名医による診療	申請：0件
警備用具の使用	0件

拘束衣の使用	0件
保護室への収容 (平成18年度)	延べ82回、27人、最長9日
障害のある受刑者のための工場(寮内工場)	無
作業後の裸体検査	施設の規律秩序維持上、回答を差し控える
作業報奨金(平成18年度)	受刑者1人あたりの月額最高額：16,721円／同最低額：6円／同平均額：2,591円／監査：統計担当が計算をし、監督者が確認
教育的処遇コース	薬物依存離脱指導：2カ月4回の指導、3グループ編成、前年度実施延べ人数は105人 被害者の視点を取り入れた教育：6カ月6回の指導、1グループ編成、前年度実施延べ人数は16人 交通安全指導：2.5カ月5回の指導、1グループ編成、前年度実施延べ人数は21人 就労支援指導：3日間の指導、年2回、1グループ編成、前年度実施延べ人数は18人
職業訓練	美容科：4人、2年／ホームヘルパー科：6人、6カ月／フォークリフト運転科：6人、3カ月／織機調整科：2人、1年
面会・通信等(平成18年)	休日面会：0件／親族以外の者の面会許可：記録無／電話などの電気通信の方法による通信：申請0件
受刑者への懲罰(平成18年)	戒告：20人／作業の10日以内の停止：0人／自弁の物品の使用または摂取の一部または全部の15日以内の停止：0人／書籍の閲覧の一部または全部の15日以内の停止：0人／報奨金計算額の3分の1以内の削減：0人
閉居罰(平成18年)	実施：延べ106件、86人、最長20日間 運動：週1回程度、30分、原則屋外 入浴：週1～2回程度、15分 姿勢：朝食終了後から作業時間終了後まで静かに安座。一定の姿勢は強要していない。水は自由に飲むことができる
受刑者からの苦情(平成18年度)	法務大臣に対して申出：71件／監査官に対して申出：48件／刑事施設の長に対して申出：144件

黒羽刑務所　〒324-0293 栃木県大田原市寒井1466-2

職員体制（平成19年1月1日現在）	定数（平成18年度）：404人／現在職員数：397人／男性刑務官数：360人／女性刑務官数：6人／有給休暇取得日数平均（平成18年度）：3.8日
定員（平成19年3月31日現在）	受刑者：1,842人／未決拘禁者：315人
入所者数（平成19年3月31日現在）	受刑者：2,363人（女性11人、無期懲役者1人、労役場留置者31人）／未決拘禁者：111人（女性9人、死刑確定者0人）
障害・疾患を持つ受刑者	精神障害（M指標）：0人／身体上の疾患または障害（P指標）：0人／発達障害：0人
高齢受刑者	60歳以上：236人（65歳以上統計なし、70歳以上73人、75歳以上統計なし）／最高齢者：85歳／介護を必要とする者：6人
外国人受刑者（平成18年12月31日現在）	日本人と異なる処遇を必要とする外国人（F指標）：379人／国籍：22カ国
制限区分（平成18年12月31日現在）	第1種：14人／第2種：50人／第3種：2,088人／第4種：105人
優遇措置（平成18年12月31日現在）	第1類：0人／第2類：48人／第3類：1,330人／第4類：251人／第5類：616人
女性収容区域廊下の録画	撮影時間：24時間／録画の保管期間：事後の検証を行い、ハードディスクで上書きして約1カ月保管
女性収容区域の宿直勤務	男性刑務官だけで行うこと：有／暴行が起きないような対策：ビデオカメラで勤務状況を監視するとともに、居室扉の鍵は別管理とし、自由に持ち出せないようにしている
冷暖房	冷房：すべての居室に冷房設備はないが、すべての共同室および2人収容している単独室に扇風機を設置／暖房：すべての居室に暖房設備はないが、すべての居室棟廊下に暖房器具を設置
医師・看護師（平成19年1月1日現在）	医師：常勤3人、非常勤4人（内科7人）／看護師：1人／准看護師の資格を持っている刑務官：17人
土曜・日曜・祝日・夜間の当直体制	医師は当直していないが、常に医師あるいは（准）看護師と連絡が取れる体制にあり、急患にも速やかに登庁して対応。病状によっては外部の病院に搬送
死亡	10人（いずれも受刑者）　年齢：40歳代1人、50歳代4人、60歳代3人、70歳代2人／性別：男性／死亡原因：病気
自殺企図	5人（内訳は無回答）
拒食	連続して15食以上拒食した者は2人（内訳は無回答）。最高連続55食
医療のための移送	外部の病院に移送した受刑者数：68件81人／医療刑務所に移送した受刑者数：25人

指名医による診療	申請：2件／許可：0件
警備用具の使用	0件
拘束衣の使用	0件
保護室への収容	延べ172回、74人、最長5日間
障害のある受刑者のための工場（寮内工場） （平成19年3月31日現在）	2カ所有。120人程度（障害のある受刑者のほか、高齢などで一般受刑者と集団で行動することが困難なものも含む）
作業後の裸体検査	通常実施せず
作業報奨金（平成18年12月）	受刑者1人あたりの月額最高額：15,686円／同最低額：59円／同平均額：2,563円／監査：担当者が計算し、監督者が確認
特別改善指導	薬物依存離脱指導：3カ月12回の指導、対象人員10人程度、年3回、前年実施延べ人数は87人 性犯罪再犯防止指導：3カ月半14回の指導、対象人員8人程度、年1回、前年実施延べ人数は56人 被害者の視点を取り入れた教育：3カ月12回の指導、対象人員10人程度、年1回、前年実施延べ人数は44人 就労支援指導：5日間5回の指導、対象人員20人程度、年2回、前年実施延べ人数は95人
職業訓練	建設機械科：11人、6カ月／フォークリフト運転科：5人、3カ月／木工科：5人、6カ月／園芸科：10人、6カ月
面会・通信等	休日面会：37人／親族以外の者の面会許可：658件／電話などの電気通信の方法による通信：申請14件、許可7件
受刑者への懲罰	戒告：363件／作業の10日以内の停止：0件／自弁の物品の使用または摂取の一部または全部の15日以内の停止：0件／書籍の閲覧の一部または全部の15日以内の停止：4件／報奨金計算額の3分の1以内の削減：219件
閉居罰	実施：延べ450件、287人、最長30日 運動：隔日40分間、戸外 入浴：週1～2回15分間 姿勢：正座でも安座でもよい。水は自由に飲める
受刑者からの苦情	法務大臣に対して申出：152件／監査官に対して申出：71件／刑事施設の長に対して申出：90件

※ 宇都宮・足利・大田原各拘置支所を含む。平成19年9月27日回答。

喜連川社会復帰促進センター	〒329-1493 栃木県さくら市喜連川5547

職員体制 （平成20年4月1日現在）	定数：251人／現在職員数：251人／男性刑務官数：241人／女性刑務官数：3人／職員の平均有給休暇取得日数（平成19年度）：6日程度
定員（平成20年4月30日現在）	受刑者：2,000人／未決拘禁者：0人
入所者数 （平成20年4月30日現在）	受刑者：1,275人（女性0人、無期懲役者0人、労役場留置者3人）／未決拘禁者：0人
障害・疾患を持つ受刑者	精神障害（M指標）：0人／身体上の疾患または障害（P指標）：0人／発達障害：統計なし
高齢受刑者 （平成20年4月30日現在）	60歳以上：193人（65歳以上107人、70歳以上47人、75歳以上18人）／最高齢者の年齢：83歳／高齢のため介護を必要とする者：0人
外国人受刑者	日本人と異なる処遇を必要とする外国人（F指標）：0人／通訳：職員で対応
制限区分 （平成20年4月31日現在）	第1種：0人／第2種：56人／第3種：1,120人／第4種：0人
優遇措置 （平成20年4月31日現在）	第1類：0人／第2類：90人／第3類：674人／第4類：110人／第5類：49人
女性収容区域廊下の録画	該当なし
女性収容区域の宿直勤務	該当なし
冷暖房	冷房：居室に冷房設備はないが、すべての収容棟の廊下側に換気設備により送風を行い、その送風を各居室に取り込むことにより、空気の循環を行うように配意している。すべての共同室に扇風機を整備／暖房：居室に暖房設備はないが、すべての居室棟廊下に集中暖房による暖気を送風
医師・看護師	医師：常勤0人、非常勤32人（内科3人、外科1人、整形外科2人、耳鼻咽喉科1人、皮膚科1人、眼科1人、精神科1人、歯科22人）／看護師：8人（正看護師6人、准看護師2人）／准看護師の資格を持っている刑務官：4人
土曜・日曜・祝日・夜間の当直体制	医師は当直していないが、看護師1人が当直し、看護師から医師に連絡が取れる体制にあり、病状によっては外部の病院へ搬送
死亡	0人
自殺企図	0人
拒食	連続して15食以上拒食した者は0人。最長9食
医療のための移送	外部の病院に移送した受刑者数：10人／医療刑務所に移送した受刑者数：1人
指名医による診療	申請：0件
警備用具の使用	0件
拘束衣の使用	0件

保護室への収容	延べ9回、3人、最長4日
障害のある受刑者のための工場（寮内工場）	有。ただし高齢受刑者など、一般受刑者と集団で行動することが困難な受刑者も含む。147人
作業後の裸体検査	実施せず
作業報奨金（平成20年3月）	受刑者1人あたりの月額最高額：10,858円／同最低額：0円（休養中）／同平均額：1,777円／監査：担当者が計算し、監督者が確認
教育的処遇コース	【一般改善指導】行動適正化プログラム：3カ月12回の指導、対象人員15人程度、前年度実施延べ人数は181人／身体障害者プログラム（特化ユニット）：3カ月12回の指導、対象人員20人程度、前年度実施延べ人数は24人／フラワーセラピー（特化ユニット）：3カ月6回の指導、対象人員10人程度、前年度実施延べ人数は26人／脳トレーニング（特化ユニット）：5カ月10回の指導、対象人員30人程度、前年度実施延べ人数は32人／知的障害者プログラム（特化ユニット）：3カ月12回の指導、対象人員30人程度、前年度実施延べ人数は70人／精神障害者プログラム（特化ユニット）：3カ月12回の指導、対象人員20人程度、前年度実施延べ人数は44人 【特別改善指導】薬物依存離脱指導：4カ月15回の指導、対象人員15人程度、前年度実施延べ人数は223人／被害者の視点を取り入れた教育：2.5カ月10回の指導、対象人員10人程度、前年度実施延べ人数は110人／交通安全指導：2.5カ月10回の指導、対象人員10人程度、前年度実施延べ人数は129人／就労支援指導：3カ月12回の指導、対象人員10人、前年度実施延べ人数は44人
職業訓練	ホームヘルパー科：3人、4カ月／園芸科：15人、12カ月／ビルクリーニング科：14人、6カ月／調理師科：26人、24カ月／クリーニング科：24人、12カ月／コールセンター科：13人、6カ月／DTP科：19人、4カ月／木工科：7人、12カ月／窯業科：20人、12カ月／デザイン・モザイク科：13人、12カ月／竹細工科：19人、12カ月／社会復帰直前科：9人、0.5カ月
面会・通信等	休日面会：0件／親族以外の者の面会許可：36件／電話などの電気通信の方法による通信：申請2件、許可2件（うち1件は不通）
受刑者への懲罰	戒告：14人／作業の10日以内の停止：0人／自弁の物品の使用または摂取の一部または全部の15日以内の停止：0人／書籍の閲覧の一部または全部の15日以内の停止：0人／報奨金計算額の3分の1以内の削減：2人
閉居罰	実施：延べ97件、97人、最長25日間 運動：7日ごとに1回、30分、室外 入浴：入浴該当日ごとに入浴と拭身を交互に実施、入浴は15分 姿勢：朝食終了後から仮就寝時まで室内において安座または正座の姿勢を取るように指示。正座または安座は本人の意思で随時変更できる。給水する場合は表示させた上で実施
受刑者からの苦情	法務大臣に対して申出：3件／監査官に対して申出：0件／刑事施設の長に対して申出：22件

※ 特記がない限り、平成20年4月30日現在のデータ。平成20年8月6日回答。

前橋刑務所　〒371-0805 群馬県前橋市南町1-23-7

職員体制 （平成19年1月現在）	定数（平成18年度）：224人／現在職員数：223人／男性刑務官数：205人／女性刑務官数：4人／職員の平均有給休暇取得日数（平成18年度）：3.9日
定員（平成19年3月31日現在）	受刑者：839人／未決拘禁者：100人
入所者数 （平成19年3月31日現在）	受刑者：987人（女性3人、無期懲役者0人、労役場留置者9人）／未決拘禁者：43人（女性5人、死刑確定者0人）
障害・疾患を持つ受刑者	精神障害（M指標）：0人／身体上の疾患または障害（P指標）：0人／発達障害：統計なし
高齢受刑者 （平成19年3月31日現在）	60歳以上：122人（65歳以上96人／70歳以上26人／75歳以上0人）／最高齢者の年齢：83歳（注：75歳以上が0人との回答と矛盾するが、回答そのまま）／高齢のため介護を必要とする者：0人
外国人受刑者	日本人と異なる処遇を必要とする外国人（F指標）：118人／国籍：22カ国
制限区分 （平成19年4月10日現在）	第1種：5人／第2種：863人／第3種：76人／第4種：86人
優遇措置 （平成19年4月10日現在）	第1類：1人／第2類：366人／第3類：134人／第4類：250人／第5類：297人
女性収容区域廊下の録画	撮影時間：24時間／録画の保管期間：事後の検証を行い、通常7日間保管
女性収容区域の宿直勤務	男性刑務官だけで行うこと：有 暴行が起きないような対策：男子刑務官が対応する際には複数の職員で実施、居室および食器口に錠を備え、その鍵は監督者が保管
冷暖房	冷房：すべての居室に冷房設備はないが、共同室に扇風機を設置／暖房：居室に暖房設備はないが、すべての居室棟廊下に暖房器具を設置
医師・看護師	医師：常勤1人、非常勤2人（内科2人、外科1人）／看護師：0人／准看護師の資格を持っている刑務官：6人
土曜・日曜・祝日・夜間の当直体制	医師は当直していないが、医師あるいは准看護師と連絡が取れる体制にあり、急患に対しても速やかに登庁して対応、病状によっては外部の病院へ搬送
死亡	2人（受刑者2人）　年齢：30歳代、50歳代／性別：男性／死亡原因：病気
自殺企図	0人
拒食	0人
医療のための移送	外部の病院に移送した受刑者数：17人／医療刑務所に移送した受刑者数：23人

指名医による診療	申請：1件／許可：1件
警備用具の使用	0件
拘束衣の使用	0件
保護室への収容	延べ65回、37人、最長21日
障害のある受刑者のための工場（寮内工場）	無。一般受刑者と同じ工場か居室内で軽度な作業を実施
作業後の裸体検査	下着着用で実施している
作業報奨金（平成19年5月）	受刑者1人あたりの月額最高額：15,691円／同最低額：292円／同平均額：2,770円／監査：担当者が計算し、監督者が確認
教育的処遇コース	薬物依存離脱指導：3カ月10回の指導、対象定員10人、年3回、前年実施延べ人数は250人 暴力団離脱指導：3カ月6回の指導、対象定員10人、年3回、前年実施延べ人数は80人 被害者の視点を取り入れた教育：3カ月8回の指導、対象定員10人、年3回、前年実施延べ人数は81人
職業訓練	木工工芸科：1年／革工芸科：6カ月
面会・通信等	休日面会：12件／親族以外の者の面会許可：延べ503人／電話などの電気通信の方法による通信：申請0件
受刑者への懲罰	戒告：41人／作業の10日以内の停止：0人／自弁の物品の使用または摂取の一部または全部の15日以内の停止：0人／書籍の閲覧の一部または全部の15日以内の停止：0人（ただし併科した者は64人）／報奨金計算額の3分の1以内の削減：159人
閉居罰	実施：延べ772件、772人、最長40日間 運動：週1回、30分、室外 入浴：週1回、15分 姿勢：朝食終了後から仮就寝時間まで、正座または安座の姿勢をとるよう指導。正座か安座かは本人の意思で随時変更できる。給水する場合は、表示をさせた上で実施
受刑者からの苦情	法務大臣に対して申出：27件／監査官に対して申出：0件／刑事施設の長に対して申出：165件

※ 高崎・太田各拘置支所を含む。特記がない限り、平成18年1月～12月までのデータ。

千葉刑務所　〒264-8585 千葉県千葉市若葉区貝塚町192

職員体制 (平成19年1月1日現在)	定数：314人／現在職員数：311人／男性刑務官数：279人／女性刑務官数：9人／職員の平均有給休暇取得日数（平成18年度）：4.6日
定員(平成19年3月31日現在)	受刑者743人／未決拘禁者：678人
入所者数 (平成19年3月31日現在)	受刑者：1,163人（女性23人、無期懲役者367人、労役場留置者32人）／未決拘禁者：572人（女性37人、死刑確定者0人）
障害・疾患を持つ受刑者	精神障害（M指標）：0人／身体上の疾患または障害（P指標）：1人／発達障害：統計なし
高齢受刑者	60歳以上：202人（65歳以上114人、70歳以上57人、75歳以上22人）／最高齢者の年齢：89歳／高齢のため介護を必要とする者：8人
外国人受刑者	日本人と異なる処遇を必要とする外国人（F指標）：28人／通訳：職員で対応／国籍：13カ国
制限区分	第1種：0人／第2種：7人／第3種：861人／第4種：28人
優遇措置	第1類：0人／第2類：187人／第3類：516人／第4類：112人／第5類：60人
女性収容区域廊下の録画	撮影時間：24時間／録画の保管期間：事後の検証を行い、通常10日間保管
女性収容区域の宿直勤務	男性刑務官だけで行うこと：有 暴行が起きないような対策：複数の職員で対応し、必要に応じて女性職員を登庁させる
冷暖房	冷房：すべての居室に冷房設備はないが、共同室などに扇風機を備え付け／暖房：すべての居室に暖房設備はないが、居室棟廊下に暖房器具を設置
医師・看護師 (平成19年1月1日現在)	医師：常勤3人、非常勤5人（内科5人、外科1人、歯科2人）／看護師：2人／准看護師の資格を持っている刑務官：10人
土曜・日曜・祝日・夜間の当直体制	医師は当直していないが、常に医師あるいは看護師と連絡が取れる体制にあり、急患に対しても速やかに登庁して対応、病状によっては外部の病院へ搬送
死亡 (平成18年)	6人（うち受刑者5人）　年齢：30歳代1人、60歳代2人、70歳代3人／死亡原因：事故1人、病気5人
自殺企図	14人（うち受刑者1人）
拒食	連続して15食以上拒食した者は2人。最長15食
医療のための移送	外部の病院に移送した受刑者数：25件25人／医療刑務所に移送した受刑者数：19人
指名医による診療	申請：1件／許可：0件

警備用具の使用	0件
拘束衣の使用	0件
保護室への収容	延べ201回、実人数は把握せず、最長10日
障害のある受刑者のための工場（寮内工場）	有。ただし精神的・身体的障害のある受刑者だけでなく、高齢受刑者など、一般受刑者と集団で行動することが困難な受刑者も含む。25人
作業後の裸体検査	実施せず
作業報奨金	受刑者1人あたりの月額最高額：21,643円／同最低額：454円／同平均額：4,069円／監査：担当者が計算し、監督者が確認
教育的処遇コース	薬物依存離脱指導：5カ月12回の指導、対象人員25人程度、前年度実施延べ人数は5人 被害者の視点を取り入れた教育：5カ月12回の指導、対象人員590人程度、前年度実施延べ人数は22人 就労支援指導：5日10回の指導、対象人員3人、前年度実施延べ人数は3人
職業訓練	溶接科：3人、6カ月／窯業科：5人、10カ月／点字翻訳科：10人、12カ月
面会・通信等	休日面会：実施せず／親族以外の者の面会許可：454件／電話などの電気通信の方法による通信：実施せず
受刑者への懲罰	戒告：17人／作業の10日以内の停止：0人／自弁の物品の使用または摂取の一部または全部の15日以内の停止：0人／書籍の閲覧の一部または全部の15日以内の停止：39人／報奨金計算額の3分の1以内の削減：103人
閉居罰	実施：延べ321件、実人数不明、最長40日間 運動：週1回、30分、室外、雨天時は室内 入浴：最初の1回は懲罰執行開始日から7日を超えない範囲で実施、その後は拭身と入浴を交互に実施 姿勢：居室中央に扉に向かって安座または正座、両手は両腿に自然に添える姿勢で、朝食終了後から夕点検終了後まで実施。午前、午後の休憩時間帯の用便時、食事時、出願申出時等については、姿勢を解除することを認める。水は職員の許可を受けて飲むことができる
受刑者からの苦情	法務大臣に対して申出：95件／監査官に対して申出：65件／刑事施設の長に対して申出：87件

※　木更津・松戸・八日市場各拘置支所を含む。特記がない限り、平成18年12月31日現在または平成18年1月1日〜12月31日のデータ。平成19年8月8日回答。

市原刑務所　〒290-0204 千葉県市原市磯ケ谷11-1

職員体制 （平成19年1月1日現在）	定数（平成18年度）：102人／現在職員数：101人／男性刑務官数：86人／女性刑務官数：0人／有給休暇取得日数平均（平成18年度）：6.7日
定員（平成19年4月1日現在）	受刑者：463人／未決拘禁者：0人
入所者数 （平成19年4月1日現在）	受刑者：480人（女性0人、無期懲役者0人、労役場留置者0人）／未決拘禁者：0人
障害・疾患を持つ受刑者 （平成19年4月1日現在）	該当なし
高齢受刑者 （平成19年5月24日現在）	60歳以上：33人（65歳以上12人、70歳以上1人、75歳以上1人）／最高齢者：75歳／介護を必要とする者（平成18年）：0人
外国人受刑者（平成18年）	日本人と異なる処遇を必要とする外国人（F指標）：0人
制限区分 （平成18年12月31日現在）	第1種：476人／第2種：0人／第3種：0人／第4種：0人
優遇措置 （平成18年12月31日現在）	第1類：0人／第2類：219人／第3類：67人／第4類：8人／第5類：5人
女性収容区域廊下の録画	該当なし
女性収容区域の宿直勤務	該当なし
冷暖	冷房：なし／暖房：共同室は室内、単独室は室外の廊下にあり
医師・看護師 （平成19年1月1日現在）	医師：常勤1人、非常勤0人（内科1人）／看護師：0人／准看護師の資格を持っている刑務官：4人
土曜・日曜・祝日・夜間の当直体制	医師は当直していないが、常に医師あるいは准看護師と連絡が取れる体制にあり、休日・夜間の急患に対しても速やかに登庁して対応。病状によっては外部の病院に搬送
死亡（平成18年）	0人
自殺企図（平成18年）	0人
拒食（平成18年）	0人
医療のための移送 （平成18年）	外部の病院に移送した受刑者数：2件2人／医療刑務所に移送した受刑者数：2人
指名医による診療 （平成18年）	申請：0件
警備用具の使用（平成18年）	0件
拘束衣の使用（平成18年）	0件
保護室への収容（平成18年）	保護室は設置されていない

障害のある受刑者のための工場（寮内工場）(平成18年)	無。一般の受刑者と同じ工場で軽度な作業を実施
作業後の裸体検査	実施せず
作業報奨金(平成19年4月分)	受刑者1人あたりの月額最高額：11,659円／同最低額：251円／同平均額：2,029円／監査：統計担当者が計算をし、監督者が確認
特別改善指導	交通安全指導（長期）：2カ月8回の指導、対象人員12人程度、年225回実施、前年実施延べ人数は2,346人 交通安全指導（短期）：1カ月4回の指導、対象人員10人程度、年47回実施、前年実施延べ人数325人 被害者の視点を取り入れた教育：3カ月12回の指導、対象人員12人程度、年13回実施、前年度実施延べ人数は75人 就労支援指導：2～3日10回の指導、対象人員7人程度、年4回実施、前年度実施延べ人数は38人
職業訓練(平成18年)	溶接科：16人、3カ月／電気工事科：4人、3カ月／自動車科：16人、3カ月／ボイラー運転科：16人、3カ月／情報処理科：20人、6カ月／工芸科：16人、3カ月
面会・通信等(平成18年)	休日面会：762人／親族以外の者の面会許可：355件／電話などの電気通信の方法による通信：申請数48件、許可数48件
受刑者への懲罰(平成18年)	戒告：10人／作業の10日以内の停止：0人／自弁の物品の使用または摂取の一部または全部の15日以内の停止：0人／書籍の閲覧の一部または全部の15日以内の停止：0人／報奨金計算額の3分の1以内の削減：1人
閉居罰(平成18年)	実施：延べ57回、48人、25日 運動：週に1回、受罰期間が7日を超える場合は5日ごとに実施、30分、室外で実施 入浴：年間を通じて週に1回、15分実施 姿勢：安座または正座。同姿勢は最大2時間20分におよぶことあり。水分補給は休憩・休息時間中に行うよう指導するが、本人の体調に応じて個別に考慮。疲労度に応じ、適宜座り方を変更したり、足を伸ばしたり、足を組みなおすことを認める
受刑者からの苦情(平成18年)	法務大臣に対して申出：0件／監査官に対して申出：1件／刑事施設の長に対して申出：0件

※　平成19年8月2日回答。

八王子医療刑務所　〒192-0904 東京都八王子市子安町3-26-1

職員体制（平成19年1月1日現在）	定数：252人／現在職員数：251人／男性刑務官数：145人／女性刑務官数：11人／有給休暇取得日数平均（平成18年度）：5.8日
定員（平成19年3月31日現在）	受刑者：439人／未決拘禁者：0人
入所者数（平成19年3月31日現在）	受刑者：293人（女性28人、無期懲役者2人、労役場留置者0人）／未決拘禁者：0人
障害・疾患を持つ受刑者（平成19年3月31日現在）	精神上の疾病または障害を有するため医療を主として行う刑事施設等に収容する必要があると認められる者：67人／身体上の疾病または障害を有するため医療を主として行う刑事施設等に収容する必要があると認められる者：135人／発達障害：統計なし
高齢受刑者（平成19年3月31日現在）	60歳以上：63人（65歳以上統計なし、70歳以上17人、75歳以上統計なし）／最高齢者：81歳／介護を必要とする者：32人
外国人受刑者（平成18年12月31日現在）	日本人と異なる処遇を必要とする外国人（F指標）：12人／国籍：6カ国／通訳：府中刑務所に対し共助依頼
制限区分（平成18年12月31日現在）	第1種：0人／第2種：21人／第3種：263人／第4種：11人
優遇措置（平成18年12月31日現在）	第1類：0人／第2類：5人／第3類：86人／第4類：118人／第5類：43人
女性収容区域廊下の録画	撮影時間：24時間／録画の保管期間：事後の検証を行い、通常14日間保存
女性収容区域の宿直勤務	男性刑務官だけで行うこと：無
冷暖房	冷房：ICUおよび病棟の数箇房に冷房設備を整備。その他の居室には整備していないが、全被収容者にうちわを貸与／暖房：病棟居室には暖房設備を整備。その他の居室には設置していないが、居室棟廊下には暖房器具を設置
医師・看護師（平成19年1月1日現在）	医師：常勤18人、非常勤5人（精神科4人、内科6人、外科6人、歯科1人、眼科1人）／看護師：61人／准看護師の資格を持っている刑務官：3人
土曜・日曜・祝日・夜間の当直体制	それぞれ医師が1人当直
死亡（平成18年）	61人（いずれも受刑者）　年齢：30歳代1人、40歳代10人、50歳代17人、60歳代19人、70歳代12人、80歳代2人／死亡原因：病気
自殺企図（平成18年度）	2人（内訳回答なし）
拒食（平成18年度）	1人（内訳回答なし）。最長10食
医療のための移送（平成18年度）	外部の病院に移送した受刑者数：4件4人／医療刑務所に移送した受刑者数：0人

指名医による診療 （平成18年度）	申請：1件、許可：0件
警備用具の使用	0件
拘束衣の使用	0件
保護室への収容	0回
障害のある受刑者のための工場（寮内工場） （平成18年3月31日現在）	有。14人
作業後の裸体検査	実施せず
作業報奨金（平成18年度）	受刑者1人あたりの月額最高額：8,864円／同最低額：761円／同平均額：1,518円／監査：担当者が計算をし、監督者が確認
教育的処遇コース	薬物依存離脱指導：5カ月15回の指導、年2～3回、対象人員5～6人程度、前年度実施延べ人数は92人 被害者の視点を取り入れた教育：6カ月12回の指導、年1～2回、対象人員は適宜、前年度実施延べ人数は2人 再犯防止指導：対象者に応じ適宜実施、前年度実施延べ人数は9人
職業訓練	窯業科：5人、1年
面会・通信等 （平成18年3月31日現在）	休日面会：29件／親族以外の者の面会許可：179人／電話などの電気通信の方法による通信：申請0件
受刑者への懲罰 （平成18年12月31日現在）	戒告：10人／作業の10日以内の停止：0人／自弁の物品の使用または摂取の一部または全部の15日以内の停止：0人／書籍の閲覧の一部または全部の15日以内の停止：3人／報奨金計算額の3分の1以内の削減：2人
閉居罰	実施：延べ41件、実人数回答なし、最長25日間／ 運動：週1回（閉居罰実施日から6日目に実施、以後6日ごと）、30分、室外 入浴：冬季週1回、夏季週2回 姿勢：朝食終了後（午前7時40分ごろ）から昼食前（午前11時50分ごろ）まで、および昼食終了後（午後0時20分ごろ）から午後5時まで、正座または安座。本人の意思で足を動かし姿勢を随時変更できる。水は工場就業者と同様、自由に飲むことはできない
受刑者からの苦情	法務大臣に対して申出：8件／監査官に対して申出：10件／刑事施設の長に対して申出：12件

※　平成19年8月6日回答。

府中刑務所　〒183-8523 東京都府中市晴見町4-10

職員体制	定数：610人／現在職員数：605人／男性刑務官数：523人／女性刑務官数：4人／有給休暇取得日数平均（平成18年度）：1.5日
定員	受刑者：2,842人／未決拘禁者：0人
入所者数	受刑者：3,179人（女性0人、無期懲役者25人、労役場留置者34人）／未決拘禁者：0人
障害・疾患を持つ受刑者	精神上の疾病または障害を有するため医療を主として行う刑事施設等に収容する必要があると認められる者：492人／身体上の疾病または障害を有するため医療を主として行う刑事施設等に収容する必要があると認められる者：877人／発達障害：統計なし
高齢受刑者	60歳以上：466人（65歳以上240人、70歳以上100人、75歳以上統計なし）／最高齢者：84歳／介護を必要とする者：0人
外国人受刑者	日本人と異なる処遇を必要とする外国人（F指標）：551人／通訳：国際対策室で対応／国籍：45カ国（地域）
制限区分	第1種：0人／第2種：8人／第3種：2,892人／第4種：175人
優遇措置	第1類：0人／第2類：133人／第3類：1,317人／第4類：793人／第5類：906人
女性収容区域廊下の録画	該当なし
女性収容区域の宿直勤務	該当なし
冷暖房	冷房：なし／暖房：すべての居室に暖房設備はないが、すべての居室棟廊下に暖房器具を設置
医師・看護師	医師：常勤11人、非常勤3人（内科5人、外科2人、精神科3人、歯科1人）／看護師：12人／准看護師の資格を持っている刑務官：19人
土曜・日曜・祝日・夜間の当直体制	いずれも医師の当直あり
死亡	16人（いずれも受刑者）　年齢：30歳代2人、40歳代3人、50歳代2人、60歳代4人、70歳代5人／死亡原因：病気15人、事故1人
自殺企図	15人（内訳無回答）
拒食	連続15食以上拒食した者は2人。最長21食
医療のための移送	外部の病院に移送した受刑者数：23件20人／医療刑務所に移送した受刑者数：24人
指名医による診療	申請：0件
警備用具の使用	0件
拘束衣の使用	延べ1回、1人、1日

保護室への収容	延べ867回、265人、最長13日
障害のある受刑者のための工場（寮内工場） （平成18年12月31日現在）	有。ただし高齢者、一般受刑者との集団行動が困難な受刑者を含む。226人
作業後の裸体検査	実施せず
作業報奨金（平成18年度）	受刑者1人あたりの月額最高額：18,671円／同最低額：440円／同平均額：2,553円／監査：担当者が計算し、監督者が確認
教育的処遇コース	暴力団離脱指導：3カ月6回の指導、対象人員10人程度、年4回、前年度実施延べ人数は200人 性犯罪再犯防止指導：3カ月14回の指導、対象人員10人程度、年1回、前年度実施延べ人数は42人（新年度からは、3〜10カ月14〜64回の指導、対象人員8人程度、年6回の予定） 被害者の視点を取り入れた教育：3カ月6回の指導、対象人員10人程度、年4回、前年実施延べ人数は0人 就労支援指導：3カ月4回の指導、対象人員10人程度、年4回、前年実施延べ人数は32人 薬物依存離脱指導
職業訓練（平成18年度）	木工科：5人、6カ月／窯業科：3人、1年／OA実務科：4人、1年／自動車整備科：3人、1年／自動車板金塗装科：2人、1年／小型建設機械科：9人、3カ月
面会・通信等	休日面会：0件／親族以外の者の面会許可：統計なし／電話などの電気通信の方法による通信：申請3件、許可3件
受刑者への懲罰	戒告：77人／作業の10日以内の停止：0人／自弁の物品の使用または摂取の一部または全部の15日以内の停止：0人／書籍の閲覧の一部または全部の15日以内の停止：単独5人、併科135人／報奨金計算額の3分の1以内の削減：単独20人、併科30人
閉居罰	実施：延べ1,726件、実人数統計なし、最長55日間 運動：懲罰前に実施した運動の機会から7日を超えない範囲で1回実施、以後おおむね3日ごと。おおむね30分、室外 入浴：懲罰前に実施した入浴の日から7日を超えない範囲で1回実施、以後7日ごと。15分 姿勢：おおむね居室の中央付近で、安座または正座。外国人については希望により椅子を使用させている。申出により便所等に行かせるなどして、長時間座っていることはない。水は飲むことができる
受刑者からの苦情	法務大臣に対して申出：110件／監査官に対して申出：171件／刑事施設の長に対して申出：480件

※ 平成19年11月2日回答。

横浜刑務所 〒233-8501 神奈川県横浜市港南区港南4-2-2

職員体制（平成19年1月1日現在、支所〔横須賀刑務支所・横浜拘置支所・小田原拘置支所・相模原拘置支所〕を含む）	定数（平成18年度）：534人／現在職員数：530人／男性刑務官数：478人／女性刑務官数：13人／有給休暇取得平均（平成18年度）：5.05日
定員（平成19年3月31日現在）	受刑者：1,263人／未決拘禁者：0人
入所者数（平成19年3月31日現在）	受刑者：1,507人（女性0人、無期懲役者15人、労役場留置者30人）／未決拘禁者：0人
障害・疾患を持つ受刑者（平成19年4月30日現在）	統計なし
高齢受刑者（平成19年3月31日現在）	60歳以上：278人（65歳以上の区分について統計なし）／最高齢者：86歳／介護を必要とする者：該当なし
外国人受刑者（平成18年12月31日現在）	日本人と異なる処遇を必要とする外国人（F指標）：271人／国籍数：25カ国と1地域／通訳：職員が通訳を行うほか、必要に応じて府中刑務所国際対策室に対し職員の応援を依頼
制限区分（平成18年12月31日現在）	第1種：0人／第2種：9人／第3種：1,245人／第4種：131人
優遇措置（平成18年12月31日現在）	第1類：0人／第2類：0人／第3類：870人／第4類：127人／第5類：495人
女性収容区域	該当なし
冷暖房	冷房：すべての居室に冷房設備はないが、すべての共同室および2人収容の単独室に扇風機を設置／暖房：すべての居室に暖房設備はないが、すべての居室棟廊下に暖房設備を設置
医師・看護師	医師：常勤4人、非常勤医師：0人（外科3人、精神科1人）／看護師：1人／准看護師の資格を持っている刑務官：12人
土曜・日曜・祝日・夜間の当直体制	土曜・日曜・祝日は医師が午前8時30分から午後5時30分まで。夜間は毎日1人が宅直指定される
死亡（平成18年、支所含む）	10人（うち受刑者8人） 年齢：40歳代1人、50歳代3人、60歳代5人、70歳代1人／性別：男性8人、女性2人／死亡原因：病気8人、事故2人
自殺企図（平成18年、支所含む）	52人（うち受刑者19人）
拒食（平成18年）	0人
医療のための移送（平成18年）	外部の病院に移送した受刑者数：15件、15人／医療刑務所に移送した受刑者数：31人
指名医による診療	申請：統計なし／許可：0件
警備用具の使用（平成18年）	該当なし

拘束衣の使用 （平成18年、支所含む）	延べ3回、1人、最長11時間
保護室への収容	延べ409回、実人数・最長期間は統計なし
障害のある受刑者のための工場（寮内工場）	有　該当受刑者：46人（高齢受刑者など、一般受刑者と集団で行動することが困難な受刑者を含む）
作業後の裸体検査	実施せず
作業報奨金（平成18年度）	受刑者1人あたりの月額最高額：20,641円／同最低額：171円／同平均額（完全就業者に限る）：2,469円／監査：担当者が計算をし、監督者が確認
特別改善指導（平成18年度）	薬物依存離脱指導：1クール12回の指導、対象人員10人以内、前年実施延べ人数311人 暴力団離脱指導：1クール9回の指導、対象人員10人以内、前年実施延べ人数42人 被害者の視点を取り入れた教育：1クール12回の指導、対象人員5人以内、前年度実施延べ人数7人
職業訓練（平成18年）	ガス溶接科：7人、2カ月×2回／アーク溶接科：4人、2カ月／畳科：2人、2カ月
面会・通信等	休日面会：0人／親族以外の者の面会許可：統計なし／電話などの電気通信の方法による通信：申請0件・許可0件
受刑者への懲罰（平成18年）	戒告：233人／作業の10日以内の停止：0人／自弁の物品の使用または摂取の一部または全部の15日以内の停止：0人／書籍の閲覧の一部または全部の15日以内の停止：2人／報奨金計算額の3分の1以内の削減（閉居罰に併科されたものを除く）：40人
閉居罰（平成18年）	実施：延べ657回、実人数・最長期間については統計なし 運動：（頻度について回答もれ）、30分ないし1時間、原則として室外で実施 入浴：夏季冬季ともに週1回以上、約15分実施 姿勢：朝食後の所定の時刻から夕方の仮就寝の所定の時刻までの間、昼食・夕食・点検および午前・午後の用便の時間を除き、安座または正座。水は飲むことができる。着座の姿勢でも足を動かすことはできる
受刑者からの苦情（平成18年）	法務大臣に対して申出：62件／監査官に対して申出：83件／刑事施設の長に対して申出：62件

※　平成19年10月2日回答。

横浜刑務所横須賀刑務支所　〒239-0826 神奈川県横須賀市長瀬3-12-3

職員体制	「横浜刑務所」参照
定員（平成19年3月31日現在）	受刑者：195人／未決拘禁者：62人
入所者数 （平成19年3月31日現在）	受刑者：235人（女性0人、無期懲役者2人、労役場留置者2人）／未決拘禁者：19人（女性3人、死刑確定者0人）
障害・疾患を持つ受刑者 （平成19年4月30日現在）	精神障害（M指標）：0人／身体上の疾患または障害（P指標）：0人／発達障害：0人
高齢受刑者 （平成19年3月31日現在）	60歳以上：42人（65歳以上34人、70歳以上13人、75歳以上2人）／最高齢者：78歳／介護を必要とする者：該当なし
外国人受刑者 （平成18年12月31日現在）	日本人と異なる処遇を必要とする外国人（F指標）：15人／国籍数：3カ国／通訳：職員が通訳を行うほか、必要に応じて府中刑務所国際対策室に対し職員の応援を依頼
制限区分 （平成18年12月31日現在）	第1種：0人／第2種：6人／第3種：201人／第4種：0人
優遇措置 （平成18年12月31日現在）	第1類：0人／第2類：6人／第3類：125人／第4類：23人／第5類：59人
女性収容区域廊下の録画	撮影時間：24時間／録画の保管期間：事後の検証を行い、10日間
女性収容区域の宿直勤務	男性刑務官だけで行うこと：有 暴行が起きないような対策：女区本錠かぎは監督当直者が保管し、勤務者は所持しない。女区の廊下に設置されたビデオカメラは定期的に検証。女子被収容者の接遇に当たっては、複数の男子職員により実施
冷暖房	冷房：すべての居室に冷房設備はないが、定員を超過している居室に扇風機を設置／暖房：一部居室に暖房設備あり。設備のない居室棟廊下に暖房設備を設置
医師・看護師	医師：常勤1人、非常勤0人（内科1人）／看護師：0人／准看護師の資格を持っている刑務官：5人
土曜・日曜・祝日・夜間の当直体制	医師は当直していないが、常に医師あるいは准看護師と連絡がとれる体制にあり、休日・夜間の急患に速やかに対応。病状によっては外部の病院に搬送
死亡	「横浜刑務所」参照
自殺企図	「横浜刑務所」参照
拒食（平成18年）	0人
医療のための移送 （平成18年）	外部の病院に移送した受刑者数：0件0人／医療刑務所に移送した受刑者数：0人
指名医による診療	申請：統計なし　許可：0件

警備用具の使用（平成18年）	該当なし
拘束衣の使用（支所含む）	「横浜刑務所」参照
保護室への収容（平成18年）	延べ11回、7人、最長2日間
障害のある受刑者のための工場（寮内工場）	無
刑事施設外の事業所への通勤	該当なし
作業後の裸体検査	実施せず
作業報奨金（平成18年度）	受刑者1人あたりの月額最高額：15,230円／同最低額：556円／同平均額：3,181円／監査：担当者が計算をし、監督者が確認
特別改善指導（平成18年度）	薬物依存離脱指導：1クール8回の指導、対象人員10人以内、前年実施延べ人数は216人 交通安全指導：1クール10回の指導、対象人員8人以内、前年実施延べ人数80人 被害者の視点を取り入れた教育：1クール12回の指導、対象人員10人以内、前年度実施延べ人数は120人 就労支援指導：1クール6回の指導、対象人員5人以内、前年度実施延べ人数は108人
職業訓練（平成18年）	園芸科：5人、6カ月×2回
面会・通信等	休日面会：3人（弁護人面会）／親族以外の者の面会許可：62件／電話などの電気通信の方法による通信：申請0件、許可0件
受刑者への懲罰（平成18年）	戒告：14人／作業の10日以内の停止：0人／自弁の物品の使用または摂取の一部または全部の15日以内の停止：0人／書籍の閲覧の一部または全部の15日以内の停止：0人　報奨金計算額の3分の1以内の削減（閉居罰に併科されたものを除く）：0人
閉居罰（平成18年）	実施：延べ120回、実人数については統計なし、最長25日間 運動：（頻度について回答もれ）、30分ないし1時間、原則として室外で実施 入浴：夏季冬季ともに週1回以上、約15分実施 姿勢：朝食後の所定の時刻から夕方の仮就寝の所定の時刻までの間、昼食・夕食・点検および午前・午後の用便の時間を除き、安座または正座。水は飲むことができる。着座の姿勢でも足を動かすことはできる
受刑者からの苦情（平成18年）	法務大臣に対して申出：5件／監査官に対して申出：0件／刑事施設の長に対して申出：0件

※　平成19年10月2日回答。

横浜刑務所横浜拘置支所　〒233-8502 神奈川県横浜市港南区港南4-2-3

職員体制	「横浜刑務所」参照
定員(平成19年3月31日現在)	受刑者：24人／未決拘禁者：555人
入所者数(平成19年3月31日現在)	受刑者：231人（女性32人、無期懲役者0人、労役場留置者6人）／未決拘禁者：257人（女性9人、死刑確定者0人）
障害・疾患を持つ受刑者(平成19年4月30日現在)	統計なし
高齢受刑者(平成19年3月31日現在)	60歳以上：35人（65歳以上16人、70歳以上7人、75歳以上2人）／最高齢者：77歳／介護を必要とする者：0人
外国人受刑者(平成18年12月31日現在)	日本人と異なる処遇を必要とする外国人（F指標）：15人／国籍数：16カ国／通訳：職員が通訳を行うほか、必要に応じて府中刑務所国際対策室に対し職員の応援を依頼
制限区分(平成18年12月31日現在)	第1種：0人／第2種：0人／第3種：36人／第4種：189人
優遇措置(平成18年12月31日現在)	第1類：0人／第2類：0人／第3類：26人／第4類：0人／第5類：199人
女性収容区域廊下の録画	撮影時間：24時間／録画の保管期間：事後の検証を行い、約1カ月
女性収容区域の宿直勤務	男性刑務官だけで行うこと：有 暴行が起きないような対策：女区本錠かぎは監督当直者が保管し、勤務者は所持しない。女区の廊下に設置されたビデオカメラは定期的に検証。女子被収容者の接遇に当たっては、複数の男子職員により実施
冷暖房	冷房：扇風機を含め冷房設備なし／暖房：すべての居室に暖房設備はないが、すべての居室棟廊下に暖房設備を設置
医師・看護師	医師：常勤1人、非常勤0人（内科1人）／看護師：1人／准看護師の資格を持っている刑務官：4人
土曜・日曜・祝日・夜間の当直体制	医師は当直していないが、常に医師あるいは准看護師と連絡がとれる体制にあり、休日・夜間の急患に速やかに対応。病状によっては外部の病院に搬送
死亡	「横浜刑務所」参照
自殺企図	「横浜刑務所」参照
拒食(平成18年)	0人
医療のための移送(平成18年)	外部の病院に移送した受刑者数：1件1人／医療刑務所に移送した受刑者数：5人
指名医による診療	申請件数：統計なし／許可件数：0件
警備用具の使用(平成18年)	該当なし

拘束衣の使用（平成18年）	「横浜刑務所」参照
保護室への収容（平成18年）	延べ97回、実人数は統計なし、最長4.6日間
障害のある受刑者のための工場（寮内工場）	無
作業後の裸体検査	実施せず
作業報奨金（平成18年度）	受刑者1人あたりの月額最高額：9,309円／同最低額：534円／同平均：956円／監査：担当者が計算をし、監督者が確認
特別改善指導	該当なし
職業訓練	該当なし
面会・通信等	休日面会：74件（弁護人面会73件、一般面会1件）／親族以外の者の面会許可：110件／電話などの電気通信の方法による通信：申請0件、許可0件
受刑者への懲罰（平成18年）	戒告：19人／作業の10日以内の停止：0人／自弁の物品の使用または摂取の一部または全部の15日以内の停止：0人／書籍の閲覧の一部または全部の15日以内の停止：0人／報奨金計算額の3分の1以内の削減（閉居罰に併科されたものを除く）：0人
閉居罰（平成18年）	実施：延べ55回、実人数については統計なし、30日間 運動：（頻度について回答もれ）、30分ないし1時間、原則として室外で実施 入浴：夏季冬季ともに週1回以上、約15分実施 姿勢：朝食後の所定の時刻から夕方の仮就寝の所定の時刻までの間、昼食・夕食・点検および午前・午後の用便の時間を除き、安座または正座。水は飲むことができる。着座の姿勢でも足を動かすことはできる
受刑者からの苦情（平成18年）	法務大臣に対して申出：1件／監査官に対して申出：6件／刑事施設の長に対して申出：5件

※　平成19年10月2日回答。

横浜刑務所小田原拘置支所　〒250-0001 神奈川県小田原市扇町1-8-13

職員体制	「横浜刑務所」参照
定員（平成19年3月31日現在）	受刑者：15人／未決拘禁者：145人
入所者数（平成19年3月31日現在）	受刑者：68人（女性10人、無期懲役者2人、労役場留置者15人）／未決拘禁者：53人（女性2人、死刑確定者0人）
障害・疾患を持つ受刑者（平成19年4月30日現在）	精神障害（M指標）：0人／身体上の疾患または障害（P指標）：0人／発達障害：0人
高齢受刑者（平成19年3月31日現在）	60歳以上：4人（65歳以上1人、70歳以上0人、75歳以上0人）／最高齢者：66歳／介護を必要とする者：該当なし
外国人受刑者（平成18年12月31日現在）	日本人と異なる処遇を必要とする外国人（F指標）：0人／国籍数：4カ国／通訳：職員が通訳を行うほか、必要に応じて府中刑務所国際対策室に対し職員の応援を依頼
制限区分（平成18年12月31日現在）	第1種：0人／第2種：0人／第3種：15人／第4種：37人
優遇措置（平成18年12月31日現在）	第1類：0人／第2類：0人／第3類：9人／第4類：6人／第5類：0人
女性収容区域廊下の録画	撮影時間：24時間／録画の保管期間：事後の検証を行い、20日間
女性収容区域の宿直勤務	男性刑務官だけで行うこと：有 暴行が起きないような対策：女区本錠かぎは監督当直者が保管し、勤務者は所持しない。女区の廊下に設置されたビデオカメラは定期的に検証。女子被収容者の接遇に当たっては、複数の男子職員により実施
冷暖房	冷房：扇風機を含め冷房設備なし／暖房：すべての居室に暖房設備ないが、すべての居室棟廊下に暖房設備を設置
医師・看護師	医師：常勤0人、非常勤1人（内科1人）／看護師：0人／准看護師の資格を持っている刑務官：1人
土曜・日曜・祝日・夜間の当直体制	医師は当直していないが、常に医師あるいは准看護師と連絡がとれる体制にあり、休日・夜間の急患に速やかに対応。病状によっては外部の病院に搬送。
死亡	「横浜刑務所」参照
自殺企図	「横浜刑務所」参照
拒食（平成18年）	0人
医療のための移送（平成18年）	外部の病院に移送した受刑者数：0件0人／医療刑務所に移送した受刑者数：0人
指名医による診療	申請：統計なし／許可：0件

警備用具の使用 (平成18年)	該当なし
拘束衣の使用 (平成18年)	「横浜刑務所」参照
保護室への収容 (平成18年)	延べ18回、2人、最長4日間
障害のある受刑者のための工場（寮内工場）	無
刑事施設外の事業所への通勤	該当なし
作業後の裸体検査	実施せず
作業報奨金 (平成18年度)	受刑者1人あたりの月額最高額：8,185円／同最低額：28円／同平均額：1,601円／監査：担当者が計算をし、監督者が確認
特別改善指導	該当なし
職業訓練	該当なし
面会・通信等	休日面会：12人（弁護人面会）／親族以外の者の面会許可：統計なし／電話などの電気通信の方法による通信：申請0件、許可0件
受刑者への懲罰 (平成18年)	戒告：0人／作業の10日以内の停止：0人／自弁の物品の使用または摂取の一部または全部の15日以内の停止：0人／書籍の閲覧の一部または全部の15日以内の停止：0人／報奨金計算額の3分の1以内の削減（閉居罰に併科されたものを除く）：0人
閉居罰 (平成18年)	実施：延べ10回、10人、最長15日 運動：（頻度について回答もれ）、30分ないし1時間、原則として室外で実施 入浴：夏季冬季ともに週1回以上、約15分実施 姿勢：朝食後の所定の時刻から夕方の仮就寝の所定の時刻までの間、昼食・夕食・点検および午前・午後の用便の時間を除き、安座または正座。水は飲むことができる。着座の姿勢でも足を動かすことはできる
受刑者からの苦情 (平成18年)	法務大臣に対して申出：0件／監査官に対して申出：0件／刑事施設の長に対して申出：1件

※ 平成19年10月2日回答。

横浜刑務所相模原拘置支所　〒229-0036 神奈川県相模原市中央区富士見6-10-5

職員体制	「横浜刑務所」参照
定員（平成19年3月31日現在）	受刑者：16人／未決拘禁者：84人
入所者数（平成19年3月31日現在）	受刑者：21人（女性1人、無期懲役者0人、労役場留置者：6人）／未決拘禁者：13人（女性0人、死刑確定者0人）
障害・疾患を持つ受刑者（平成19年4月30日現在）	精神障害（M指標）：0人／身体上の疾患または障害（P指標）：0人／発達障害：0人
高齢受刑者（平成19年3月31日現在）	60歳以上：2人（65歳以上1人、70歳以上0人、75歳以上0人）／最高齢者：69歳／介護を必要とする者：0人
外国人受刑者（平成18年12月31日現在）	日本人と異なる処遇を必要とする外国人（F指標）：0人／通訳：職員が通訳を行うほか、必要に応じて府中刑務所国際対策室に対し職員の応援を依頼
制限区分（平成18年12月31日現在）	第1種：0人／第2種：0人／第3種：10人／第4種：18人
優遇措置（平成18年12月31日現在）	第1類：0人／第2類：0人／第3類：8人／第4類：0人／第5類：20人
女性収容区域廊下の録画	撮影時間：24時間／録画の保管期間：事後の検証を行い、約1カ月
女性収容区域の宿直勤務	男性刑務官だけで行うこと：有 暴行が起きないような対策：女区本錠かぎは監督当直者が保管し、勤務者は所持しない。女区の廊下に設置されたビデオカメラは定期的に検証。女子被収容者の接遇に当たっては、複数の男子職員により実施
冷暖房	冷房：扇風機を含め冷房設備なし／暖房：すべての居室に暖房設備ないが、すべての居室棟廊下に暖房設備を設置
医師・看護師	医師：常勤0人、非常勤1人（外科1人）／看護師：0人／准看護師の資格を持っている刑務官：1人
土曜・日曜・祝日・夜間の当直体制	医師は当直していないが、常に医師あるいは准看護師と連絡がとれる体制にあり、休日・夜間の急患に速やかに対応。病状によっては外部の病院に搬送。
死亡	「横浜刑務所」参照
自殺企図	「横浜刑務所」参照
拒食（平成18年）	0人
医療のための移送（平成18年）	外部の病院に移送した受刑者数：0件0人／医療刑務所に移送した受刑者数：0人
指名医による診療	申請：統計なし／許可：0件

警備用具の使用（平成18年）	該当なし
拘束衣の使用（平成18年）	「横浜刑務所」参照
保護室への収容（平成18年）	延べ２回、２人、最長2.4日間
障害のある受刑者のための工場（寮内工場）	無
刑事施設外の事業所への通勤	該当なし
作業後の裸体検査	実施せず
作業報奨金（平成18年度）	受刑者１人あたりの月額最高額：7,779円／同最低額：22円／同平均額：1,711円監査：担当者が計算をし、監督者が確認
特別改善指導	該当なし
職業訓練	該当なし
面会・通信等	休日面会：２人（弁護人面会）／親族以外の者の面会許可：統計なし／電話などの電気通信の方法による通信：申請０件、許可０件
受刑者への懲罰（平成18年）	戒告：０人／作業の10日以内の停止：０人／自弁の物品の使用または摂取の一部または全部の15日以内の停止：０人／書籍の閲覧の一部または全部の15日以内の停止：０人／報奨金計算額の３分の１以内の削減（閉居罰に併科されたものを除く）：０人
閉居罰（平成18年）	実施：該当なし 運動：（頻度について回答もれ）、30分ないし１時間、原則として室外で実施 入浴：夏季冬季ともに週１回以上、約15分実施。 姿勢：朝食後の所定の時刻から夕方の仮就寝の所定の時刻までの間、昼食・夕食・点検および午前・午後の用便の時間を除き、安座または正座。水は飲むことができる。着座の姿勢でも足を動かすことはできる
受刑者からの苦情（平成18年）	法務大臣に対して申出：０件／監査官に対して申出：０件／刑事施設の長に対して申出：０件

※　平成19年10月２日回答。

新潟刑務所　〒950-8721 新潟県新潟市江南区山二ツ381-4

職員体制	定数：192人／現在職員数：193人／男性刑務官数：177人／女性刑務官数：3人／有給休暇取得日数平均（平成18年度）：4.2日
定員（平成19年3月31日現在）	受刑者：792人／未決拘禁者：155人
入所者数（平成19年3月31日現在）	受刑者：1003人（女性7人、無期懲役者0人、労役場留置者24人）／未決拘禁者：71人（女性1人、死刑確定者0人）
障害・疾患を持つ受刑者	精神障害（M指標）：0人／身体上の疾病または障害（P指標）：0人／発達障害：0人
高齢受刑者（平成19年3月31日現在）	60歳以上：147人（65歳以上統計なし、70歳以上27人、75歳以上統計なし）／最高齢者：82歳／介護を必要とする者：0人
外国人受刑者（平成19年3月31日現在）	日本人と異なる処遇を必要とする外国人（F指標）：101人／通訳：必要な場合には府中刑務所国際対策室に職員の応援を依頼したり、ボランティア、領事館等に依頼する／国籍：16カ国
制限区分（平成19年3月31日現在）	第1種：0人／第2種：36人／第3種：810人／第4種：76人
優遇措置（平成19年3月31日現在）	第1類：0人／第2類：14人／第3類：404人／第4類：102人／第5類：198人
女性収容区域廊下の録画	撮影時間：24時間／録画の保管期間：事後の検証を行い、通常2カ月間保管
女性収容区域の宿直勤務	男性刑務官だけで行うこと：警備上の必要がある場合は男性刑務官だけで立ち入ることがある 暴行が起きないような対策：複数の職員で対応するようにしている
冷暖房	冷房：冷房設備はないが、すべての共同室および2人収容居室に扇風機を備え付け／暖房：居室棟廊下に暖房器具を設置
医師・看護師	医師：常勤2人、非常勤1人（内科2人、皮膚科1人）／看護師：0人／准看護師の資格を持っている刑務官：9人
土曜・日曜・祝日・夜間の当直体制	医師は当直していないが、常に医師あるいは准看護師と連絡が取れる体制にあり、急患に対しても速やかに登庁して対応、病状によっては外部の病院へ搬送
死亡	3人（うち受刑者は0人）　年齢：40歳代1人、60歳代2人／性別：男性／死亡原因：事故1人、病気2人
自殺企図	0人
拒食	0人
医療のための移送	外部の病院に移送した受刑者数：21件21人／医療刑務所に移送した受刑者数：9人
指名医による診療	申請：2件／許可：0件

警備用具の使用	0件
拘束衣の使用	0件
保護室への収容	延べ206回、93人、最長20日
障害のある受刑者のための工場（寮内工場）	有。ただし精神的障害、身体的障害等のある者と限定しているものではなく、いわゆる養護的な工場であり、高齢者など、一般受刑者と集団で行動することが困難な受刑者が作業を行う。50人前後
作業後の裸体検査	実施している
作業報奨金（平成18年度）	受刑者1人あたりの月額最高額：18,782円／同最低額：468円／同平均額：2,743円／監査：担当者が計算し、監督者が確認
教育的処遇コース	暴力団離脱指導：3カ月6回の指導、前年実施延べ人数は96人 薬物依存離脱指導：3カ月6回の指導、前年実施延べ人数は128人 被害者の視点を取り入れた教育：3カ月6回の指導、前年実施延べ人数は21人
職業訓練 （平成19年3月31日現在）	工芸科（木材工芸）：5人、6カ月
面会・通信等	休日面会：0件／親族以外の者の面会許可：統計なし／電話などの電気通信の方法による通信：申請1件、許可1件
受刑者への懲罰	戒告：117人／作業の10日以内の停止：0人／自弁の物品の使用または摂取の一部または全部の15日以内の停止：0人／書籍の閲覧の一部または全部の15日以内の停止：11人／報奨金計算額の3分の1以内の削減：151人
閉居罰	実施：延べ845件、実人数回答なし、最長50日間 運動：週1回、40分、屋外 入浴：週1回、15分 姿勢：特定の姿勢を続けるよう強制することはないが、謹慎させ反省を促す場なので、勝手な行動を起こすことは認められない。席を離れる際は必ず職員の許可を得てから行うよう指導
受刑者からの苦情	法務大臣に対して申出：136件／監査官に対して申出：43件／刑事施設の長に対して申出：82件

※　長岡・上越・佐渡各拘置支所を含む。平成19年8月15日回答。

甲府刑務所 〒400-0056 山梨県甲府市堀之内町500

職員体制（平成19年1月1日現在）	定数（平成18年度）：158人／現在職員数：158人／男性刑務官数：147人／女性刑務官数：3人／有給休暇取得日数平均（平成18年度）：6.0日
定員（平成19年3月31日現在）	受刑者：518人／未決拘禁者：100人
入所者数（平成19年3月31日現在）	受刑者：616人（女性4人、無期懲役者0人、労役場留置者12人）／未決拘禁者：48人（女性5人、死刑確定者0人）
障害・疾患を持つ受刑者（平成19年3月31日現在）	精神障害（M指標）：0人／身体上の疾患または障害（P指標）：0人／発達障害：統計なし
高齢受刑者（平成19年3月31日現在）	60歳以上：76人（65歳以上45人、70歳以上25人、75歳以上6人）／最高齢者：78歳／介護を必要とする者（平成18年次）：0人
外国人受刑者（平成19年3月31日現在）	日本人と異なる処遇を必要とする外国人（F指標）：87人／国籍：10カ国／通訳：必要な場合は府中刑務所国際対策室やボランティアに依頼
制限区分（平成19年4月10日現在）	第1種：0人／第2種：0人／第3種：575人／第4種：31人／未指定：30人
優遇措置（平成19年4月10日現在）	第1類：0人／第2類：52人／第3類：307人／第4類：59人／第5類：71人／未指定：147人
女性収容区域廊下の録画	撮影時間：24時間／録画の保管期間：事後の検証を行い、通常14日間保管
女性収容区域の宿直勤務	男性刑務官だけで行うこと：男性だけで行っている 暴行が起きないような対策：巡回および配色については男性刑務官2人以上で行い、居室および視察窓の鍵は監督者が保管。居室を開扉する際には、監督者立会いの下複数の職員で行う
冷暖房	冷房：冷房設備はないが、共同室のみ扇風機あり／暖房：送蒸式暖房設備あり
医師・看護師（平成19年1月）	医師：常勤1人、非常勤0人（内科）／看護師：0人／准看護師の資格を持っている刑務官（平成19年）：8人
土曜・日曜・祝日・夜間の当直体制	医師は当直していないが、常に医師あるいは准看護師と連絡が取れる体制にあり、休日夜間の急患に対しても速やかに登庁して対応。病状によっては外部の病院に搬送
死亡（平成18年次）	2人（うち受刑者1人）　年齢：70歳代1人、40歳代1人／性別：男性／死亡原因：病気
自殺企図（平成18年次）	6人（内訳無回答）
拒食（平成18年次）	連続して15食以上拒食した者は0人
医療のための移送（平成18年次）	外部の病院に移送した受刑者数：16件11人／医療刑務所に移送した受刑者数：12人

指名医による診療（平成18年次）	申請：1件／許可：0件
警備用具の使用（平成18年次）	0件
拘束衣の使用（平成18年次）	0件
保護室への収容（平成18年次）	延べ67回、53人、最長4日間
障害のある受刑者のための工場（寮内工場）	無。一般受刑者と同じ工場で作業
作業後の裸体検査	実施していない
作業報奨金（平成18年次）	受刑者1人あたりの月額最高額：13,322円／同最低額：458円／同平均額：2,884円／監査：統計担当者が計算をし、監督者が確認
教育的処遇コース	薬物依存離脱指導：1カ月2回の指導（編者注：この回答はコース終了までの指導回数を示したものではないと考えられる）、対象人員10人程度、年24回実施、昨年度実施延べ人数は140人 暴力団離脱指導：1カ月2回の指導、対象人員10人程度、年24回実施、昨年度実施延べ人数108人 被害者教育指導：1カ月2回の指導、対象人員10人程度、年24回実施、昨年度実施延べ人数は77人 酒害教育指導：1カ月2回の指導、対象人員10人程度、年24回実施、昨年度実施延べ人数は42人
職業訓練	溶接科：10人、1年
面会・通信等（平成18年次）	休日面会：0件／親族以外の者の面会許可：統計はないが許可した事実はある／電話などの電気通信の方法による通信：申請0件
受刑者への懲罰（平成18年次）	戒告：49人／作業の10日以内の停止：0人／自弁の物品の使用又は摂取の一部又は全部の15日以内の停止：0人／書籍の閲覧の一部または全部の15日以内の停止：0人／報奨金計算額の3分の1以内の削減：2人
閉居罰	実施（平成18年次）：延べ270回、270人、最長30日間 運動：罰が7日以上の場合、7日を超えない直近の運動日に運動、以降は1回おきの運動日に運動。罰が5日であっても7日以上連続して運動できなくなる場合は、7日を超えない直近の運動日に運動。40分 入浴：罰が7日以上の場合、7日を超えない直近の入浴日に入浴、以降は1回おきに体拭きと入浴を実施。罰が5日であっても7日以上連続して入浴できなくなる場合は、7日を超えない直近の入浴日に入浴。15分 姿勢：安座または正座。朝食終了後から仮就寝時間までの間。水は飲むことができる。足の組み換えは自由。休憩時間に適宜屈伸等ができる。申出により簡単な屈伸は可能。
受刑者からの苦情（平成18年時）	法務大臣に対して申出：14件／監査官に対して申出：53件／刑事施設の長に対して申出：6件

※　平成19年9月25日回答。

長野刑務所　〒382-8633 長野県須坂市馬場町1200

職員体制	定数：214人／現在職員数：211人／男性刑務官数：197人／女性刑務官数：4人／有給休暇取得日数平均（平成18年度）：6.8日
定員	受刑者：1,115人／未決拘禁者：0人
入所者数	受刑者：1,249人（女性0人、無期懲役者0人、労役場留置者7人）／未決拘禁者：1人（女性0人、死刑確定者0人）
障害・疾患を持つ受刑者	精神障害（M指標）：0人／身体上の疾患または障害（P指標）：0人／発達障害（知的）：8人
高齢受刑者	60歳以上：130人（65歳以上79人、70歳以上6人、75歳以上6人）／最高齢者：80歳／介護を必要とする者：0人
外国人受刑者	日本人と異なる処遇を必要とする外国人（F指標）：0人
制限区分	第1種：0人／第2種：36人／第3種：923人／第4種：15人
優遇措置	第1類：2人／第2類：56人／第3類：599人／第4類：131人／第5類：89人
女性収容区域	なし
冷暖房	冷房：共同室棟の廊下に扇風機を設置／暖房：居室に暖房設備はないが、すべての居室棟廊下に暖房器具を設置
医師・看護師	医師：常勤0人、非常勤3人（内科1人、消化器外科1人、整形外科1人）／看護師：0人／准看護師の資格を持っている刑務官：9人
土曜・日曜・祝日・夜間の当直体制	医師は当直していないが、常に医師あるいは（准）看護師と連絡が取れる体制にあり、急患にも速やかに登庁して対応。病状によっては外部の病院に搬送
死亡	3人（いずれも受刑者）　年齢：50歳代1人、60歳代2人／性別：男性／死亡原因：病気
自殺企図	3人（内訳は無回答）
拒食	連続して15食以上拒食した者は0人
医療のための移送	外部の病院に移送した受刑者数：11件11人／医療刑務所に移送した受刑者数：10人
指名医による診療	0件
警備用具の使用	0件
拘束衣の使用	0件
保護室への収容（平成18年）	延べ32回、17人、最長3日間
障害のある受刑者のための工場（寮内工場）	有。30人弱

作業後の裸体検査	公表は差し控える
作業報奨金 （平成19年5月分）	受刑者1人あたりの月額最高額：15,837円／同最低額：485円／同平均額：2,822円／監査：担当者が計算し、監督者が確認
特別改善指導	薬物依存離脱指導：3カ月11回の指導、対象人員15人程度、年4回、前年実施延べ人数は660人 被害者の視点を取り入れた教育：3カ月11回の指導、対象人員15人程度、年3回、前年実施延べ人数は495人 交通安全指導：6カ月9回の指導、対象人員15人程度、年2回、前年実施延べ人数は270人 就労支援指導：3カ月5回の指導、対象人員6人程度、年2回、前年実施延べ人数は60人
職業訓練	総合営繕科：4人、6カ月／ビル設備科：10人、6カ月（年2回）
面会・通信等（平成18年）	休日面会：2人／親族以外の者の面会許可：不明／電話などの電気通信の方法による通信：申請12件、許可12件
受刑者への懲罰	戒告：29件／作業の10日以内の停止：0件／自弁の物品の使用または摂取の一部または全部の15日以内の停止：3件／書籍の閲覧の一部または全部の15日以内の停止：1件／報奨金計算額の3分の1以内の削減：4件
閉居罰（平成18年）	実施：延べ564件、実人数不明、最長45日 運動：週に1回30分間、屋外。毎日30分間、室内 入浴：冬季は週1回、夏季は週1～2回、12～15分間 姿勢：正座または安座。朝食終了後から仮就寝時間まで。午前中に15分、午後に15分、室内運動の時間。水は自由には飲めない
受刑者からの苦情	法務大臣に対して申出：10件／監査官に対して申出：7件／刑事施設の長に対して申出：11件

※　平成19年10月31日回答。

静岡刑務所	〒420-0801 静岡県静岡市葵区東千代田3-1-1
職員体制 (平成19年1月1日)	定数（平成18年度）：224人／現在職員数：220人／男性刑務官数：195人／女性刑務官数：6人／有給休暇取得日数平均（平成18年度）：3.4日
定員	受刑者：884人／未決拘禁者：241人
入所者数 (平成18年度)	受刑者：1,243人（女性3人、無期懲役者2人、労役場留置者17人）／未決拘禁者：89人（女性4人、死刑確定者0人）
障害・疾患を持つ受刑者 (平成19年3月31日現在)	精神障害（M指標）：0人／身体上の疾患または障害（P指標）：0人／発達障害：調査対象としていないので不明
高齢受刑者 (平成19年3月31日現在)	60歳以上：158人（70歳以上44人）／最高齢者：83歳／介護を必要とする者（平成18年次）：20人程度
外国人受刑者 (平成19年3月31日現在)	日本人と異なる処遇を必要とする外国人（F指標）：108人／国籍数：14カ国
制限区分 (平成18年12月31日現在)	第1種：0人／第2種：17人／第3種：1,038人／第4種：62人／未指定：163人
優遇措置 (平成18年12月31日現在)	第1類：0人／第2類：48人／第3類：603人／第4類：181人／第5類：81人／未指定：367人
女性収容区域廊下の録画	撮影時間：平日は午後5時～午前7時（14時間）、休日は24時間／録画の保管期間：事後検証等の必要性から通常5日間
女性収容区域の宿直勤務	男性刑務官だけで行うこと：男性刑務官だけで行っている 暴行が起きないような対策：巡回および配食については男性刑務官2人以上で行い、居室および視察窓の鍵は監督者が保管。居室を開扉する際には、監督者立会いのもと複数の職員で
冷暖房	冷房：すべての居室に冷房設備はないが、一部舎室棟廊下に通風のための扇風機を設置／暖房：すべての居室に暖房設備はないが、一部舎室棟廊下に暖房器具を設置
医師・看護師	医師：常勤2人、非常勤1人（内科2人〔常勤〕、精神科1人〔非常勤〕）／看護師：0人／准看護師の資格を持っている刑務官：7人
土曜・日曜・祝日・夜間の当直体制	医師は当直していないが、常に医師あるいは准看護師と連絡が取れる体制にあり、急患に対しても速やかに対応。病状によっては外部の病院に搬送
死亡 (平成18年次)	8人（うち受刑者7人）　年齢：70歳代2人、60歳代4人、50歳代1人／性別：男性／死亡原因：病気
自殺企図 (平成18年次)	5人（うち受刑者数5人）
拒食 (平成18年次)	15食以上拒食者数：1人／最も長期の拒食：33食
医療のための移送 (平成18年次)	外部の病院に移送した受刑者数：28件22人／医療刑務所に移送した受刑者数：25人

指名医による診療 （平成18年次）	申請：2件／許可：0件
警備用具の使用	0件
拘束衣の使用	0件
保護室への収容 （平成18年次）	延べ157回、実人数統計なし　最長：109時間53分
障害のある受刑者のための工場（寮内工場） （平成19年5月11日現在）	有。高齢受刑者など、一般受刑者と集団で行動することが困難な受刑者も就業　該当受刑者数：30人
作業後の裸体検査	実施していない
作業報奨金（平成18年度）	受刑者1人あたりの月額最高額：20,099円／同最低額：166円／同平均額：2,601円／監査：担当者が計算をし、監督者が確認
特別改善指導 （平成19年8月2日現在）	薬物依存離脱指導：4カ月11回の指導、対象人員10人程度、年3回実施、前年実施延べ人数は327人 被害者の視点を取り入れた教育：4カ月7回の指導、対象人員8人程度、年2回実施、前年実施延べ人数102人 交通安全指導：4カ月7回の指導、対象人員10人程度、年2回実施、前年度実施延べ人数は129人 就労支援指導：3カ月6回の指導、対象人員6人程度、3つの職業訓練種目を開講するごとに実施、前年度実施延べ人数は106人
職業訓練（平成18年）	ボイラー運転科：4人、5カ月／フォークリフト運転科：17人、3カ月／木工応用科：3人、6カ月
面会・通信等	休日面会：原則不実施（平成19年中に、改正法に基づき実施予定）／親族以外の者の面会許可：統計なし／電話などの電気通信の方法による通信：許可0
受刑者への懲罰	戒告：18人／作業の10日以内の停止：0人／自弁の物品の使用または摂取の一部または全部の15日以内の停止：0人／書籍の閲覧の一部または全部の15日以内の停止：6人／報奨金計算額の3分の1以内の削減：5人
閉居罰	実施（平成18年次）：延べ524回 運動：執行7日目および以降7日ごとに1回、30分、原則屋外 入浴：冬季夏季を問わず一般受刑者の入浴該当日に、拭身と入浴を交互に実施。入浴は15分実施 姿勢：朝食終了後から仮就寝時間までの間安座または正座。水は申し出により飲むことができる。休憩時間等が設けられている
受刑者からの苦情 （平成18年次）	法務大臣に対して申出：37件／監査官に対して申出：26件／刑事施設の長に対して申出：66件

※　平成19年8月2日回答。

静岡刑務所浜松拘置支所　〒432-8023 静岡県浜松市中区鴨江3-33-1

職員体制 （平成19年1月1日現在）	定数（平成18年度）：35人／現在職員数：35人／男性刑務官数：33人／女性刑務官数：2人／有給休暇取得日数平均（平成18年）：2.9日
定員（平成18年12月31日現在）	受刑者：0人／未決拘禁者：141人
入所者数 （平成18年12月31日現在）	受刑者：38人（女性0人、無期懲役者0人、労役場留置者4人）／未決拘禁者：66人（女性3人、死刑確定者0人）
障害・疾患を持つ受刑者	精神障害（M指標）：0人／身体上の疾患または障害（P指標）：0人／発達障害：統計なし
高齢受刑者	60歳以上：1人（65歳以上0人）／最高齢者：61歳／介護を必要とする者：0人
外国人受刑者	日本人と異なる処遇を必要とする外国人（F指標）：0人
制限区分	第1種：0人／第2種：0人／第3種：13人／第4種：0人
優遇措置	第1類：0人／第2類：0人／第3類：10人／第4類：0人／第5類：3人
女性収容区域廊下の録画	撮影時間：24時間／録画の保管期間：事後検証等の必要性から、通常5日間
女性収容区域の宿直勤務	男性刑務官だけで行うこと：ある 暴行が起きないような対策：複数の刑務官で実施、女区の鍵は監督者が管理
冷暖房	冷房：すべての居室に冷房設備はないが、一部舎室棟廊下に通風のための扇風機を設置／暖房：なし
医師・看護師	医師：常勤0人、非常勤1人（内科1人）／看護師：0人／准看護師の資格を持っている刑務官：1人
土曜・日曜・祝日・夜間の当直体制	医師は当直していないが、常に医師あるいは准看護師に連絡が取れる体制を構築、休日・夜間の急患に対しても速やかに登庁して対応。病状によっては外部の専門医に搬送
死亡（平成18年次）	0人
自殺企図（平成18年次）	1人
拒食（平成18年次）	0人
医療のための移送 （平成18年次）	外部の病院に移送した受刑者数：2件1人／医療刑務所に移送した受刑者数：0人
指名医による診療 （平成18年次）	申請：0件
警備用具の使用	0件
拘束衣の使用	0件

保護室への収容	延べ8回、6人、最長18時間
障害のある受刑者のための工場（寮内工場）	無
作業後の裸体検査	実施せず
作業報奨金（平成18年度）	受刑者1人あたりの月額最高額：12,923円／同最低額：5円／同平均額：1,069円／監査：担当者が計算をし、監督者が確認
特別改善指導	該当なし。ただし一般改善指導として、毎月1回の係長以上の職員による生活指導に係る講話、毎月1～2回視聴覚教材を使用した被害者の視点を取り入れた教育、交通安全指導、薬物依存離脱指導等の集合教育を実施
職業訓練	該当なし
面会・通信等	休日面会（平成18年12月31日現在）：0件／親族以外の者の面会許可：許可した例はあるが件数不明／電話などの電気通信の方法による通信：申請0件
受刑者への懲罰（新法施行後）	戒告：14人／作業の10日以内の停止：0人／自弁の物品の使用または摂取の一部または全部の15日以内の停止：0人／書籍の閲覧の一部または全部の15日以内の停止：0人／報奨金計算額の3分の1以内の削減：0人
閉居罰（平成18年次）	実施：延べ5回、5人、7日 運動：1週間に1回、30分、室外 入浴：冬週1回、夏週2回、各15分 姿勢：食事時間および用便時間を除き、朝食終了後から仮就寝までの間は原則として安座。水は飲むことができる
受刑者からの苦情	法務大臣に対して申出：0件／監査官に対して申出：0件／刑事施設の長に対して申出：0件

※　平成19年8月2日回答。

静岡刑務所沼津拘置支所　〒410-0832 静岡県沼津市御幸町22-1

職員体制	職員：35人／現在職員数：35人／男性刑務官数：33人／女性刑務官数：1人／有給休暇取得日数平均（平成18年）：3.3日
定員（平成18年12月31日現在）	受刑者：0人／未決拘禁者：123人
入所者数（平成18年12月31日現在）	受刑者：45人（女性3人、無期懲役者0人、労役場留置者5人）／未決拘禁者：37人（女性2人、死刑確定者0人）
障害・疾患を持つ受刑者	精神障害（M指標）：0人／身体上の疾患または障害（P指標）：0人／発達障害：統計なし
高齢受刑者	60歳以上：5人（65歳以上3人、70歳以上0人）／最高齢者：66歳／介護を必要とする者：0人
外国人受刑者	日本人と異なる処遇を必要とする外国人（F指標）：0人／通訳：府中刑務所の国際対策室や大使館等に通訳人の派遣を依頼
制限区分	第1種：0人／第2種：0人／第3種：13人／第4種：0人
優遇措置	第1類：0人／第2類：0人／第3類：7人／第4類：1人／第5類：5人
女性収容区域廊下の録画	撮影時間：24時間／録画の保管期間：事後検証等の必要から、通常5日間
女性収容区域の宿直勤務	男性刑務官だけで行うこと：男子のみで行う　暴行が起きないような対策：巡回等は複数の男子職員で実施。監視カメラで記録
冷暖房	冷房：すべての居室に冷房設備はないが、一部舎室棟廊下に通風のための扇風機を設置／暖房：なし
医師・看護師	医師：常勤0人／非常勤1人（外科1人）／看護師：0人／准看護師の資格を持っている刑務官：2人
土曜・日曜・祝日・夜間の当直体制	医師の当直はないが、准看護師は速やかに登庁できる体制にあり、状況によっては外部病院に搬送
死亡（平成18年次）	0人
自殺企図（平成18年次）	0人
拒食（平成18年次）	0人
医療のための移送（平成18年次）	外部の病院に移送した受刑者数：0人／医療刑務所に移送した受刑者数：0人
指名医による診療（平成18年次）	申請：0件
警備用具の使用（平成18年次）	0件

拘束衣の使用（平成18年次）	0件
保護室への収容（平成18年次）	延べ2回、2人、最長19時間05分
障害のある受刑者のための工場（寮内工場）	無。当所には障害のある受刑者を働かせるための工場はなく、また工場で働かせることもしていない
作業後の裸体検査	実施せず
作業報奨金（平成18年度）	受刑者1人あたりの月額最高額：7,785円／同最低額：594円／同平均額：1,940円／監査：担当者が計算をし、監督者が確認
特別改善指導	該当なし
職業訓練	該当なし
面会・通信等	休日面会：該当なし／親族以外の者の面会許可：友人や雇用主等は許可しているが、統計なし電話などの電気通信の方法による通信：申請0件
受刑者への懲罰（平成18年次）	戒告：8人／作業の10日以内の停止：0人／自弁の物品の使用または摂取の一部または全部の15日以内の停止：0人／書籍の閲覧の一部または全部の15日以内の停止：1人／報奨金計算額の3分の1以内の削減：0人
閉居罰（平成18年次）	実施：延べ10回、10人、20日 運動：1週間に1回、30分、室外 入浴：冬1週間に1回、夏2週間に3回、各15分 姿勢：朝食終了後から仮就寝時間までの間、安座または正座。水は自由に飲める
受刑者からの苦情	法務大臣に対して申出：4件／監査官に対して申出：2件／刑事施設の長に対して申出：0件

※　平成19年8月2日回答。

川越少年刑務所　〒350-1162 埼玉県川越市大字南大塚1508

職員体制	定数：377人／現在職員数：374人／男性刑務官数：318人／女性刑務官数：9人／有給休暇取得日数平均（平成18年度）：3.7日
定員	受刑者：1,346人／未決拘禁者：205人
入所者数 （平成19年3月31日現在）	受刑者：1,698人（女性20人、無期懲役者4人、労役場留置者16人）／未決拘禁者（平成19年3月末現在）：121人（女性6人、死刑確定者0人）
障害・疾患を持つ受刑者	精神障害（M指標）：0人／身体上の疾患または障害（P指標）：0人／発達障害：統計なし
高齢受刑者	60歳以上：25人（65歳以上統計なし、70歳以上0人、75歳以上0人）／最高齢者：統計なし／介護を必要とする者：0人
外国人受刑者 （平成19年3月31日現在）	日本人と異なる処遇を必要とする外国人（F指標）：37人／国籍：11カ国／通訳：当所に収容されている外国人受刑者（移送待ち受刑者である）について通訳を必要とする場合には、府中刑務所国際対策室に対し職員の応援を依頼したり、ボランティア・大使館等に依頼したりすることとしている
制限区分 （平成19年2月7日現在）	第1種：0人／第2種：49人／第3種：1,204人／第4種：25人
優遇措置	第1類：1人／第2類：82人／第3類：760人／第4類：244人／第5類：72人
女性収容区域廊下の録画	撮影時間：女子職員が配置されない夜間および休庁日／録画の保管期間：事後の検証を行い、通常1カ月保存
女性収容区域の宿直勤務	男性刑務官だけで行うこと：有 暴行が起きないような対策：女子職員が配置されていない時間帯は、女性収容区の鍵類の保管管理は監督者が行い、開錠は必要最小限とし、その際は複数の指名された職員が行う
冷暖房	冷房：すべての居室に冷房はないが、夏季は共同室に扇風機を設置／暖房：すべての居室に暖房はないが、冬季は衣類や寝具の使用について配意
医師・看護師	医師：常勤5人、非常勤0人（内科3人、精神科1人、外科1人）／看護師：1人／准看護師の資格を持っている刑務官：9人
土曜・日曜・祝日・夜間の当直体制	医師は当直していないが、常に医師あるいは准看護師と連絡が取れる体制にあり、急患に対しても速やかに対応。病状によっては外部の病院に搬送
死亡	2人（いずれも受刑者）　年齢：20歳代／性別：男性／死亡原因：病気1人、事故1人
自殺企図	5人（うち受刑者4人）
拒食	0人

医療のための移送	外部の病院に移送した受刑者数：24人／医療刑務所に移送した受刑者数：19人
指名医による診療	申請：0件
警備用具の使用	0件
拘束衣の使用	0件
保護室への収容	延べ85回、22人、最長2日23時間25分
障害のある受刑者のための工場（寮内工場）	無。一般受刑者と同じ工場で作業
作業後の裸体検査	実施せず
作業報奨金	受刑者1人あたりの月額最高額：12,626円／同最低額：325円／同平均額：1,692円／監査：作業報奨金の取り扱いは「作業報奨金に関する訓令」等に基づき適正に行っている。年に1回以上、上級官庁の実地監査や作業事務調査を受けている
教育的処遇コース（平成18年度）	薬物依存離脱指導：3カ月12回の指導、対象人員5～8人程度、年6回実施、昨年度実施延べ人数は35人 性犯罪再犯防止指導：3～8カ月12～64回の指導、対象人員8人程度、年8回実施、昨年度実施延べ人数は1,079人 被害者の視点を取り入れた指導：3カ月12回の指導、対象人員5～8人程度、年2回実施、昨年度実施延べ人数は156人 就労支援指導：1週間10回の指導、対象人員64人程度、年1回実施、昨年度実施延べ人数は640人
職業訓練	クリーニング科：10人、1年／総合左官科：22人、1年／畳科：8人、6カ月／金属造形科：21人、1年／数値制御機械科：5人、6カ月／木工科：10人、1年／建築塗装科：8人、6カ月／園芸・陶芸科：3人、1年／自動車整備科：21人、1年／電気工事科：20人、1年／情報処理科：12人、6カ月／ホームヘルパー科：5人、6カ月／理容科：22人、2年／ボイラー運転科：11人、6カ月／小型車両系建設機械科（フォークリフト運転）：10人、2カ月
面会・通信等	休日面会：0件／親族以外の者の面会許可：827件／電話などの電気通信の方法による通信：申請0件
受刑者への懲罰	戒告：200人／作業の10日以内の停止：0人／自弁の物品の使用または摂取の一部または全部の15日以内の停止：0人／書籍の閲覧の一部または全部の15日以内の停止：0人／報奨金計算額の3分の1以内の削減：0人
閉居罰	実施：延べ488回、最長60日 運動：概ね週2回、40分、屋外 入浴：概ね週1回、15分 姿勢：安座。時間に関しては指示していない。水は飲むことができる
受刑者からの苦情（平成18年5月24日～12月31日）	法務大臣に対して申出：35件／監査官に対して申出：20件／刑事施設の長に対して申出：29件

※　さいたま・熊谷各拘置支所を含む。平成19年9月21日回答。

松本少年刑務所　〒390-0871 長野県松本市桐3-9-4

職員体制	定数：131人／現在職員数（平成19年1月1日現在）：130人／男性刑務官数：108人／女性刑務官数：3人／有給休暇取得日数平均（平成18年）：4.5日
定員（平成19年3月31日現在）	受刑者：375人／未決拘禁者：55人
入所者数 （平成19年3月31日現在）	受刑者：417人（女性0人、無期懲役者2人、労役場留置者4人）／未決拘禁者：26人（女性3人、死刑確定者0人）
障害・疾患を持つ受刑者 （平成19年3月31日現在）	精神障害（M指標）：0人／身体上の疾患または障害（P指標）：0人／発達障害：統計なし
高齢受刑者	60歳以上：4人（65歳以上2人、70歳以上0人）／最高齢者：68歳／介護を必要とする者：0人
外国人受刑者 （平成18年12月31日現在）	日本人と異なる処遇を必要とする外国人（F指標）：7人／国籍：5カ国／通訳：当所に収容されている外国人受刑者について通訳を必要とする場合には、府中刑務所国際対策室に対し職員の応援を依頼したり、ボランティア・大使館等に依頼したりすることとしている
制限区分 （平成19年4月10日現在）	第1種：3人／第2種：30人／第3種：344人／第4種：18人
優遇措置 （平成19年4月10日現在）	第1類：0人／第2類：70人／第3類：155人／第4類：64人／第5類：76人
女性収容区域廊下の録画	撮影時間：24時間／録画の保管期間：事後の検証を行い、ハードディスクで上書きされるまで（1カ月から1カ月半）保存
女性収容区域の宿直勤務	男性刑務官だけで行うこと：有 暴行が起きないような対策：夜間の女子被収容者の居室は専用の鍵で施錠され、一般の職員が接触できない構造になっている。また男子刑務官等が女子被収容者との面接を実施した場合は、当該職員に面接結果を記録させ、速やかに幹部職員が内容を確認
冷暖房	冷房：居室内に冷房設備はないが、全共同室に扇風機を設置／暖房：居室の各階廊下に暖房器具を設置
医師・看護師 （平成19年1月1日現在）	医師：常勤1人、非常勤0人（内科1人）／看護師：0人／准看護師の資格を持っている刑務官：5人
土曜・日曜・祝日・夜間の当直体制	医師は当直していないが、常に医師あるいは准看護師と連絡が取れる体制にあり、休日・夜間の急患に対しても速やかに対応。病状によっては外部の病院に搬送
死亡	0人
自殺企図	5人（内訳無回答）
拒食	0人
医療のための移送	外部の病院に移送した受刑者数：4人／医療刑務所に移送した受刑者数：6人

指名医による診療	申請：0件
警備用具の使用	0件
拘束衣の使用	0件
保護室への収容	延べ200回、実人数は統計なし、最長8日
障害のある受刑者のための工場（寮内工場）	無
作業後の裸体検査	実施せず
作業報奨金（平成18年度）	受刑者1人あたりの月額最高額：16,645円／同最低額：68円／同平均額：1,744円／監査：担当者が計算をし、監督者が確認
教育的処遇コース（平成18年度）	薬物依存離脱指導：4カ月12回の指導、対象人員10人程度、年3回実施、昨年度実施延べ人数は346人 性犯罪再犯防止指導：4カ月14回の指導、対象人員4人程度、年1回実施、昨年度実施延べ人数は4人（平成19年度から「中密度」は6カ月56回、対象3人程度、年1回。「高密度」は8カ月64回、対象9人程度、年1回の予定） 被害者の視点を取り入れた指導：5カ月10回の指導、対象人員4人程度、年2回実施、昨年度実施延べ人数は15人（平成19年度から5カ月10回、対象10人程度、年2回の予定） 就労支援指導：5カ月10回の指導、対象人員10人程度、年2回実施、昨年度実施延べ人数は152人 交通安全指導：平成19年度新設、5カ月10回の指導、対象人員10人程度、年2回の予定
職業訓練	電気工事科：5人、12カ月／自動車整備科：4人、12カ月／左官科：10人、12カ月／木材工芸科：2人、12カ月／情報処理科：6人、6カ月
面会・通信等	休日面会：0件（一般面会）／親族以外の者の面会許可：統計なし／電話などの電気通信の方法による通信：申請0件
受刑者への懲罰（平成18年12月31日）	戒告：49人／作業の10日以内の停止：0人／自弁の物品の使用または摂取の一部または全部の15日以内の停止：0人／書籍の閲覧の一部または全部の15日以内の停止：5人／報奨金計算額の3分の1以内の削減：26人
閉居罰	実施：延べ917回、実人数の統計なし、最長60日 運動：週1回以上、30分、雨天時等を除き戸外 入浴：週1回以上、概ね15分 姿勢：作業時間に相当する時間、安座または正座。水は飲むことができる
受刑者からの苦情	法務大臣に対して申出：22件／監査官に対して申出：56件／刑事施設の長に対して申出：144件

※　飯田・上諏訪各拘置支所を含む。

東京拘置所	〒124-8565 東京都葛飾区小菅1-35-1

職員体制 （平成19年1月1日現在）	定数（平成18年度）：862人／現在職員数：857人／男性刑務官数：607人／女性刑務官数：42人／有給休暇取得日数平均（平成18年度）：3.1日
定員（平成19年3月31日現在）	受刑者定員：844人／未決拘禁者定員：2,166人
入所者数 （平成19年3月31日現在）	受刑者：1,038人（女性141人、無期懲役者23人、労役場留置者46人）／未決拘禁者：1,452人（女性78人、死刑確定者：49人
障害・疾患を持つ受刑者 （平成19年3月31日現在）	精神上の疾病または障害を有するため医療を主として行う刑事施設等に収容する必要があると認められる移送待ち受刑者：1人／身体上の疾病または障害を有するため医療を主として行う刑事施設等に収容する必要があると認められる移送待ち受刑者：10人／発達障害：統計なし
高齢受刑者 （平成19年3月31日現在）	60歳以上：統計なし（65歳以上統計なし、70歳以上16人、75歳以上統計なし）／最高齢者の年齢：統計なし／高齢のため介護を必要とする者：5人
外国人受刑者 （平成19年3月31日現在）	日本人と異なる処遇を必要とする外国人（F指標）：100人／国籍数：33カ国（平成18年12月末現在の外国人受刑者121人の内訳）／日本語に不自由な場合の通訳：英語・中国語・韓国語・ペルシア語（翻訳のみ）については、当所外人係が対応。ポルトガル語は外部翻訳を依頼。その他の言語の通訳・翻訳は府中刑務所国際対策室に依頼
制限区分 （平成19年3月31日現在）	第1種：0人／第2種：8人／第3種：266人／第4種：2人
優遇措置 （平成19年3月31日現在）	第1類：0人／第2類：16人／第3類：216人／第4類：10人／第5類：7人
女性収容区域廊下の録画 （平成19年4月1日現在）	撮影時間：設置してあるが、女子職員が24時間常駐しており、男子職員のみで勤務することがないので、撮影せず
女性収容区域の宿直勤務 （平成19年3月31日現在）	男性刑務官だけで行うこと：ない
冷暖房	冷房：全館に空調システムが整備されている／暖房：全館に空調システムが整備されている
医師・看護師 （平成19年1月1日現在）	医師：常勤11人、非常勤0人（内科2人、外科6人、精神科2人、歯科1人）／看護師：7人／准看護師の資格を持っている刑務官：19人
土曜・日曜・祝日夜間の当直体制	医師1人が当直
死亡（平成18年度）	5人（うち受刑者1人）　年齢：20歳代1人、40歳代3人、50歳代1人／性別：男性／死亡原因：病気
自殺企図（平成18年度）	34人（うち受刑者9人）
拒食（平成18年度）	連続15食以上拒食者数：5人（うち受刑者2人）／最も長期の拒食：276食

市民が視た刑務所

医療のための移送 (平成18年度)	外部の病院に移送した受刑者数：4件4人／医療刑務所に移送した受刑者数：30人
指名医による診療 (平成18年度)	申請：0件
警備用具の使用（平成18年5月24日～平成19年3月31日）	0件
拘束衣の使用（平成18年5月24日～平成19年3月31日）	0件
保護室への収容 (平成18年度)	延べ361回／実人数：151人／最長期間：18日16時間42分
障害のある受刑者のための工場（寮内工場）	無
作業後の裸体検査	該当なし
作業報奨金（平成18年度）	受刑者1人あたりの月額最高額：20,797円／同最低額：506円／同平均額：2,233円／監査：統計担当者が計算をし、監督者が確認
教育的処遇コース（平成18年5月24日～平成19年3月31日）	薬物依存離脱指導：1.5カ月または3カ月6回の指導、対象人員10人程度、年5回実施、昨年度実施延べ人数は174人 被害者の視点を取り入れた教育：1.5カ月または3カ月6回の指導、対象人員10人程度、年1回実施、昨年度実施延べ人数18人 交通安全指導（今年度から）：3カ月10回の指導、対象人員10人程度、年1回実施予定
職業訓練（平成18年5月24日～平成19年3月31日）	実施せず
面会・通信等（平成18年度）	休日面会：被疑者および被勾留者の弁護人接見として608人／親族以外の者の面会許可：統計なし／電話などの電気通信の方法による通信：申請0件
受刑者への懲罰（平成18年5月24日～12月31日）	戒告：18人／作業の10日以内の停止：0人／自弁の物品の使用または摂取の一部または全部の15日以内の停止：0人／書籍の閲覧の一部または全部の15日以内の停止：8人／報奨金計算額の3分の1以内の削減：0人
閉居罰（平成18年5月24日～12月31日）	実施：延べ113人、最長60日 運動：週に1回、30分以上、できる限り戸外で実施 入浴：少なくとも週に1回、15分実施 姿勢：朝食終了から夕食前までの時間帯について、昼食時間帯や用便等の場合を除き、おおむね居室中央において廊下側を向いて安座するよう指導。水の摂取は特に制限せず
苦情（平成18年5月24日～平成19年3月31日）	法務大臣に対して申出：30件／監査官に対して申出：21件／刑事施設の長に対して申出：30件

※　平成19年8月6日回答。

富山刑務所 〒939-8251 富山県富山市西荒屋285-1

職員体制（平成19年1月1日現在）	定数：149人／現在職員数：147人／男性刑務官数：137人／女性刑務官数：3人／有給休暇取得日数平均（平成18年度）：3.6日
定員（平成19年3月31日現在）	受刑者：451人／未決拘禁者：64人
入所者数（平成19年3月31日現在）	受刑者：544人（女性1人、無期懲役者0人、労役場留置者4人）／未決拘禁者：20人（女性：2人、死刑確定者0人）
障害・疾患を持つ受刑者（平成19年3月31日現在）	精神障害のために医療を主として行う刑事施設等に収容する必要のある者（移送予定者）：5人／身体上の疾患または障害（P指標）：0人／発達障害のために医療を主として行う刑事施設等に収容する必要のある者（移送予定者）：1人
高齢受刑者（平成19年3月31日現在）	60歳以上：36人（65歳以上22人、70歳以上11人、75歳以上3人）／最高齢者：78歳／介護を必要とする者：0人
外国人受刑者（平成19年3月31日現在）	日本人と異なる処遇を必要とする外国人（F指標）：0人
制限区分（平成19年1月1日現在）	第1種：0人／第2種：3人／第3種：442人／第4種：43人
優遇措置（平成19年1月1日現在）	第1類：0人／第2類：15人／第3類：135人／第4類：166人／第5類：76人
女性収容区域廊下の録画	撮影時間：24時間／録画の保管期間：事後の検証を行い、通常1ヵ月保管
女性収容区域の宿直勤務	男性刑務官だけで行うこと：有 暴行が起きないような対策：居室扉・食器口等を施錠し、鍵は監督当直者が保管。配食する場合は、夜勤監督者と担当の2人で食器口のみ開錠
冷暖房	冷房：居室内に冷房はないが、共同室内に扇風機を備え付けている／暖房：居室内に暖房はないが、居室棟のそれぞれの廊下に暖房器具を設置
医師・看護師（平成19年1月1日現在）	医師：常勤1人、非常勤医師0人（内科1人）／看護師：0人／准看護師の資格を持っている刑務官：6人
土曜・日曜・祝日・夜間の当直体制	医師は当直をしていないが、常に医師あるいは准看護師と連絡をとれる体制にあり、急患に対しても速やかに登庁して対応。病状によって外部の病院に搬送
死亡（平成18年）	1人（うち受刑者1人）　年齢：70歳代／性別：男性／死亡原因：病気
自殺企図（平成18年）	0人
拒食（平成18年）	0人

医療のための移送 (平成18年)	外部の病院に移送した受刑者数：128人（外部通院含む）／医療刑務所に移送した受刑者数：11人
指名医による診療 (平成18年)	申請：0件
警備用具の使用 (平成18年)	0件
拘束衣の使用 (平成18年)	1件、1人、2時間14分
保護室への収容 (平成18年)	延べ24回、10人、最長5日間
障害のある受刑者のための工場（寮内工場）	なし
作業後の裸体検査	なし
作業報奨金 (平成18年)	受刑者1人あたりの月額最高額：18,545円／同最低額：737円／同平均額：2,482円／監査：会計法令に基づき検査している
教育的処遇コース (平成18年)	薬物依存離脱指導：6カ月6回の指導、対象人員10人程度、年2回実施、前年実施延べ人数87人 暴力団離脱指導：新入指導において2週間に1回の指導、年27回実施、前年実施延べ人数245人 被害者の視点を取り入れた教育：4カ月4回の指導、対象人員10人程度、年3回実施、前年度実施延べ人数は23人 酒害教育：8カ月8回の指導、対象人員5人程度、年3回実施、前年度実施述べ人数は12人
職業訓練	木材工芸科：5人、2年
面会・通信等 (平成18年1月1日〜12月31日)	休日面会：なし（事前に申請があった場合に個別に判断）／親族以外の者の面会許可：144回／電話などの電気通信の方法による通信：申請0件
受刑者への懲罰 (平成18年)	戒告：40人／作業の10日以内の停止：0人／自弁の物品の使用または摂取の一部または全部の15日以内の停止：0人／書籍の閲覧の一部または全部の15日以内の停止：4人／報奨金計算額の3分の1以内の削減：22人
閉居罰 (平成18年)	実施：延べ344回、196人、最長40日 運動：週に1回、30分、原則として屋外 入浴：夏季は週1回または2回、冬季は週1回、各15分実施 姿勢：正座または安座。朝食終了後から午後6時までの間で、食事・洗面・用便等生活に必要な時間を除いた時間に姿勢を維持するよう指示。水は申出により飲むことができる
受刑者からの苦情 (平成18年)	法務大臣に対して申出：50件／監査官に対して申出：22件／刑事施設の長に対して申出：177件

※ 高岡拘置支所を含む。平成19年6月25日回答。

金沢刑務所　〒920-1182 石川県金沢市田上町公1

職員体制 （平成19年1月1日現在）	定数（平成18年度）：181人／現在職員数：179人／男性刑務官数：169人／女性刑務官数：3人／有給休暇取得日数平均（平成18年度）：4.3日
定員（平成19年3月31日現在）	受刑者：661人／未決拘禁者：110人
入所者数 （平成19年3月31日現在）	受刑者：793人（女性3人、無期懲役者1人、労役場留置者6人）／未決拘禁者：91人（女性3人、死刑確定者0人）
障害・疾患を持つ受刑者 （平成18年12月31日現在）	精神上の疾病または障害を有するため、医療を主として行う刑事施設等に収容する必要があると認められる者：3人／身体上の疾病または障害を有するため、医療を主として行う刑事施設等に収容する必要があると認められる者：3人／発達障害：統計なし
高齢受刑者 （平成18年12月31日現在）	60歳以上：49人（65歳以上33人、70歳以上13人、75歳以上9人）／最高齢者：85歳／介護を必要とする者：0人
外国人受刑者 （平成18年12月31日現在）	日本人と異なる処遇を必要とする外国人（F指標）：24人／国籍：8カ国
制限区分 （平成18年12月31日現在）	第1種：0人／第2種：14人／第3種：688人／第4種：32人
優遇措置 （平成18年12月31日現在）	第1類：0人／第2類：40人／第3類：440人／第4類：106人／第5類：148人
女性収容区域廊下の録画 （平成18年12月31日現在）	撮影時間：女子職員が不在時はすべて録画／録画の保管期間：事後検証を行った後、12カ月
女性収容区域の宿直勤務 （平成18年12月31日現在）	男性刑務官だけで行うこと：有 暴行が起きないような対策：女区関係の鍵を監督当直者が厳重に管理。開扉したり女子収容者を連行等する場合は、2人以上の職員で実施
冷暖房 （平成18年12月31日現在）	冷房：居室に冷房設備はないが共同室および2名収容している単独室には扇風機を設置／暖房：居室に暖房設備はないが、居室廊下には暖房器具を設置
医師・看護師 （平成19年1月1日現在）	医師：常勤2人、非常勤0人（内科1人、外科1人）／看護：0人／准看護師の資格を持っている刑務官：5人
土曜・日曜・祝日・夜間の当直体制	医師は当直していないが、常に医師あるいは准看護師と連絡が取れる体制にあり、急患にも速やかに登庁して対応。病状によっては外部の病院に搬送
死亡 （平成18年12月31日現在）	2人（いずれも受刑者）　年齢：30歳代1人、60歳代1人／性別：男性／死亡原因：病気
自殺企図 （平成18年12月31日現在）	0人
拒食 （平成18年12月31日現在）	0人

医療のための移送 （平成18年12月31日現在）	外部の病院に移送した受刑者数：14人／医療刑務所に移送した受刑者数：8人
指名医による診療 （平成18年12月31日現在）	申請：0件
警備用具の使用 （平成18年12月31日現在）	0件
拘束衣の使用 （平成18年12月31日現在）	0件
保護室への収容 （平成18年12月31日現在）	延べ98回、44人、最長92時間22分
障害のある受刑者のための工場（寮内工場） （平成18年12月31日現在）	無。高齢受刑者など一般受刑者と集団で行動することが困難な受刑者を含む工場がある
作業後の裸体検査 （平成18年12月31日現在）	原則的には実施せず
作業報奨金 （平成18年12月31日現在）	受刑者1人あたりの月額最高額：11,130円／同最低額：358円／同平均額：2,351円／監査：会計法令に基づき検査
特別改善指導（平成18年度）	薬物依存離脱指導：6カ月6回の指導、対象人員7人程度、年2回、前年度実施延べ人数は32人 被害者の視点を取り入れた教育：6カ月6回の指導、対象人員7人程度、年2回、前年度実施延べ人数は39人 暴力団離脱指導：6カ月6回の指導、対象人員7人程度、年2回、前年度実施延べ人数は34人
職業訓練 （平成18年12月31日現在）	溶接科集合訓練：6人、6カ月（年2回）
面会・通信等 （平成18年12月31日現在）	休日面会：6人／親族以外の者の面会許可：360件／電話などの電気通信の方法による通信：申請0件
受刑者への懲罰 （平成18年12月31日現在）	戒告：75件／作業の10日以内の停止：0件／自弁の物品の使用または摂取の一部または全部の15日以内の停止：0件／書籍の閲覧の一部または全部の15日以内の停止：0件／報奨金計算額の3分の1以内の削減：0件
閉居罰 （平成18年12月31日現在）	実施：延べ490件、実人数は回答なし、最長50日 運動：5日ごとに1回、30分、雨天時以外屋外 入浴：1回または2回、15分 姿勢：安座または正座を朝食後から昼食までと昼食から夕食までの間。水は自由に飲める。願出があれば投定を許可することもあり
受刑者からの苦情 （平成18年12月31日現在）	法務大臣に対して申出：30件／監査官に対して申出：36件／刑事施設の長に対して申出：55件

※　七尾拘置支所を含む。平成19年7月11日回答。

福井刑務所　〒918-8101 福井県福井市一本木町52

職員体制 (平成19年1月1日現在)	定数（平成18年度）：123人／現在職員数：123人／男性刑務官数：110人／女性刑務官数：2人／有給休暇取得日数平均（平成18年度）：3.2日
定員(平成19年3月31日現在)	受刑者：417人／未決拘禁者：59人
入所者数 (平成19年3月31日現在)	受刑者：538人（女性1人、無期懲役者0人、労役場留置者3人）／未決拘禁者：22人（女性3人、死刑確定者0人）
障害・疾患を持つ受刑者 (平成19年3月31日現在)	精神障害（M指標）：1人（ただし医療刑務所への移送予定者）／身体上の疾病または障害（P指標）：0人／発達障害：統計なし
高齢受刑者 (平成19年3月31日現在)	60歳以上：93人（65歳以上統計なし、70歳以上25人、75歳以上統計なし）／最高齢者：85歳／介護を必要とする者：0人
外国人受刑者	日本人と異なる処遇を必要とする外国人（F指標）：0人
制限区分 (平成19年4月10日現在)	第1種：0人／第2種：17人／第3種：480人／第4種：5人
優遇措置 (平成19年4月10日現在)	第1類：0人／第2類：51人／第3類：278人／第4類：63人／第5類：9人
女性収容区域廊下の録画	撮影時間：24時間／録画の保管期間：12カ月
女性収容区域の宿直勤務	男性刑務官だけで行うこと：有 暴行が起きないような対策：女区廊下に監視カメラを設置、24時間監視。なお、女性の収容居室は専用鍵で施錠し、相互に接触できない構造としている
冷暖房	冷房：居室内に冷房設備はないが一部の居室に扇風機を設置／暖房：居室内に暖房設備は設置していないが、居室棟のそれぞれの廊下に暖房器具を設置
医師・看護師 (平成19年1月1日現在)	医師：常勤1人、非常勤0人（内科1人）／看護師：0人／准看護師の資格を持っている刑務官：4人
土曜・日曜・祝日・夜間の当直体制	医師は当直していないが、常に医師あるいは准看護師と連絡が取れる体制にあり、急患にも速やかに登庁して対応。病状によっては外部の病院に搬送
死亡 (平成18年12月31日現在)	4人（うち受刑者3人）　年齢：40歳代1人、60歳代1人、80歳代1人／性別：男性／死亡原因：病気
自殺企図(平成18年)	1人（内訳記載なし）
拒食(平成18年)	0人
医療のための移送 (平成18年)	外部の病院に移送した受刑者数：15人／医療刑務所に移送した受刑者数：7人

指名医による診療（平成18年）	申請：0件
警備用具の使用（平成18年）	0件
拘束衣の使用（平成18年）	0件
保護室への収容（平成18年）	延べ15回、6人、最長19時間31分
障害のある受刑者のための工場（寮内工場）	無。高齢等の理由で一般受刑者と集団で行動することが困難な受刑者を対象とした工場が1カ所ある
作業後の裸体検査	実施せず
作業報奨金	受刑者1人あたりの月額最高額：17,882円／同最低額：187円／同平均額：3,200円／監査：会計法令に基づき検査
特別改善指導（平成18年度）	薬物依存離脱指導：3カ月6回の指導、対象人員20人程度、前年度実施人数は20人 被害者の視点を取り入れた教育：6カ月12回の指導、対象人員20人程度、前年度実施人数は20人 就労支援指導：3カ月10回の指導、対象人員30人程度、年1回、前年度実施人数は34人
職業訓練（平成19年3月31日現在）	溶接科：18人、1年／電気工事科：16人、1年／表具科：6人、1年／畳科：5人、1年／ホームヘルパー科：3人、6カ月／農業園芸科：5人、6カ月
面会・通信等	休日面会：0件／親族以外の者の面会許可（平成18年度）：408件／電話などの電気通信の方法による通信（平成18年度）：申請0件
受刑者への懲罰（平成18年度）	戒告：9件／作業の10日以内の停止：0件／自弁の物品の使用または摂取の一部または全部の15日以内の停止：0件／書籍の閲覧の一部または全部の15日以内の停止：3件／報奨金計算額の3分の1以内の削減：0件
閉居罰（平成18年度）	実施：延べ108件、87人、最長40日 運動：5日に1回、30分、屋外 入浴：冬季週1回、下記週2回、それぞれ15分 姿勢：作業開始時間から夕点検（食事時間を除く）までの間、安座または正座。着座時、手足の動きまで規制せず。用便・食事・飲茶等の日常生活に必要な動きは認めている
受刑者からの苦情（平成18年）	法務大臣に対して申出：0件／監査官に対して申出：8件／刑事施設の長に対して申出：6件

※　平成19年6月25日回答。

岐阜刑務所　〒501-1183 岐阜県岐阜市則松1-34-1

職員体制（平成19年1月1日現在）	定数（平成18年度）：251人／現在職員数：246人／男性刑務官数：227人／女性刑務官数：2人／有給休暇取得日数平均（平成18年）：2.8日
定員（平成19年3月31日現在）	受刑者：911人／未決拘禁者：191人
入所者数（平成19年3月31日現在）	受刑者：1,082人（女性5人、無期懲役者162人、労役場留置者14人）／未決拘禁者：67人（女性3人、死刑確定者0人）
障害・疾患を持つ受刑者（平成19年3月31日現在）	精神上の疾病または障害を有するため医療を主として行う刑事施設等に収容する必要があると認められる者（医療刑務所への移送予定者）：1人／身体上の疾病または障害を有するため医療を主として行う刑事施設等に収容する必要があると認められる者（医療刑務所への移送予定者）：9人／発達障害：統計なし
高齢受刑者（平成19年3月31日現在）	60歳以上：189人（65歳以上144人、70歳以上46人、75歳以上統計なし）／最高齢者：87歳／介護を必要とする者（平成18年12月31日現在）：14人
外国人受刑者	日本人と異なる処遇を必要とする外国人（F指標）：7人（F指標以外の外国人は10人）／国籍：8カ国
制限区分	第1種：0人／第2種：1人／第3種：874人／第4種：184人
優遇措置	第1類：0人／第2類：5人／第3類：671人／第4類：200人／第5類：118人
女性収容区域廊下の録画	撮影時間：人が廊下にいる場合のみ自動感知し、撮影・録画／録画の保管期間：事後検証を行ったあと、約2カ月ないし1年間保管
女性収容区域の宿直勤務	男性刑務官だけで行うこと：男性刑務官だけで行っている暴行が起きないような対策：女区の本錠鍵は他の鍵とは別の保管庫に保管、夜間および休日の貸出・返納方法を定めるなど、管理体制を徹底し、また、男性刑務官による女子被収容者の連行は複数の職員で実施するなどの対策を講じている。投薬、物の交付等を行う場合は、必ず2人以上の職員で行い、男性職員が単独で対応することはない
冷暖房	冷房：単独室・共同室になし／暖房：居室には暖房設備はないが、舎房廊下等にストーブを設置
医師・看護師（平成19年1月1日現在）	医師：常勤3人、非常勤1人（内科3人、外科1人）／看護師：0人／准看護師の資格を持っている刑務官：8人
土曜・日曜・祝日・夜間の当直体制	医師は当直していないが、常に医師あるいは准看護師と連絡が取れる体制にあり、急患に対しても速やかに登庁して対応、病状によっては外部の病院へ搬送
死亡	4人（すべて受刑者）　年齢：30歳代1人、50歳代1人、60歳代2人／性別：男性／死亡原因：病気
自殺企図	2人（すべて受刑者）

拒食	連続して15食以上拒食した者は3人。最長45食
医療のための移送	外部の病院に移送した受刑者数：20件20人／医療重点施設・医療刑務所に移送した受刑者数：15人
指名医による診療	申請：10件、許可：0件
警備用具の使用	0件
拘束衣の使用	0件
保護室への収容	延べ90回、60人、最長32日22時間33分
障害のある受刑者のための工場（寮内工場）	有。ただし一般受刑者と集団で行動することが困難な受刑者（高齢受刑者）も含む。30数人
作業後の裸体検査	回答を差し控える
作業報奨金	受刑者1人あたりの月額最高額：20,996円／同最低額：644円／同平均額：4,935円／監査：会計法令に基づき検査
教育的処遇コース	薬物依存離脱指導：6ヵ月12回の指導、対象人員10人程度、年2回実施、前年度実施延べ人数は108人 被害者の視点を取り入れた教育：6ヵ月10回の指導、対象人員10人程度、年2回実施、前年度実施延べ人数は114人 暴力団離脱指導：5ヵ月8回の指導、対象人員5人程度、年2回実施、前年度実施延べ人数は51人
職業訓練	木工塗装科：4人、2年／左官科：2人、1年
面会・通信等	休日面会：0件／親族以外の者の面会許可：2,737件／電話などの電気通信の方法による通信：申請0件
受刑者への懲罰	戒告：20人／作業の10日以内の停止：0人／自弁の物品の使用または摂取の一部または全部の15日以内の停止：0人／書籍の閲覧の一部または全部の15日以内の停止：4人／報奨金計算額の3分の1以内の削減：191人
閉居罰	実施：延べ501回、実人数は差し控える、最長60日間 運動：懲罰開始7日後に最初の運動。その後5日に1回、30分、やむをえない場合を除き屋外 入浴：入浴該当日（夏季は週3回、冬季は週2回）のうち1回おきに実施、15分間 姿勢：平日午前7時40分から午後4時30分まで、免業日は朝食終了後から夕点検までの間、安座もしくは正座。事後であっても本人の申出により水を飲める
受刑者からの苦情	法務大臣に対して申出：58件／監査官に対して申出：62件／刑事施設の長に対して申出：210件

※　岐阜・高山・御嵩各拘置支所を含む。特記がない限り、「平成18年12月31日現在」または「平成18年1月1日～12月31日」。平成19年8月14日回答。

笠松刑務所　〒501-6095 岐阜県羽島郡笠松町中川町23

職員体制	定数：136人／現在職員数：126人／男性刑務官数：14人／女性刑務官数：102人／有給休暇取得日数平均（平成18年）：5.9日
定員	受刑者：532人／未決拘禁者：0人
入所者数	受刑者：680人（女性680人、無期懲役者12人、労役場留置者2人）／未決拘禁者：0人
障害・疾患を持つ受刑者	精神上の疾病または障害を有するため、医療を主として行う刑事施設等に収容する必要がある者：0人／身体上の疾病または障害を有するため、医療を主として行う刑事施設等に収容する必要がある者：5人／発達障害：統計なし
高齢受刑者	60歳以上：98人（65歳以上63人、70歳以上27人、75歳以上6人）／最高齢者：81歳／介護を必要とする者：0人
外国人受刑者	日本人と異なる処遇を必要とする外国人（F指標）：0人
制限区分	第1種：3人／第2種：52人／第3種：604人／第4種：9人
優遇措置	第1類：1人／第2類：40人／第3類：384人／第4類：123人／第5類：122人
女性収容区域廊下の録画	撮影時間：通常撮影していない／録画の保管期間：保管していない
女性収容区域の宿直勤務	男性刑務官だけで行うこと：無
冷暖房	冷房：居室内に冷房設備はないが、共同室内に扇風機を設置／暖房：一部を除いたほとんどの居室内に暖房設備を設置
医師・看護師	医師：常勤0人、非常勤3人（内科1人、産婦人科1人、精神科1人）／看護師：1人／准看護師の資格を持っている刑務官：2人
土曜・日曜・祝日・夜間の当直体制	医師は当直していないが、常に医師あるいは（准）看護師と連絡が取れる体制にあり、急患に対しても速やかに登庁して対応、病状によっては外部の病院へ搬送
死亡	1人（受刑者）　年齢：50歳代／性別：女性／死亡原因：病気
自殺企図	平成19年0人、平成18年3人（すべて受刑者）
拒食	0人
医療のための移送	外部の病院に移送した受刑者数：10人／医療刑務所に移送した受刑者数：8人
指名医による診療	申請：0件
警備用具の使用	0件
拘束衣の使用	0件
保護室への収容（平成19年）	延べ19回、5人、最長47時間57分

障害のある受刑者のための工場（寮内工場）	高齢受刑者など一般受刑者と集団で行動することが困難な受刑者を含む工場がある
作業後の裸体検査	実施せず
作業報奨金	受刑者1人あたりの月額最高額：9,410円／同最低額：457円／同平均額：2,157円／監査：会計法規に基づく検査を実施
教育的処遇コース	薬物依存離脱指導：週1回の指導、対象人員24人程度、前年度実施延べ人数は747人 交通安全指導：2.5週に1回の指導、対象人員5人程度、前年度実施延べ人数は103人 就労支援指導：2.5週に1回の指導、対象人員7人程度、前年度実施延べ人数は21人 被害者の視点を取り入れた教育：2週に1回の指導、対象人員4人程度、前年度実施延べ人数は24人
職業訓練	美容科：8人、2年／介護サービス科：6人、4カ月（年2回）／ボイラー運転科：5人、3カ月／理容科：18人、2年／製版印刷科：27人、6カ月
面会・通信等	休日面会：0件／親族以外の者の面会許可：統計なし／電話などの電気通信の方法による通信：申請0件
受刑者への懲罰	戒告：20人／作業の10日以内の停止：98人／自弁の物品の使用または摂取の一部または全部の15日以内の停止：0人／書籍の閲覧の一部または全部の15日以内の停止：105人／報奨金計算額の3分の1以内の削減：8人
閉居罰	実施：延べ126回、126人、最長20日間 運動：5日に1回、30分、室外（雨天時は室内） 入浴：冬季週1回、20分。夏季2週間に3回、20分 姿勢：連続して同じ姿勢を指示することはない。水は懲罰中ではない他の収容者と同じ時間帯に飲める
受刑者からの苦情	法務大臣に対して申出：11件／監査官に対して申出：0件／刑事施設の長に対して申出：6件

岡崎医療刑務所	〒444-0823 愛知県岡崎市上地4-24-16
職員体制 (平成19年1月1日現在)	定数（平成18年度）：109人／現在職員数：107人／男性刑務官数：86人／女性刑務官数：0人／有給休暇取得日数平均（平成18年）：5.6日
定員(平成19年3月31日現在)	受刑者：269人／未決拘禁者：0人
入所者数 (平成19年3月31日現在)	受刑者：206人（女性0人、無期懲役者6人、労役場留置者1人）／未決拘禁者：0人
障害・疾患を持つ受刑者 (平成19年3月31日現在)	精神上の疾病または障害を有するため医療を主として行う刑事施設等に収容する必要があると認められる者：144人／身体上の疾病または障害を有するため医療を主として行う刑事施設等に収容する必要があると認められる者：0人／発達障害：統計なし
高齢受刑者 (平成19年3月31日現在)	60歳以上：28人（65歳以上14人、70歳以上5人、75歳以上3人）／最高齢者：77歳／介護を必要とする者（平成18年12月31日現在）：5人
外国人受刑者	日本人と異なる処遇を必要とする外国人（F指標）：0人
制限区分 (平成19年4月10日現在)	第1種：0人／第2種：0人／第3種：172人／第4種：32人
優遇措置 (平成19年4月10日現在)	第1類：0人／第2類：0人／第3類：112人／第4類：59人／第5類：17人
女性収容区域廊下の録画	該当なし（女性は収容されていない）
女性収容区域の宿直勤務	該当なし（女性は収容されていない）
冷暖房	冷房：居室内に冷房設備なし／暖房：居室内に暖房器具はないが、居室棟のそれぞれの廊下に暖房器具を設置
医師・看護師 (平成19年1月1日現在)	医師：常勤4人（循環器内科1人、神経内科1人、精神科2人）、非常勤2人（眼科1人、耳鼻科1人）／看護師：12人／准看護師の資格を持っている刑務官：5人
土曜・日曜・祝日・夜間の当直体制	医師は当直していないが、常に医師あるいは看護師と連絡が取れる体制にあり、急患に対しても速やかに登庁して対応、病状によっては外部の病院へ搬送
死亡	3人（すべて受刑者）　年齢：70歳代2人、80歳代1人／性別：男性／死亡原因：病気
拒食	連続して15食以上拒食した者は2人（いずれも受刑者）。最長17食
医療のための移送	外部の病院に移送した受刑者数：4人／医療刑務所に移送した受刑者数：0人
指名医による診療	申請：0件
警備用具の使用	0件
拘束衣の使用	0件

保護室への収容	延べ117回、33人、最長22日
障害のある受刑者のための工場（寮内工場）	有。53人（ただし経理係受刑者6人含む）
作業後の裸体検査	実施せず
作業報奨金	受刑者1人あたりの月額最高額：14,401円／同最低額：27円／同平均額：2,606円／監査：会計法令に基づき検査
教育的処遇コース	薬物依存離脱指導：月1回の指導、対象人員10人程度、年16回実施、年間実施延べ人数は160人 被害者の視点を取り入れた教育：月2回の指導、対象人員10人程度、年6回実施、年間実施延べ人数は60人
職業訓練	陶磁器製造科：9人、1年
面会・通信等	休日面会：0件／親族以外の者の面会許可：50件／電話などの電気通信の方法による通信：申請0件
受刑者への懲罰	戒告：28人／作業の10日以内の停止：0人／自弁の物品の使用または摂取の一部または全部の15日以内の停止：0人／書籍の閲覧の一部または全部の15日以内の停止：0人／報奨金計算額の3分の1以内の削減：0人
閉居罰	実施：延べ67回、51人、最長20日間 運動：週2～3回、30分、室外 入浴：冬季週1回、夏季週2回、それぞれ15分 姿勢：正座または安座。継続時間は特に指示せず。水は自由に飲める
受刑者からの苦情	法務大臣に対して申出：1件／監査官に対して申出：10件／刑事施設の長に対して申出：5件

※ 特記がない限り、「平成18年12月31日現在」または「平成18年1月1日～12月31日」。

名古屋刑務所　〒470-0208 愛知県みよし市ひばりヶ丘1-1

職員体制 （平成19年1月1日現在）	定数（平成18年度）：497人／現在職員：491人／男性刑務官数：412人／女性刑務官数：4人／有給休暇取得日数平均（平成18年度）：6.2日
定員	受刑者：2,666人／未決拘禁者：217人
入所者数	受刑者：2,792人（女性：4人、無期懲役者：8人、労役場留置者：26人）／未決拘禁者：99人（女性：11人、死刑確定者：0人）
障害・疾患を持つ受刑者	精神上の疾病または障害を有するため医療を主として行う刑事施設等に収容する必要があると認められる者：12人／身体上の疾患または障害を有するため医療を主として行う刑事施設等に収容する必要があると認められる者：39人／発達障害：統計なし
高齢受刑者	60歳以上：416人（65歳以上247人、70歳以上133人、75歳以上50人）／最高齢者：84歳／介護を必要とする者：高齢というだけで介護を必要とする者はないが、疾病を併発して介助を受けている者5人
外国人受刑者	日本人と異なる処遇を必要とする外国人（F指標）：373人／国籍数：24カ国／通訳：通訳者を依頼
制限区分	第1種：0人／第2種：10人／第3種：2063人／第4種：133人
優遇措置	第1類：0人／第2類：14人／第3類：747人／第4類：567人／第5類：497人
女性収容区域廊下の録画	撮影時間：24時間／録画の保管期間：設置機器により、12.5日間から10カ月間
女性収容区域の宿直勤務	男性刑務官だけで行うこと：有 暴行が起きないような対策：扉の鍵および食器口鍵等を別に管理し、監督者の許可なく開扉や鍵を使用できないようにするなど
冷暖房	冷房：冷房設備はないが、共同室および2人収容している単独室に扇風機を設置／暖房：なし
医師・看護師	医師：常勤11人、非常勤4人（内科6人、外科4人、精神科2人、歯科2人、眼科1人）／看護師：25人／准看護師の資格を持っている刑務官：12人
土曜・日曜・祝日・夜間の当直体制	医師は当直していないが、常に医師と連絡が取れる体制にあり、休日・夜間の急患に対して速やかに登庁するなどして対応。症状によっては外部の病院に搬送
死亡	16人（うち受刑者16人）　年齢：20歳代1人、30歳代1人、40歳代2人、50歳代1人、60歳代7人、70歳代4人／死亡原因：病気
自殺企図	統計なし
拒食	拒食についての統計なし。15食以上不食した者が4人。最高で119食不食（ただし医療的措置を講じた）
医療のための移送	外部の病院に移送した受刑者数：延べ549人／医療刑務所に移送した受刑者数：11人
指名医による診療	申請件数：0件／許可件数：0件

警備用具の使用	該当なし
拘束衣の使用	該当なし
保護室への収容	延べ291回、291人、最長10日間
障害のある受刑者のための工場（寮内工場）	有　該当受刑者数：56人（障害を有するものだけでなく、高齢受刑者など、一般受刑者と集団で行動することが困難な者を含む）
作業後の裸体検査	実施している
作業報奨金	受刑者1人あたりの月額最高額：15,620円／同最低額：164円／同平均額：2,732円／監査：必要に応じ、定期および臨時に実施
特別改善指導（平成18年度）	薬物依存離脱指導：6カ月6回の指導、対象人員32人程度×2班、年4回実施、前年実施延べ人数は153人 暴力団離脱指導：3カ月6回の指導、対象人員32人程度、年4回実施、前年実施延べ人数408人 性犯罪再犯防止指導：速習低密度（高）プログラム3.5カ月14回の指導、対象人員4人、年1回実施、前年度実施延べ人数は56人（年によっては、高密度プログラム、中密度プログラムも開講） 被害者の視点を取り入れた指導：8カ月8回の指導、対象人員7人程度、年1回実施、前年実施延べ人数は18人 交通安全指導：4カ月4回の指導、対象人員30人程度、年3回実施、前年実施延べ人数は64人 就労支援指導：6回の指導、対象人員50人程度、年5回実施、前年実施延べ人数は96人 断酒指導：6カ月6回の指導、対象人員10人程度、年2回実施、前年実施延べ人数は30人 生活訓練指導：6カ月6回の指導、対象人員8人程度、年1回実施、前年実施延べ人数は12人
職業訓練（平成18年）	小型建設機械：19人、3カ月／就職支援：14人、3カ月
面会・通信等	休日面会：該当なし／親族以外の者の面会許可：多数あるが統計なし／電話などの電気通信の方法による通信：申請0
受刑者への懲罰	戒告：137人／作業の10日以内の停止：0人／自弁の物品の使用または摂取の一部または全部の15日以内の停止：0人／書籍の閲覧の一部または全部の15日以内の停止：3人／報奨金計算額の3分の1以内の削減：43人
閉居罰	実施：延べ回数統計なし、2216人、最長60日 運動：概ね週に1回、30分、雨天等で室外の運動場が使用できない場合を除き屋外 入浴：冬季週に1回、夏季2週に3回、各15分実施 姿勢：安座または正座を約11時間（食事時間、用便時間を除く）。水は許可を得て飲むことができる
受刑者からの苦情	法務大臣に対して申出：3件／監査官に対して申出：90件／刑事施設の長に対して申出：311件

※　豊橋刑務・岡崎拘置各支所を含む。

三重刑務所　〒514-0837 三重県津市修成町16-1

職員体制 （平成19年1月1日現在）	定数（平成18年度）：197人／現在職員数：194人／男性刑務官数：188人／女性刑務官数：2人／有給休暇取得日数平均（平成18年度）：5.5日
定員	受刑者：740人／未決拘禁者（平成19年3月31日現在）：110人
入所者数	受刑者：929人（女性2人、無期懲役者0人、労役場留置者16人）／未決拘禁者（平成19年3月末日現在）：78人（女性6人、死刑確定者0人）
障害・疾患を持つ受刑者	精神障害（M指標）：0人／身体上の疾患または障害（P指標）：0人／発達障害：統計なし
高齢受刑者	60歳以上：105人（65歳以上47人、70歳以上20人、75歳以上2人）／最高齢者：76歳／介護を必要とする者：0人
外国人受刑者 （平成19年3月31日現在）	日本人と異なる処遇を必要とする外国人（F指標）：0人／
制限区分 （平成19年2月7日現在）	第1種：10人／第2種：46人／第3種：642人／第4種：34人
優遇措置	第1類：0人／第2類：19人／第3類：550人／第4類：69人／第5類：137人
女性収容区域廊下の録画	撮影時間：24時間／録画の保管期間：事後の検証を行い、通常3カ月ハードディスク内に保存
女性収容区域の宿直勤務	男性刑務官だけで行うこと：有 暴行が起きないような対策：女区本錠鍵は他の鍵とは別の保管庫に保管、他の鍵の貸し出しの際に併せて女区本錠鍵を持ち出さないようにしている。また男子の刑務官等が女子被収容者の居室の開扉を行う場合には他の職員の立会いのもとに行い、女子被収容者を居室外へ連行する必要がある場合以外には、極力居室の開扉を行わなくてもすむような措置を講じている
冷暖房	冷房：すべての居室に冷房設備はないが、すべての共同室に扇風機を、集会室には冷房設備を設置／暖房：すべての居室に暖房設備はないが、集会室に暖房設備を設置
医師・看護師 （平成19年1月1日現在）	医師：常勤1人、非常勤4人（内科2人、精神科2人、歯科1人）／看護師：0人／准看護師の資格を持っている刑務官：7人
土曜・日曜・祝日・夜間の当直体制	医師は当直していないが、常に医師あるいは准看護師と連絡が取れる体制にあり、休日夜間の急患に対しても速やかに登庁して対応。病状によっては外部の病院に搬送
死亡	1人（受刑者）　年齢：50歳代／死亡原因：病気
自殺企図	0人
拒食	連続して15食以上拒食した者は0人
医療のための移送 （平成18年）	外部の病院に移送した受刑者数：12件12人／医療刑務所に移送した受刑者数：5人

指名医による診療	申請0件
警備用具の使用	0件
拘束衣の使用	0件
保護室への収容	延べ94回、38人、最長約155時間
障害のある受刑者のための工場（寮内工場）	無
作業後の裸体検査	実施せず
作業報奨金	受刑者1人あたりの月額最高額：14,112円／同最低額：556円／同平均額：2,987円／監査：毎月監督者の決済を受けているほか会計法令に基づく監査を実施
教育的処遇コース（平成18年度）	薬物依存離脱指導：3カ月12回の指導、対象人員45人程度を3班に分ける、年2回実施、昨年度実施延べ人数は840人 性犯罪再犯防止指導：3.5カ月14回の指導、対象人員8人程度、昨年度実施延べ人数は182人 被害者の視点を取り入れた指導：3カ月12回の指導、対象人員10人程度、年1回実施、昨年度実施延べ人数は96人 交通安全指導：3カ月10回の指導、対象人員15人程度、年1回実施、昨年度実施延べ人数は140人 就労支援指導：5日10回の指導、対象人員20人程度、年2回実施、昨年度実施延べ人数は185人 アルコール関係事犯者教育：1カ月5回の指導、対象人員15人程度、年1回実施、昨年度実施延べ人数は65人 高齢者教育：1カ月5回の指導、対象人員15人程度、年1回実施、昨年度実施延べ人数は65人
職業訓練	溶接科：4人、4カ月／ビル管理科：10人、6カ月
面会・通信等	休日面会：16件（すべて弁護士）／親族以外の者の面会許可：426件／電話などの電気通信の方法による通信：申請0件
受刑者への懲罰（平成18年5月24日～12月31日）	戒告：54人／作業の10日以内の停止：0人／自弁の物品の使用または摂取の一部または全部の15日以内の停止：0人／書籍の閲覧の一部または全部の15日以内の停止：0人／報奨金計算額の3分の1以内の削減：0人
閉居罰	実施：延べ495回、418人、最長45日／運動：夏季週1回、冬季週2回、40分、雨天時は室内／入浴：夏季週2回、冬季週1回、15分／姿勢：特に指示はしておらず、著しく体裁が悪い姿勢でなければ、足の組み換えや据わり方等は自由としている。水は飲むことができる
受刑者からの苦情（平成18年5月24日～12月31日）	法務大臣に対して申出：15件／監査官に対して申出：4件／刑事施設の長に対して申出：24件

※　四日市・伊勢各拘置支所を含む。特記がない限り、平成18年1月1日から12月31日まで（12月31日現在）の状況。平成20年3月31日回答。

名古屋拘置所	〒461-8586 愛知県名古屋市東区白壁1-1

職員体制 (平成19年1月1日現在)	定数(平成18年度):230人／現在職員数:228人／男性刑務官数:204人／女性刑務官数:11人／有給休暇取得日数平均(平成18年):1.8日
定員(平成19年3月31日現在)	受刑者:210人／未決拘禁者:594人
入所者数 (平成19年3月31日現在)	受刑者:381人(女性25人、無期懲役者7人、労役場留置者29人)／未決拘禁者:430人(女性23人、死刑確定者11人)
障害・疾患を持つ受刑者 (平成18年12月31日現在)	精神上の疾病または障害を有するため医療を主として行う刑事施設等に収容する必要があると認められる者(医療刑務所への移送予定者):3人／身体上の疾病または障害を有するため医療を主として行う刑事施設等に収容する必要があると認められる者:0人／発達障害:統計なし
高齢受刑者 (平成19年3月31日現在)	60歳以上:20人(65歳以上統計なし、70歳以上10人、75歳以上統計なし)／最高齢者:資料がなく不明
外国人受刑者 (平成19年3月31日現在)	日本人と異なる処遇を必要とする外国人(F指標):16人／国籍:統計なし／通訳:大阪刑務所国際対策室に依頼するなどする
制限区分 (平成18年12月31日現在)	第1種:0人／第2種:1人／第3種:85人／第4種:18人
優遇措置 (平成18年12月31日現在)	第1類:0人／第2類:1人／第3類:44人／第4類:10人／第5類:18人
女性収容区域廊下の録画	撮影時間:24時間(支所については、収容区域に職員が入っている間)／録画の保管期間:事後の検証を行い、通常2カ月程度保管
女性収容区域の宿直勤務	男性刑務官だけで行うこと:有／暴行が起きないような対策:2人の職員で対応。その間ビデオ撮影を実施
冷暖房	冷房:冷房はないが、居室棟廊下に扇風機を設置／暖房:暖房はないが、居室棟廊下に暖房器具を設置
医師・看護師(平成19年1月1日現在)	医師:常勤3人、非常勤2人(内科2人、外科1人、精神科1人)／看護師:0人／准看護師の資格を持っている刑務官:6人
土曜・日曜・祝日・夜間の当直体制	医師は当直していないが、常に医師あるいは准看護師と連絡が取れる体制にあり、急患に対しても速やかに登庁して対応、病状によっては外部の病院へ搬送
死亡(平成18年)	2人(うち受刑者1人) 年齢:40歳代、70歳代(受刑者)／性別:男性／死亡原因:病気
自殺企図(平成18年)	7人(うち受刑者は0人)
拒食(平成18年)	1人(うち受刑者は0人)。最長172食
医療のための移送 (平成18年)	外部の病院に移送した受刑者数:67人／医療刑務所に移送した受刑者数:27人

指名医による診療	申請：1件／許可：0件
警備用具の使用	0件
拘束衣の使用	0件
保護室への収容（平成18年）	延べ130回、85人、最長19日
障害のある受刑者のための工場（寮内工場）	無
作業後の裸体検査	規律秩序維持上、回答は差し控える
作業報奨金（平成18年）	受刑者1人あたりの月額最高額：13,434円／同最低額：396円／同平均額：3,304円／監査：会計法令に基づき検査
教育的処遇コース	薬物依存離脱指導：6カ月12回の指導、年2回、対象人員5人程度、前年度実施延べ人数は93人 被害者の視点を取り入れた教育：6カ月12回の指導、年2回、対象人員1〜2人程度、前年度実施延べ人数は12人
職業訓練	該当なし
面会・通信等	休日面会：統計なし／親族以外の者の面会許可：統計なし／電話などの電気通信の方法による通信：申請0件
受刑者への懲罰（平成18年12月31日現在）	戒告：16人／作業の10日以内の停止：0人／自弁の物品の使用または摂取の一部または全部の15日以内の停止：0人／書籍の閲覧の一部または全部の15日以内の停止：0人／報奨金計算額の3分の1以内の削減：0人
閉居罰	実施：延べ回数、実人数、最長期間について統計なし 運動：週1〜2回、30分、屋外 入浴：冬季週1回、夏季週1〜2回、15分 姿勢：朝点検後から夕点検まで正座または安座をするよう指導しているが、特に連続して受罰姿勢を続けるような指導はせず。申出により腰伸ばしや足伸ばし等を許可。水を飲むことは申出により許可
受刑者からの苦情	法務大臣に対して申出：4件／監査官に対して申し出：7件／刑事施設の長に対して申出：0件

※　一宮・半田各拘置支所を含む。平成19年8月10日回答。

滋賀刑務所　〒520-8666 滋賀県大津市大平1-1-1

職員体制 （平成19年1月1日現在）	定数：179人／現在職員数：176人／男性刑務官数：162人／女性刑務官数：3人／有給休暇取得日数平均（平成18年度）：5.2日
定員（平成19年3月31日現在）	受刑者：598人／未決拘禁者：145人
入所者数	受刑者：831人（女性5人、無期懲役者0人、労役場留置者10人）／未決拘禁者：76人（女性7人、死刑確定者0人）
障害・疾患を持つ受刑者	精神障害（M指標）：0人／身体上の疾患または障害（P指標）：0人／発達障害：統計なし
高齢受刑者	60歳以上：94人（65歳以上50人、70歳以上27人、75歳以上9人）／最高齢者：80歳／介護を必要とする者：0人
外国人受刑者	日本人と異なる処遇を必要とする外国人（F指標）：0人／通訳：該当があれば大阪刑務所国際対策室に協力を求めることとしている
制限区分 （平成18年12月31日現在）	第1種：0人／第2種：0人／第3種：652人／第4種：9人
優遇措置 （平成18年12月31日現在）	第1類：0人／第2類：52人／第3類：432人／第4類：126人／第5類：51人
女性収容区域廊下の録画	撮影時間：24時間／録画の保管期間：事後の検証を行い、通常15日間保管
女性収容区域の宿直勤務	男性刑務官だけで行うこと：有 暴行が起きないような対策：ビデオカメラ撮影のほか、居室の鍵の取り扱いを厳重にしている
冷暖房	冷房：すべての居室に冷房設備はないが、すべての共同室に扇風機を設置／暖房：すべての居室に暖房設備はないが、すべての居室棟廊下に暖房器具を設置
医師・看護師 （平成19年1月1日現在）	医師：常勤2人、非常勤0人（内科1人、精神科1人）／看護師：0人／准看護師の資格を持っている刑務官：4人
土曜・日曜・祝日・夜間の当直体制	医師は当直していないが、常に連絡が取れる体制にあり、急患にも速やかに登庁して対応。病状によっては外部の病院に搬送
死亡（平成18年）	2人（いずれも受刑者）　年齢：60歳代／性別：男性／死亡原因：病気
自殺企図（平成18年）	0人
拒食（平成18年）	連続して15食以上拒食した者は0人
医療のための移送 （平成18年）	外部の病院に移送した受刑者数：9件9人／医療刑務所に移送した受刑者数：8人
指名医による診療	申請：0件

警備用具の使用(平成18年)	0件
拘束衣の使用(平成18年)	0件
保護室への収容(平成18年)	延べ32回、18人、最長3日間
障害のある受刑者のための工場(寮内工場)	無。高齢受刑者などは一般受刑者と同じ工場で同じ作業をしている
作業後の裸体検査	公表は差し控える
作業報奨金(平成19年3月31日現在)	受刑者1人あたりの月額最高額：18,332円／同最低額：550円／同平均額：2,386円／監査：企画部門(作業)の担当職員および監督者が関係書類を対査、検算している
教育的処遇コース	薬物依存離脱指導：3カ月10回の指導、対象人員15人程度、年4回、前年度実施延べ人数は530人 被害者の視点を取り入れた教育：3カ月10回の指導、対象人員7人程度、年4回、前年度実施延べ人数は153人
職業訓練	畳科：8人、3カ月／木材工芸科：2人、2年
面会・通信等(平成18年)	休日面会：0人／親族以外の者の面会許可：不明／電話などの電気通信の方法による通信：申請2件、許可2件
受刑者への懲罰(平成18年)	戒告：34件／作業の10日以内の停止：0件／自弁の物品の使用または摂取の一部または全部の15日以内の停止：0件／書籍の閲覧の一部または全部の15日以内の停止：1件／報奨金計算額の3分の1以内の削減：0件
閉居罰(平成18年)	実施：延べ449件、実人数・最長期間は差し控える 運動：週に1回30分間、原則として室外 入浴：週1回、15分間 姿勢：朝食終了後から夕食まで正座または安座。昼食時間ほか午前・午後各1回は休憩時間をとらせている。休憩時間帯は楽な姿勢になることを認めている。水は申し出により飲むことができる。
受刑者からの苦情	法務大臣に対して申出：7件／監査官に対して申出：0件／刑事施設の長に対して申出：3件

※　彦根拘置支所を含む。平成19年7月11日回答。

京都刑務所　〒607-8144 京都府京都市山科区東野井ノ上町20

職員体制 (平成19年1月1日現在)	定数（平成18年度）：295人／現在職員数：294人／男性刑務官数：266人／女性刑務官数：3人／有給休暇取得日数平均（平成18年）：5.8日
定員（平成19年3月31日現在、支所を含まず）	受刑者：1,543人／未決拘禁者：0人
入所者数（平成19年3月31日現在、支所を含まず）	受刑者：1,871人（女性0人、無期懲役者0人、労役場留置者19人）／未決拘禁者：0人
障害・疾患を持つ受刑者	精神障害（M指標）：0人／身体上の疾病または障害（P指標）：0人／発達障害：統計なし
高齢受刑者	60歳以上：264人（65歳以上114人、70歳以上43人、75歳以上回答なし）／最高齢者：83歳／介護を必要とする者：0人
外国人受刑者 (平成18年12月31日現在)	日本人と異なる処遇を必要とする外国人（F指標）：185人／通訳：面会人が通訳人を伴ってくる場合がある。中国語に関しては中国語に堪能なスタッフがいるので、同スタッフにより対応／国籍：23カ国
制限区分 (平成18年12月31日現在)	第1種：0人／第2種：20人／第3種：1,750人／第4種：41人
優遇措置 (平成18年12月31日現在)	第1類：0人／第2類：5人／第3類：581人／第4類：551人／第5類：313人
女性収容区域廊下の録画	撮影時間：24時間／録画の保管期間：ハードディスクに60日間以上の映像を録画し、検証後、映像を保存する必要がある場合はビデオテープに保存するが、現在のところ該当事項なし
女性収容区域の宿直勤務	男性刑務官だけで行うこと：有／暴行が起きないような対策：ビデオカメラの設置以外に、居室のほかに扉に南京錠を使用して二重施錠し、取扱いを厳重にしている
冷暖房	冷房：すべての居室に冷房設備はないが、すべての共同室と一部の単独室に扇風機を備え付け／暖房：すべての居室に暖房設備なし
医師・看護師	医師：常勤3人、非常勤0人（内科1人、外科2人）／看護師：1人／准看護師の資格を持っている刑務官：8人
土曜・日曜・祝日・夜間の当直体制	医師は当直していないが常に医師と連絡が取れる体制にあり、急患に対しても速やかに登庁して対応。病状によっては外部の病院に搬送
死亡（平成18年）	3人（すべて受刑者）　年齢：40歳代、50歳代、60歳代／性別：男性／死亡原因：病気
自殺企図（平成18年）	1人（受刑者）
拒食（平成18年）	連続して15食以上拒食したものなし、最長7食
医療のための移送 (平成18年)	外部の病院に移送した受刑者数：13人／医療刑務所に移送した受刑者数：23人
指名医による診療 (平成18年)	申請：1件／許可：0件

警備用具の使用(平成18年)	0件
拘束衣の使用(平成18年)	0件
保護室への収容(平成18年)	延べ235回、105人、最長8日
障害のある受刑者のための工場(寮内工場)	養護工場はないが、高齢受刑者など一般受刑者と集団で行動することが困難な受刑者(養護的処遇を必要とする受刑者)を別室に集めて室内作業を実施。33人
作業後の裸体検査	実施している
作業報奨金	受刑者1人あたりの月額最高額:14,970円／同最低額:251円／同平均額:2591円／監査:作業報奨金の関係書類を通じて、決裁のつど行っている。さらに4半期ごとに1回、作業関係自主点検チェックリストに基づく内部監査を実施
教育的処遇コース	薬物依存離脱指導:3カ月10回の指導、対象人員10人程度、年4回実施、前年度実施延べ人数は270人 暴力団離脱指導:4カ月10回の指導、個別指導、年3回実施、前年度実施延べ人数は10人 被害者の視点を取り入れた教育:5カ月10回の指導、対象人員10人程度、年2回実施、前年度実施延べ人数は60人 交通安全指導:5カ月10回の指導、対象人員10人程度、年2回実施予定
職業訓練	情報処理(OA)科:7人、6カ月、年2回
面会・通信等	休日面会:実施せず／親族以外の者の面会許可(平成18年度):4,188件／電話などの電気通信の方法による通信(平成18年):申請0件
受刑者への懲罰(平成18年)	戒告:203人／作業の10日以内の停止:0人／自弁の物品の使用または摂取の一部または全部の15日以内の停止:0人／書籍の閲覧の一部または全部の15日以内の停止:2,253人／報奨金計算額の3分の1以内の削減:4人
閉居罰(平成18年)	実施:延べ2,253回、実人数統計なし、最長40日間 運動:1日30分以上、戸外 入浴:7日ごとに1回入浴のほか、入浴該当日には拭身を実施 姿勢:朝食終了後から仮就寝まで安座または正座の姿勢。午前の休憩、昼食時、午後の休憩には、特に動作規制は実施しておらず、その時間帯に足を伸ばす等を認める。一般受刑者同様、休憩時間に湯茶を給与して、休憩時間に飲用させている
受刑者からの苦情	法務大臣に対して申出:94件／監査官に対して申出:31件／刑事施設の長に対して申出:178件

※ 以上、特記がない限り舞鶴拘置支所を含む。平成19年8月15日回答。

京都刑務所舞鶴拘置支所　〒624-0854 京都府舞鶴市円満寺字八丁126

定員(平成19年3月31日現在)	受刑者:5人　未決拘禁者:34人
入所者数 (平成19年3月31日現在)	受刑者:10人(女性0人、無期懲役者0人、労役場留置者0人)／未決拘禁者:14人(女性0人、死刑確定者0人)

※ 他の項目については本所参照。平成19年8月15日回答。

大阪刑務所 〒590-0014 大阪府堺市堺区田出井町6-1

職員体制 （2007年1月1日現在）	定数：555人／現在職員数：552人／男性刑務官数：491人／女性刑務官数：6人／有給休暇取得日数平均（平成18年度）：約6日
定員	受刑者：2,729人／未決拘禁者（支所）：146人
入所者数 （2007年3月31日現在）	受刑者：3,014人（女性5人〔支所〕、無期懲役者45人、労役場留置者31人）／未決拘禁者：81人（女性4人〔支所〕、死刑確定者0人）
障害・疾患を持つ受刑者 （2007年3月31日現在）	精神上の疾病または障害を有するため医療を主として行う刑事施設等に収容する必要が認められる者：0人／身体上の疾病または障害を有するため医療を主として行う刑事施設等に収容する必要が認められる者：7人／発達障害：統計なし
高齢受刑者	60歳以上：396人（65歳以上統計なし、70歳以上82人、75歳以上統計なし）／最高齢者：84歳／介護を必要とする者：介護の程度もあり、回答を控える。医療上の措置が必要なものは、病棟に収容
外国人受刑者 （平成19年1月1日現在）	日本人と異なる処遇を必要とする外国人：430人／国籍：43ヵ国／通訳：国際対策室の国際専門官3人と処遇部門のF指標処遇班5人程度の者および民間からの派遣職員により通訳を実施
制限区分 （平成19年4月10日現在）	第1種：0人／第2種：12人／第3種：2,592人／第4種：204人／未指定：214人
優遇措置 （平成19年4月10日現在）	第1類：0人／第2類：57人／第3類：1,523人／第4類：344人／第5類：515人／未指定：583人
女性収容区域廊下の録画	録画が可能な監視カメラを設置し、同カメラの映像を録画し、事後検証を行っている。保管期限等については回答を控える
女性収容区域の宿直勤務	男性刑務官だけで行うこと：本所は男性しか収容されていないが、支所ではある 暴行が起きないような対策：対策は講じている
冷暖房	冷房：各居室内に冷房はないが、共同室や2人収容している単独室には扇風機を設置／暖房：各居室内には暖房器具はないが、居室棟のそれぞれの階の廊下に暖房器具を設置
医師・看護師 （平成19年1月現在）	医師：常勤4人、非常勤0人（内科1人、外科3人）／看護師：0人／准看護師の資格を持っている刑務官：11人
土曜・日曜・祝日・夜間の当直体制	医師は当直していないが、常に医師と連絡が取れる体制にあり、急患にも速やかに登庁して対応。病状によっては外部の病院に搬送
死亡（平成18年度）	7人　年齢：40歳代1人、50歳代2人、60歳代1人、70歳代3人／死亡原因：病気
自殺企図（平成18年）	6人（内訳について回答なし）
拒食	0件

医療のための移送 (平成18年)	外部の病院に移送した受刑者数：16人（入院）／医療刑務所に移送した受刑者数：46人
指名医による診療 (平成18年)	申請：7件／許可：0件
警備用具の使用 (平成18年度)	盾：1件
拘束衣の使用(平成18年度)	0件
保護室への収容 (平成18年度)	延べ568回、実人数は統計なし、最長3日間
障害のある受刑者のための工場（寮内工場）	有。およそ60人
作業後の裸体検査	実施
作業報奨金	受刑者1人あたりの月額最高額：12,433円／同最低額：347円／同平均額：2,926円／監査：適正に処理されるように作業審査会で額の決定をし、施設長に決済を得たうえで支給
教育的処遇	薬物依存離脱指導：3カ月12回の指導、対象人員10人程度、年8回、前年度実施延べ人数は88人 暴力団離脱指導：5カ月9回の指導、個別指導、前年度実施延べ人数は45人 性犯罪再犯防止指導：14回、年2回、前年度実施延べ人数は13人 被害者の視点を取り入れた教育：6カ月12回の指導、年3回、前年度実施延べ人数は12人 就労支援指導（平成19年度から）：対象人員10人程度の予定
職業訓練（平成18年）	木材工芸科：4人／織機調整科：2人、フォークリフト運転科：5人（年3回）
面会・通信等	休日面会：0人／親族以外の者の面会許可：5,608件／電話などの電気通信の方法による通信：申請0件
受刑者への懲罰（新法施行 ～平成18年12月31日現在）	戒告：708件／作業の10日以内の停止：統計なし／自弁の物品の使用または摂取の一部または全部の15日以内の停止：統計なし／書籍の閲覧の一部または全部の15日以内の停止：統計なし／報奨金計算額の3分の1以内の削減：38件
閉居罰 (平成18年12月31日現在)	実施：延べ3,139件、実人数は統計なし、最長について回答なし 運動：7日に1回以上、実質40分、室外 入浴：7日に1回以上、実質15分間。入浴をしない日は湯を配り、タオルで身体を拭かせる 姿勢：朝食から夕点検までの間、安座等。水は飲むことができる。2時間おきにストレッチ等を許可
受刑者からの苦情 (平成18年)	法務大臣に対して申出：156件／監査官に対して申出：84件／刑事施設の長に対して申出：268件

※ 堺・岸和田各拘置支所を含む。平成19年6月8日回答。

大阪医療刑務所　〒590-0014 大阪府堺市堺区田出井町8-80

職員体制 （平成19年1月1日現在）	定数（平成18年度）：146人／現在職員数：146人／男性刑務官数：69人／女性刑務官数：0人／有給休暇取得日数平均（平成18年）：10.3日
定員（平成19年3月31日現在）	受刑者：255人／未決拘禁者：0人
入所者数 （平成19年3月31日現在）	受刑者：154人（女性0人、無期懲役者3人、労役場留置者0人）／未決拘禁者：0人
障害・疾患を持つ受刑者	精神上の疾病または障害を有するため、医療を主として行う刑事施設等に収容する必要がある者：15人／身体上の疾病または障害を有するため、医療を主として行う刑事施設等に収容する必要がある者：89人／発達障害：統計なし
高齢受刑者	60歳以上：35人（65歳以上不明、70歳以上9人、75歳以上不明）／最高齢者：78歳／介護を必要とする者：医療上介護を必要とする者はいるが、高齢のみを理由として介護を必要とする者はない
外国人受刑者 （平成18年12月31日現在）	日本人と異なる処遇を必要とする外国人（F指標）：2人／通訳：必要な場合には大阪刑務所国際対策室に対し職員の応援を依頼／国籍：2カ国
制限区分 （平成18年12月31日現在）	第1種：0人／第2種：9人／第3種：117人／第4種：28人
優遇措置 （平成18年12月31日現在）	第1類：0人／第2類：9人／第3類：70人／第4類：35人／第5類：40人
女性収容区域廊下の録画 （平成18年12月31日現在）	該当なし
女性収容区域の宿直勤務	該当なし
冷暖房	冷房：冷房または扇風機をそれぞれ一部の居室に整備／暖房：暖房は一部の居室に整備。またすべての居室棟廊下に暖房器具を設置
医師・看護師 （平成19年3月31日現在）	医師：常勤14人、非常勤4人（精神科3人、内科4人、外科4人、泌尿器科2人、眼科1人、整形外科1人、耳鼻科1人、皮膚科1人、神経科1人）／看護師：52人／准看護師の資格を持っている刑務官：4人
土曜・日曜・祝日・夜間の当直体制	土曜当直医師1人、日曜祝日当直医師1人、夜間当直医師1人
死亡（平成18年）	61人（すべて受刑者）　年齢：30歳代1人、40歳代8人、50歳代16人、60歳代19人、70歳代17人／性別：男性／死亡原因：病気
自殺企図（平成18年）	3人（すべて受刑者）
拒食（平成18年）	0人

医療のための移送（平成18年）	外部の病院に移送した受刑者数：1件1人／医療刑務所に移送した受刑者数：2人
指名医による診療（平成18年）	申請：0件
警備用具の使用（平成18年）	0件
拘束衣の使用（平成18年）	0件
保護室への収容（平成18年）	延べ26回、26人、最長15日
障害のある受刑者のための工場（寮内工場）	有（3〜5人）
作業後の裸体検査	パンツ着用で実施
作業報奨金	受刑者1人あたりの月額最高額：15,058円／同最低額：61円／同平均額：3650円／監査：内部監査および上級官庁による監査
教育的処遇コース	薬物依存離脱指導：6カ月12回の指導、対象人員は概ね6〜8人、前年度実施延べ人数は68人
職業訓練	該当なし
面会・通信等（平成18年）	休日面会：37件／親族以外の者の面会許可：133件／電話などの電気通信の方法による通信：申請0件
受刑者への懲罰（平成18年）	戒告：12人／作業の10日以内の停止：0人／自弁の物品の使用または摂取の一部または全部の15日以内の停止：0人／書籍の閲覧の一部または全部の15日以内の停止：3人／報奨金計算額の3分の1以内の削減：0人
閉居罰（平成18年）	実施：延べ12回、12人、最長20日間 運動：週1回、40分、室外 入浴：冬季は週1回、夏季は週1.5回、15分以上 姿勢：8時30分〜17時の間で、食事・運動・入浴・用便等を除き居室中央付近で座座するよう指示。必要に応じ足伸ばしやいすに座らせる等の配慮。湯茶は自由に引用できる
受刑者からの苦情	法務大臣に対して申出：4件／監査官に対して申出：2件／刑事施設の長に対して申出：0件

※ 平成19年8月14日回答。

神戸刑務所　〒674-0061 兵庫県明石市大久保町森田120

職員体制（平成19年1月1日現在）	定数：351人／現在職員数：343人／男性刑務官数：312人／女性刑務官数：3人／職員の平均有給休暇取得日数（平成18年度）：6.2日
定員（平成19年3月31日現在）	受刑者：1,801人／未決拘禁者：45人
入所者数（平成19年3月31日現在）	受刑者：2,160人（女性0人、無期懲役者1人、労役場留置者18人）／未決拘禁者：10人（女性1人、死刑確定者0人）
障害・疾患を持つ受刑者（平成19年3月31日現在）	精神上の疾病または障害を有するため、医療を主として行う刑事施設等に収容する必要があると認められる者：0人／身体上の疾患または障害を有するため、医療を主として行う刑事施設等に収容する必要があると認められる者：0人／発達障害：統計なし
高齢受刑者（平成19年3月31日現在）	60歳以上：312人（65歳以上204人、70歳以上95人、75歳以上31人）／最高齢者の年齢：90歳／高齢のため介護を必要とする者：1人
外国人受刑者	日本人と異なる処遇を必要とする外国人（F指標）（平成19年4月25日現在）：188人／通訳：職員で対応できないときは外部委託するほか、大阪刑務所国際対策室に対し職員の応援を依頼／国籍（平成18年12月31日現在）：20カ国
制限区分（平成19年4月25日現在）	第1種：0人／第2種：8人／第3種：2,038人／第4種：61人／指定なし：60人
優遇措置（平成19年4月25日現在）	第1類：0人／第2類：49人／第3類：1,139人／第4類：358人／第5類：194人／指定なし：427人
女性収容区域廊下の録画	撮影時間：24時間／録画の保管期間：3カ月間
女性収容区域の宿直勤務	男性刑務官だけで行うこと：有 暴行が起きないような対策：上記撮影のほか、居室鍵の管理者を支所長およびその代理者に限定
冷暖房	冷房：居室内に冷房設備はないが、共同室内や居室棟内廊下に扇風機を備え付け／暖房：病室など一部の居室に暖房器具を設置
医師・看護師	医師：常勤2人、非常勤0人（内科1人、精神科1人）／看護師：1人／准看護師の資格を持っている刑務官：6人
土曜・日曜・祝日・夜間の当直体制	医師は当直していないが、宅直体制をとって常に連絡が取れる体制にあり、急病に対しても速やかに登庁して対応、病状によっては外部の病院へ搬送
死亡（平成18年）	3人（うち受刑者3人）　年齢：50歳代、60歳代、70歳代／性別：男性／死亡原因：病気
自殺企図	平成18年はないが、平成19年は2人
拒食	連続して15食以上拒食した者は0人
医療のための移送	外部の病院に移送した受刑者数：29人／医療刑務所に移送した受刑者数：25人

指名医による診療	該当なし
警備用具の使用	0件
拘束衣の使用	0件
保護室への収容（平成18年）	延べ529回、実人数は統計なし、最長34日
障害のある受刑者のための工場（寮内工場）	有。70～90人
作業後の裸体検査	工場就業者について実施
作業報奨金 （平成19年3月分）	受刑者1人あたりの月額最高額：23,264円／同最低額：52円／同平均額：2,895円／監査：関係書類に基づき、監督者の決済を受ける
教育的処遇コース	薬物依存離脱指導Ⅰ：5カ月10回の指導、対象人員10人程度、年2回、前年度実施延べ人数は88人 薬物依存離脱指導Ⅱ：2.5カ月5回の指導、対象人員20人、年8回、前年度実施延べ人数は479人 暴力団離脱指導：4カ月8回の指導、対象人員5人程度、年3回実施予定 被害者の視点を取り入れた教育：6カ月12回の指導、対象人員10人程度、年2回実施、前年度実施延べ人数は173人 就労支援指導：5日5回の指導、対象人員10人程度、年4回、前年度実施延べ人数は45人
職業訓練 （平成19年4月現在）	自動車整備科：14人、1年／建設機械科：本年度未実施、4カ月／就職支援科：本年度未実施、1カ月
面会・通信等	休日面会：実績なし／親族以外の者の面会許可（平成18年5月24日～12月31日）：2,179件／電話などの電気通信の方法による通信：申請0件
受刑者への懲罰（平成18年5月24日～12月31日）	戒告：34人／作業の10日以内の停止：0人／自弁の物品の使用または摂取の一部または全部の15日以内の停止：0人／書籍の閲覧の一部または全部の15日以内の停止：1人／報奨金計算額の3分の1以内の削減：11人
閉居罰	実施：延べ1,629件、実人数統計なし、最長60日間 運動：週1回、30分以上、原則として戸外 入浴：週1回、15分、それ以外の入浴日は、ぬれたタオルで拭身 姿勢：正座または安座の姿勢で背筋を伸ばして静かに座り、最長で2時間。水を飲むために着座位置より離れる場合は、原則として職員に申出
受刑者からの苦情	法務大臣に対して申出：5件／監査官に対して申出：88件／刑事施設の長に対して申出：37件

※　洲本・豊岡各拘置支所を含む。

加古川刑務所　〒675-0061 兵庫県加古川市加古川町大野1530

職員体制 (平成19年1月1日現在)	定数：189人／現在職員：182人／男性刑務官数：165人／女性刑務官数：0人／有給休暇取得平均(平成18年)：4.2日
定員(平成19年3月31日現在)	受刑者：1081人／未決拘禁者：0人
入所者数 (平成19年3月31日現在)	受刑者：1258人(女性：0人、無期懲役者：0人、労役場留置者：7人)／未決拘禁者：0人
障害・疾患を持つ受刑者	精神障害(M指標)：0人／身体上の疾患または障害(P指標)：0人／発達障害：統計なし
高齢受刑者	60歳以上：222人(65歳以上66人、70歳以上33人、75歳以上16人)／最高齢者：79歳／介護を必要とする者：6人
外国人受刑者	日本人と異なる処遇を必要とする外国人(F指標)：0人
制限区分 (平成19年5月1日現在)	第1種：7人／第2種：98人／第3種：1,046人／第4種：52人
優遇措置 (平成19年5月1日現在)	第1類：0人／第2類：45人／第3類：752人／第4類：177人／第5類：42人
女性収容区域廊下の録画	該当なし
女性収容区域の宿直勤務	該当なし
冷暖房	冷房：居室内に冷房設備はないが、共同室内および2名収容している単独室内に扇風機を設置／暖房：居室内に暖房器具は設置していないが、居室棟のそれぞれの廊下に暖房器具を設置
医師・看護師 (平成19年1月1日現在)	医師：常勤1人、非常勤：1人(内科1人、精神科1人)／看護師：0人／准看護師の資格を持っている刑務官：4人
土曜・日曜・祝日・夜間の当直体制	医師は当直体制をとっていないが、休日・夜間の急病に備えて、速やかに登庁・対応ができるように常に医師あるいは准看護師との連絡体制をとっている。また病状によっては外部の病院に搬送
死亡(平成18年)	5人(うち受刑者5人) 年齢：70歳代2人、50歳代2人、20歳代1人／性別：男性／死亡原因：病気4人、事故1人
自殺企図	2人(うち受刑者2人)
拒食	連続して15食以上拒食した者なし
医療のための移送 (平成18年)	外部の病院に移送した受刑者数：25人／医療刑務所に移送した受刑者数：20人
指名医による診療 (平成18年)	申請：1件／許可：0件
警備用具の使用(平成18年)	該当なし

拘束衣の使用（平成18年）	該当なし
保護室への収容（平成18年）	延べ162回、39人、最長93時間12分
障害のある受刑者のための工場（寮内工場）	無。共同室内で室内作業を実施
作業後の裸体検査	実施していない
作業報奨金	受刑者1人あたりの月額最高額：15,093円／同最低額：638円／同平均額：2,339円／監査：毎月1回定期的に担当者以外の職員において監査
特別改善指導	薬物依存離脱指導：前年実施延べ人数は260人 被害者の視点にたった指導：前年実施延べ人数は90人 性犯罪再発防止指導：4カ月14単元の指導、対象人員10人程度、前年実施延べ人数15人 交通安全指導：3カ月12単元の指導、対象人員10人程度、前年度実施延べ人数は604人 就労支援指導：5日間10単元の指導、対象者は職業訓練修了者および就労予定先が決定している者、前年度実施延べ人数は140人
職業訓練	ビル設備管理科：9人、6カ月／就労支援コース科：4人、1年／自動車運転科：8人、4カ月、情報処理科：12人、6カ月
面会・通信等（平成18年）	休日面会：該当なし／親族以外の者の面会許可：940人／電話などの電気通信の方法による通信：申請2件、許可2件
受刑者への懲罰（平成18年）	戒告：94人／作業の10日以内の停止：0人／自弁の物品の使用または摂取の一部または全部の15日以内の停止：0人／書籍の閲覧の一部または全部の15日以内の停止：1人／報奨金計算額の3分の1以内の削減：669人
閉居罰（平成18年）	実施：延べ219回、86人、最長30日 運動：7日に1回、30分、室外（雨天除く） 入浴：時期に関係なく週に1回以上、15分実施 姿勢：安座、1時間15分から2時間。水は飲むことができる。安座時の足の組替えおよび用便のための移動を認めている
受刑者からの苦情（平成18年）	法務大臣に対して申出：52件／監査官に対して申出：18件／刑事施設の長に対して申出：15件

※　平成19年6月27日回答。

播磨社会復帰促進センター　〒675-1297 兵庫県加古川市八幡町宗佐544

職員体制（平成20年9月1日現在）	定数：153人／現在職員数：153人／民間企業職員：1日あたり約100人が勤務／男性刑務官数：142人／女性刑務官数：1人／有給休暇取得日数平均（平成19年度）：5.43日
定員（平成20年8月31日現在）	受刑者：1,000人／未決拘禁者：0人
入所者数（平成20年8月31日現在）	受刑者：910人（女性0人、無期懲役者0人、労役場留置者0人）／未決拘禁者：0人（女性0人、死刑確定者0人）
障害・疾患を持つ受刑者（平成20年8月31日現在）	精神障害（M指標）：0人／身体上の疾患または障害（P指標）：0人／発達障害：統計なし
高齢受刑者（平成20年3月31日現在）	60歳以上：46人（65歳以上12人）／最高齢者：67歳／介護を必要とする者：0人
外国人受刑者（平成18年12月31日現在）	日本人と異なる処遇を必要とする外国人（F指標）：0人
制限区分（平成20年3月31日現在）	第1種：0人／第2種：11人／第3種：643人／第4種：0人
優遇措置（平成20年3月末日現在）	第1類：0人／第2類：8人／第3類：297人／第4類：47人／第5類：60人
女性収容区域	該当なし
冷暖房	冷房：居室には冷房設備はないが、共同室には扇風機を備え付けている／暖房：居室には暖房設備はないが、収容棟コア部分に暖房器具を設置している
医師・看護師（平成20年9月1日現在）	医師：常勤2人、非常勤0人（精神科1人、整形外科1人）／看護師：4人／准看護師の資格を持っている刑務官：6人
土曜・日曜・祝日・夜間の当直体制	医師は当直していないが、常に医師あるいは看護師・准看護師と連絡が取れる体制にあり、休日・夜間の急患に対しても速やかに登庁して対応。病状によっては外部の病院に搬送
死亡（平成19年度）	0人
自殺企図（平成19年度）	0人
拒食（平成19年度）	0人
医療のための移送（平成19年度）	外部の病院に移送した受刑者数：2人／医療刑務所に移送した受刑者数：1人
指名医による診療（平成19年度）	申請：0件
警備用具の使用（平成19年度）	0件
拘束衣の使用（平成19年度）	0件

保護室への収容 (平成19年度)	延べ5件、5人、最長24時間28分
障害のある受刑者のための工場（寮内工場）	精神障害または知的障害を有するなど、一定の条件を満たす受刑者については、特化ユニットに収容し、専用のプログラムを実施している。特化ユニットの定員は120人。
作業後の裸体検査	なし
作業報奨金 (平成20年3月31日)	受刑者1人あたりの月額最高額：5,882円／同最低額：456円／同平均額：1,309円／監査：作業報奨金計算額は民間企業・国双方でチェックしている
教育的処遇コース	特別改善指導：薬物依存離脱指導・被害者の視点を取り入れた教育・交通安全指導・就労支援指導 一般改善指導：基礎講座・パートナーシップ指導・父親教育・性的問題指導・飲酒問題指導・社会適応力向上のための教育・特化ユニットSST・特化ユニットクラウニング講座・特化ユニット導入講座・特化ユニットアニマルセラピー そのほか補習教科指導 大部分のコースは10人程度で実施。平成20年度は約1,060人に対して実施予定
職業訓練 (平成20年9月末現在)	アプリケーション・ソフト・スペシャリスト養成科：25人／コンディショニングコーチ養成科：41人／ビルハウス養成科：35人 実施期間は6カ月のものが多いが、通年のものもあり。また在所中に資格取得試験を受けられる
面会・通信等（平成19年度）	休日面会：0件／親族以外の者の面会許可：統計なし／電話などの電気通信の方法による通信：0件
受刑者への懲罰 (平成19年度)	戒告：31人／作業の10日以内の停止：0人／自弁の物品の使用または摂取の一部または全部の15日以内の停止：0人／書籍の閲覧の一部または全部の15日以内の停止：0人／報奨金計算額の3分の1以内の削減：0人
閉居罰（平成19年度）	実施：延べ76回、実人数については統計なし、最長25日 運動：週に1回、30分、屋外 入浴：週に1回、15分 姿勢：安座または正座。連続した姿勢をとるのは最長で約2時間。お茶は申出により飲むことができる
受刑者からの苦情 (平成19年度)	法務大臣に対して申出：2件／監査官に対して申出：0件／刑事施設の長に対して申出：1件

※　平成20年10月14日回答。

和歌山刑務所　〒640-8507 和歌山県和歌山市加納383

職員体制 (平成19年1月1日現在)	定数：202人／現在職員数：191人／男性刑務官数：82人／女性刑務官数：99人／職員の平均有給休暇取得日数（平成18年）：4.1日
定員(平成19年3月31日現在)	受刑者：535人／未決拘禁者：200人
入所者数 (平成19年3月31日現在)	受刑者：745人（女性683人、無期懲役者9人、労役場留置者9人）／未決拘禁者：82人（女性10人、死刑確定者0人）
障害・疾患を持つ受刑者	精神障害（M指標）：0人／身体上の疾患または障害（P指標）：0人／発達障害：統計なし
高齢受刑者	60歳以上：84人（65歳以上把握せず、70歳以上25人、75歳以上把握せず）／最高齢者の年齢：84歳／高齢のため介護を必要とする者：0人
外国人受刑者	日本人と異なる処遇を必要とする外国人（F指標）：85人／通訳：必要なときは大阪刑務所国際対策室に応援を依頼／国籍数（平成18年12月31日現在）：14カ国
制限区分 (平成19年4月10日現在)	第1種：0人／第2種：1人／第3種：623人／第4種：40人
優遇措置 (平成19年4月10日現在)	第1類：0人／第2類：35人／第3類：463人／第4類：56人／第5類：36人
女性収容区域廊下の録画	撮影時間：17時から23時まで／録画の保管期間：必要に応じ検証し、問題がないと判断するまで保管
女性収容区域の宿直勤務	男性刑務官だけで行うこと：無
冷暖房	冷房：冷房器具はないが、共同室には扇風機を設置／暖房：居室棟に暖房器具はない
医師・看護師 (平成19年1月1日現在)	医師：常勤1人、非常勤3人（整形外科1人、産婦人科1人、精神科2人）／看護師：1人／准看護師の資格を持っている刑務官：2人
医師の土曜日曜祝日夜間の当直体制	当直していないが、常に医師あるいは看護師と連絡が取れる体制にあり、休日・夜間の急患に対しても速やかに登庁して対応。また病状によっては外部の病院に搬送
死亡(平成18年)	0人
自殺企図(平成18年)	19人（内訳無回答）
拒食	連続して15食以上不食した者：0人
医療のための移送 (平成18年)	外部の病院に移送した受刑者数：13件13人／医療刑務所に移送した受刑者数：8人
指名医による診療 (平成18年)	申請：5件／許可：0件
警備用具の使用(平成18年)	0件

拘束衣の使用（平成18年）	0件
保護室への収容（平成18年）	延べ141回、141人、最長6日間（旧法時）
障害のある受刑者のための工場（寮内工場）	有。約10人
作業後の裸体検査	実施していない
作業報奨金	受刑者1人あたりの月額最高額：13,572円／同最低額：655円／同平均額：2,515円／監査：作業報奨金の計算については、監督者による確認がなされている
教育的処遇コース	薬物依存離脱指導：3カ月12回の指導、対象人員10人程度、年94回実施、前年実施延べ人数は585人 被害者の視点を取り入れた教育：3カ月12回の指導、対象人員10人程度、年27回実施、前年実施延べ人数263人 交通安全指導：3カ月10回の指導、対象人員10人程度、年26回実施、前年度実施延べ人数は131人 就労支援指導：5日間10回の指導、対象人員10人程度、年20回実施、前年度実施延べ人数は130人
職業訓練	美容科：1人、1年／介護サービス科：6人、6カ月／漆器科：6人、1年／販売サービス科：10人、6カ月
面会・通信等（平成18年）	休日面会：実施せず／親族以外の者の面会許可：680件／電話などの電気通信の方法による通信：申請数0件
受刑者への懲罰（平成18年）	戒告：51人／作業の10日以内の停止：0人／自弁の物品の使用または摂取の一部または全部の15日以内の停止：0人／書籍の閲覧の一部または全部の15日以内の停止：0人／報奨金計算額の3分の1以内の削減：10人
閉居罰	実施：延べ400回、実人数回答なし、20日 運動：おおむね5日に1回、30分、室外 入浴：冬季・夏季を通じておおむね5日に1回、20分 姿勢：正座、安座、椅子に座った姿勢のいずれか、午前7時30分から午後4時40分までの間。ただし食事時間・休憩休息時間は除く。水は原則認めていない（ただし、休憩休息時間等は除く）。受罰の意義を損なわない程度、足を崩すことなどは許可
苦情（平成18年）	法務大臣に対して申出：12件／監査官に対して申出：17件／刑事施設の長に対して申出：19件

※　丸の内・田辺・新宮各拘置支所を含む（但し、これらの支所は平成19年度から大阪刑務所に移管）。平成19年7月11日回答。

姫路少年刑務所　〒670-0028 兵庫県姫路市岩端町438

職員体制（平成19年1月1日現在）	定数：165人／現在職員数：163人／男性刑務官数：147人／女性刑務官数：3人／有給休暇取得日数平均（平成18年）：6.0日
定員（平成19年3月31日現在）	受刑者：435人／未決拘禁者：162人
入所者数（平成19年3月31日現在）	受刑者：550人（女性4人、無期懲役者0人、労役場留置者8人）／未決拘禁者：94人（女性5人、死刑確定者0人）
障害・疾患を持つ受刑者（平成19年3月31日現在）	精神障害（M指標）：0人／身体上の疾患または障害（P指標）：0人／発達障害：統計なし
高齢受刑者（平成19年3月31日現在）	60歳以上：1人（65歳以上1人、70歳以上0人、75歳以上0人）／最高齢者：69歳／介護を必要とする者：0人
外国人受刑者	日本人と異なる処遇を必要とする外国人（F指標）：0人
制限区分（平成19年4月10日現在）	第1種：0人／第2種：10人／第3種：402人／第4種：83人
優遇措置（平成19年4月10日現在）	第1類：0人／第2類：26人／第3類：192人／第4類：138人／第5類：142人
女性収容区域廊下の録画	撮影時間：24時間／録画の保管期間：検証を行い問題がないことを確認するまでは保管、概ね1カ月
女性収容区域の宿直勤務	男性刑務官だけで行うこと：夜間・休日は男性刑務官だけ 暴行が起きないような対策：居室の錠および補助錠は、他の錠とは別の保管庫に保管し、管理責任者を定め、錠の取り扱いを厳重にしている
冷暖房	冷房：各居室内に冷房はないが、共同室には扇風機を設置／暖房：各居室内に暖房器具はないが、居室棟のそれぞれの階の廊下に暖房機器を設置
医師・看護師（平成19年1月1日）	医師：常勤2人、非常勤0人（内科2人）／看護師：0人／准看護師の資格を持っている刑務官：4人
土曜・日曜・祝日・夜間の当直体制	医師は当直していないが、常に医師あるいは准看護師と連絡が取れる体制にあり、急患に対しても速やかに登庁して対応。病状によっては外部の病院に搬送
死亡（平成18年）	0人
自殺企図（平成18年）	1人（内訳記載なし）
拒食（平成18年）	0人
医療のための移送（平成18年）	外部の病院に移送した受刑者数：0人／医療刑務所に移送した受刑者数：2人
指名医による診療（平成18年）	申請：0件

警備用具の使用(平成18年)	0件
拘束衣の使用(平成18年)	0件
保護室への収容(平成18年)	延べ113回、72人、最長95時間54分
障害のある受刑者のための工場(寮内工場)	無。一般受刑者と集団で行動することが困難な受刑者については、単独室内で作業させている
作業後の裸体検査	原則として実施せず
作業報奨金	受刑者1人あたりの月額最高額：12,817円／同最低額：410円／同平均額：1,924円／監査：各個人の作業報奨金計算後、監督者が確認
教育的処遇コース	薬物依存離脱指導：3カ月12単元の指導、対象人員5人程度、年8回実施、前年度実施延べ人数は470人 被害者の視点を取り入れた教育：10単元の指導、個別指導、前年度実施延べ人数は28人 就労支援指導：短期集中10単元の指導、年2回実施、昨年度実施延べ人数は170人 交通安全指導：概ね3カ月10回の指導、対象人員5人程度、年3回実施予定
職業訓練	木工科：5人、1年／溶接科：5人、1年／情報処理科(OA科)：3人、6カ月
面会・通信等(平成18年)	休日面会：0件／親族以外の者の面会許可：359件／電話などの電気通信の方法による通信：申請0件
受刑者への懲罰(平成18年)	戒告：32人／作業の10日以内の停止：0人／自弁の物品の使用または摂取の一部または全部の15日以内の停止：0人／書籍の閲覧の一部または全部の15日以内の停止：0人／報奨金計算額の3分の1以内の削減：3人
閉居罰(平成18年)	実施：延べ380回、実人数は不明、最長50日間 運動：週1～2回、各30分間、屋外。雨天の場合は屋内 入浴：夏季は週2回、冬季は週1回、各15分間 姿勢：単独室内において正座または安座。単独室内の作業時間帯に準じているため、連続して2時間25分が最長。水は作業に従事しているものと同様、休憩・食事時間帯に飲める
受刑者からの苦情(平成18年)	法務大臣に対して申出：0件／監査官に対して申出：8件／刑事施設の長に対して申出：19件

※　姫路拘置支所を含む。平成19年6月5日回答。

奈良少年刑務所　〒630-8102 奈良県奈良市般若寺町18

職員体制（平成19年1月1日現在）	定数：207人／現在職員数：204人／男性刑務官数：171人／女性刑務官数：6人／有給休暇取得日数平均（平成18年度）：12.5日
定員（平成19年3月31日現在。支所含む）	受刑者：685人／未決拘禁者：111人
入所者数（平成19年3月31日現在。支所含む）	受刑者：830人（女性2人、無期懲役者0人、労役場留置者9人）／未決拘禁者：83人（女性：7人、死刑確定者0人）
障害・疾患を持つ受刑者	精神障害（M指標）：0人／身体上の疾患または障害（P指標）：0人／発達障害：統計なし
高齢受刑者（平成19年3月31日現在。支所含む）	60歳以上：6人（65歳以上1人、70歳以上1人、75歳以上1人）／最高齢者：78歳／介護を必要とする者：0人
外国人受刑者	日本人と異なる処遇を必要とする外国人（F指標）：0人
制限区分（平成19年4月10日現在。支所を含む）	第1種：7人／第2種：15人／第3種：736人／第4種：22人
優遇措置（平成19年4月10日現在。支所を含む）	第1類：0人／第2類：16人／第3類：495人／第4類：102人／第5類：58人
女性収容区域廊下の録画	撮影時間：終日／録画の保管期間：監視システムの大容量ハードディスクにデジタル録画しており、ビデオテープとしての保管はない
女性収容区域の宿直勤務	男性刑務官だけで行うこと：有 暴行が起きないような対策：監視用ビデオカメラの設置に加え、女子被収容者の居室扉および食器孔を補助錠の南京錠で施錠
冷暖房	冷房：すべての居室に冷房はないが、すべての共同室および2人拘禁している単独室に扇風機を備え付け／暖房：なし
医師・看護師（平成19年1月1日現在。支所含む）	医師：常勤1人、非常勤2人（内科1人、外科1人、精神科1人）／看護師：0人／准看護師の資格を持っている刑務官：4人
土曜・日曜・祝日・夜間の当直体制	医師は当直していないが、常に医師または准看護師と連絡が取れる体制にあり、急患に対しても速やかに登庁して対応。病状によっては外部の病院へ搬送
死亡（平成18年）	0人
自殺企図（平成18年）	3人（うち受刑者2人）
拒食（平成18年）	連続して15食以上の拒食者数：1人。17食
医療のための移送（平成18年）	外部の病院に移送した受刑者数：2件2人／医療刑務所に移送した受刑者数：5人
指名医による診療	申請：0件
警備用具の使用（平成18年）	0件

拘束衣の使用（平成18年）	0件
保護室への収容（平成18年）	延べ47回、28人、最長69時間30分
障害のある受刑者のための工場（寮内工場）	有。約34人（ただし、障害を持つ受刑者のみではなく、一般工場であっても可能な受刑者も衛生係・経理係などとして作業している）
作業後の裸体検査	実施せず
作業報奨金	受刑者1人あたりの月額最高額：12,656円／同最低額：444円／同平均額：2,204円／監査：毎月1回実施
教育的処遇コース	薬物依存離脱指導：3カ月12回の指導、対象人員15人程度、年4回実施、前年度実施延べ人数は58人 被害者の視点を取り入れた教育：少年受刑者に対して12カ月12回の指導、対象人員8人程度、年1回実施、前年度実施延べ人数8人。成人受刑者に対して新たに3カ月6回の指導、対象人員4人程度、年4回実施予定 交通安全指導：3カ月6回の指導、対象人員5人程度、年4回実施、前年度実施延べ人数は17人 就労支援指導：2週間4回の指導、対象人員13人程度、年20回実施、前年度実施延べ人数は265人
職業訓練	塑性加工科：24人、1年／溶接科：8人、6カ月／配管科：16人、1年／クリーニング科：12人、6カ月／機械加工科：20人、1年／電気工事科：20人、1年／木造建築科：24人、1年／木造工芸科：20人、1年／製版科：10人、1年／ホームヘルパー科：10人、6カ月／左官科：40人、1年／理容科：10人、2年／短期理容科：2人、3カ月／ソフトウェア管理科：10人、6カ月／園芸科：10人、1年
面会・通信等	休日面会（平成18年）：0件／親族以外の者の面会許可（法施行～平成18年12月31日）：764件／電話などの電気通信の方法による通信：申請0件
受刑者への懲罰（平成18年。支所を含む）	戒告：30件（叱責含む）／作業の10日以内の停止：0件／自弁の物品の使用または摂取の一部または全部の15日以内の停止：0件／書籍の閲覧の一部または全部の15日以内の停止：132件（すべて軽屏禁併科分の文書図画閲読禁止）／報奨金計算額の3分の1以内の削減：17件（作業賞与金計算高の減削を含む。うち1件は閉居罰併科、1件は軽屏禁罰併科）
閉居罰（平成18年。支所を含む）	実施：延べ232回、実人数は計上不能、最長50日 運動：室外運動は原則として7日に1回、30分 入浴：冬季は週に1回、15分。夏季は週に2回、15分および10分 姿勢：安座または正座。平日は概ね午前8時～午後6時（食事・用便・入浴・運動などを除く）、休日は概ね午前8時20分～午後6時（食事・用便・入浴などを除く）。水は申し出により飲むことができる
受刑者からの苦情	法務大臣に対して申出：3件／監査官に対して申出：1件／刑事施設の長に対して申出：8件

※　葛城拘置支所を含む。平成19年7月11日回答。

京都拘置所　〒612-8418 京都府京都市伏見区竹田向代町138

職員体制（平成19年1月1日現在）	定数：136人／現在職員数：135人／男性刑務官数：123人／女性刑務官数：7人／有給休暇取得日数平均（平成18年）：5.8日
定員（平成19年3月31日現在）	受刑者：106人／未決拘禁者：346人
入所者数（平成19年3月31日現在）	受刑者：179人（女性0人、無期懲役者0人、労役場留置者5人）／未決拘禁者：235人（女性13人、死刑確定者0人）
障害・疾患を持つ受刑者	精神上の疾病または障害を有するため、医療を主として行う刑事施設等に収容する必要がある者：0人／身体上の疾病または障害を有するため、医療を主として行う刑事施設等に収容する必要がある者：0人／発達障害：統計なし
高齢受刑者（平成19年3月31日現在）	60歳以上：12人（65歳以上3人、70歳以上1人、75歳以上0人）／最高齢者：70歳／介護を必要とする者：0人
外国人受刑者（平成19年4月30日現在）	日本人と異なる処遇を必要とする外国人：6人（受刑者1人、未決拘禁者5人）／国籍：3カ国
制限区分（平成19年4月10日現在）	第1種：0人／第2種：0人／第3種：47人／第4種：0人
優遇措置（平成19年4月10日現在）	第1類：0人／第2類：27人／第3類：13人／第4類：0人／第5類：0人
女性収容区域廊下の録画	撮影時間：24時間／録画の保管期間：回答を控える
女性収容区域の宿直勤務	男性刑務官だけで行うこと：有 暴行が起きないような対策：対策は講じている
冷暖房	冷房：居室内に冷房はないが、共同室には扇風機を設置しているほか、各居室棟廊下には大型扇風機を設置して、通風を確保／暖房：居室内に暖房器具はない
医師・看護師（平成19年1月現在）	医師：常勤2人、非常勤1人（内科1人、外科1人）／看護師：0人／准看護師の資格を持っている刑務官：4人
土曜・日曜・祝日・夜間の当直体制	医師は当直していないが、常に医師と連絡が取れる体制にあり、急患に対しても非常勤医師または准看護師が登庁して対応、病状によっては外部の病院へ搬送
死亡（平成18年）	1人（受刑者）　年齢：40歳代／性別：男性／死亡原因：病気
自殺企図（平成18年）	0人（うち受刑者は2人）
拒食（平成18年）	15食以上続けて拒食した者は1人（内訳は無回答）。最長1,535食（平成17年から継続）
医療のための移送（平成18年）	外部の病院に移送した受刑者数：入院4人／医療刑務所に移送した受刑者数：0人

指名医による診療 （平成18年）	申請：6件／許可：0件
警備用具の使用（平成18年）	0件
拘束衣の使用（平成18年）	0件
保護室への収容（平成18年）	延べ59回、59人、最長5日
障害のある受刑者のための工場（寮内工場）	無。移送待ち受刑者は居室内作業
作業後の裸体検査	実施せず
作業報奨金	受刑者1人あたりの月額最高額：17,000円／同最低額：600円／同平均額：2,700円／監査：毎月検査官を指名して実施
教育的処遇コース	被害者の視点を取り入れた教育：前年度実施延べ人数は6人 薬物依存離脱指導：5カ月10回の指導、対象人員4人程度、年1回実施予定 交通安全指導：実施予定
職業訓練	該当なし
面会・通信等（平成18年）	休日面会：0件／親族以外の者の面会許可：統計なし。多数ある／電話などの電気通信の方法による通信：申請0件
受刑者への懲罰（平成18年）	戒告：3人／作業の10日以内の停止：0人／自弁の物品の使用または摂取の一部または全部の15日以内の停止：0人／書籍の閲覧の一部または全部の15日以内の停止：0人／報奨金計算額の3分の1以内の削減：0人
閉居罰	実施：延べ回数・実人数は統計なし、最長25日間 運動：週1回、30分、屋外 入浴：週1回、15分 姿勢：朝食終了後から仮就寝時まで安座。トイレに行くのは自由、休憩時間も確保。水は自由に飲むことができる。
受刑者からの苦情 （平成18年）	法務大臣に対して申出：3件／監査官に対して申出：3件／刑事施設の長に対して申出：4件

※　平成19年6月1日回答。

大阪拘置所　〒534-8585 大阪府大阪市都島区友渕町1-2-5

職員体制 （平成19年1月1日現在）	定数：480人／現在職員数：470人／男性刑務官数：411人／女性刑務官数：31人／職員の平均有給休暇取得日数（平成18年度）：5.1日
定員（平成19年3月31日現在）	受刑者：694人／未決拘禁者：1,426人
入所者数 （平成19年3月31日現在）	受刑者：709人（女性103人、無期懲役者7人、労役場留置者32人）／未決拘禁者：1,141人（女性82人、死刑確定者22人）
障害・疾患を持つ受刑者	精神障害（M指標）：0人／身体上の疾患または障害（P指標）：0人／発達障害：統計なし
高齢受刑者 （平成19年3月31日現在）	60歳以上：68人（65歳以上15人／70歳以上11人／75歳以上3人）／最高齢者の年齢：80歳／高齢のため介護を必要とする者：0人
外国人受刑者 （平成19年3月31日現在）	日本人と異なる処遇を必要とする外国人（F指標）：14人／通訳：大阪刑務所国際対策室に職員の応援を依頼したり、ボランティア・大使館等に依頼したりする／国籍：4カ国
制限区分 （平成19年4月10日現在）	第1種：1人／第2種：0人／第3種：187人／第4種：0人
優遇措置 （平成19年4月10日現在）	第1類：0人／第2類：21人／第3類：138人／第4類：20人／第5類：1人
女性収容区域廊下の録画	撮影時間：24時間／録画の保管期間：事後の検証を行い、必要があると認めるときにビデオテープに録画し3年間保管
女性収容区域の宿直勤務	男性刑務官だけで行うこと：無
冷暖房	冷房：一部の居室にに扇風機を設置／暖房：なし
医師・看護師 （平成19年1月1日現在）	医師：常勤8人、非常勤0人（内科3人、外科3人、精神科1人、歯科1人）／看護師：4人／准看護師の資格を持っている刑務官：7人
土曜・日曜・祝日・夜間の当直体制	医師は当直していないが、常に医師と連絡が取れる体制にあり、急患に対しても速やかに登庁して対応、病状によっては外部の病院へ搬送。准看護師は当直あり
死亡	3人（うち受刑者2人）　50歳代、男性事故死、60歳代男性病死（以上、受刑者）、50歳代男性病死
自殺企図	9人（うち受刑者2人）
拒食	連続して15食以上拒食した者は3人（うち受刑者1人）、最長34食
医療のための移送	外部の病院に移送した受刑者数：3件3人／医療刑務所に移送した受刑者数：0人
指名医による診療	申請：0件
警備用具の使用	0件（盾については統計なし）
拘束衣の使用	0件

保護室への収容	延べ385回、171人、最長245時間52分
障害のある受刑者のための工場（寮内工場）	無
作業後の裸体検査	実施せず
作業報奨金	受刑者1人あたりの月額最高額：15,018円／同最低額：611円／同平均額：3,953円／監査：担当者が処理した作業報奨金計算高を、複数の職員が確認等している
教育的処遇コース	薬物依存離脱指導：3カ月9回の指導、年4クール、前年度実施延べ人数は162人 被害者の視点を取り入れた教育：10カ月10回の指導、年1クール、前年度実施延べ人数は20人
職業訓練	該当なし
面会・通信等	休日面会：実施せず／親族以外の者の面会許可：統計なし／電話などの電気通信の方法による通信：申請0件
受刑者への懲罰	戒告：8人（叱責4人）／作業の10日以内の停止：0人／自弁の物品の使用または摂取の一部または全部の15日以内の停止：0人／書籍の閲覧の一部または全部の15日以内の停止：0人（ただし併科した者は64人）／報奨金計算額の3分の1以内の削減：0人
閉居罰	実施：延べ113件、113人、最長30日間 運動：7日目ごとに1回、30分、室外 入浴：懲罰言渡し後、入浴該当日の2回目ごと。入浴該当日で入浴しない日は湯を支給し、身体拭き。入浴は15分 姿勢：朝食終了後から夕配食時まで、正座または安座で座るよう指導。食事や日常生活に必要な用を足すときは、体を動かすことができる。水は飲むことができる
受刑者からの苦情	法務大臣に対して申出：5件／監査官に対して申出：9件／刑事施設の長に対して申出：15件

※　特記がない限り、平成18年のデータ。平成19年8月17日回答。

神戸拘置所	〒651-1124 兵庫県神戸市北区ひよどり北町2-1
職員体制 （平成19年1月1日現在）	定数（平成18年度）：178人／現在職員数：175人／男性刑務官数：163人／女性刑務官数：7人／有給休暇取得日数平均（平成18年）：5.6日
定員（平成19年3月現在）	受刑者：188人／未決拘禁者：469人
入所者数 （平成19年3月現在）	受刑者：258人（女性30人、無期懲役者0人、労役場留置者10人）／未決拘禁者：198人（女性10人、死刑確定者0人）
障害・疾患を持つ受刑者 （平成19年3月31日現在）	精神障害（M指標）：0人／身体上の疾病または障害（P指標）：0人／発達障害：統計なし
高齢受刑者	60歳以上：0人／最高齢者：57歳／介護を必要とする者：0人
外国人受刑者	日本人と異なる処遇を必要とする外国人：0人
制限区分 （平成19年4月10日現在）	第1種：0人／第2種：0人／第3種：65人／第4種：0人
優遇措置 （平成19年4月10日現在）	第1類：0人／第2類：13人／第3類：39人／第4類：4人／第5類：2人
女性収容区域廊下の録画	撮影時間：24時間／録画の保管期間：2カ月保管
女性収容区域の宿直勤務	男性刑務官だけで行うこと：有 暴行が起きないような対策：女子職員が退庁後は、男子職員は扉および窓を施錠し、接触できない状態にしている。なお監督当直者が当該鍵を保管し、厳重に管理
冷暖房	冷房：居室棟に冷房設備はない／暖房：居室棟には暖房設備はない
医師・看護師 （平成19年1月1日現在）	医師：常勤3人、非常勤1人（内科）／看護師：0人／准看護師の資格を持っている刑務官：5人
土曜・日曜・祝日・夜間の当直体制	医師は当直していないが、常に医師あるいは准看護師と連絡が取れる体制にあり、急患に対しても速やかに登庁して対応、病状によっては外部の病院へ搬送
死亡（平成18年）	2人（うち受刑者0人）　年齢：20歳代、50歳代／性別：男性／死亡原因：病気、事故
自殺企図（平成18年）	1人（うち受刑者は0人）
拒食（平成18年）	1人（受刑者）。最長28食
医療のための移送 （平成18年）	外部の病院に移送した受刑者数：3人／医療刑務所に移送した受刑者数：0人
指名医による診療 （平成18年）	申請：1件／許可：0件
警備用具の使用（平成18年）	0件

拘束衣の使用（平成18年）	0件
保護室への収容（平成18年）	延べ55回、55人、最長7日
障害のある受刑者のための工場（寮内工場）	無
作業後の裸体検査	実施せず
作業報奨金	受刑者1人あたりの月額最高額：13,262円／同最低額：512円／同平均額：1,691円／監査：定期的に幹部職員により、作業報奨金等の取扱い状況について検査し、検査結果を所長に報告
教育的処遇コース	薬物依存離脱指導：5カ月10回の指導、対象人員12人程度、前年度実施延べ人数は50人
職業訓練	該当なし
面会・通信等（平成18年）	休日面会：0件／親族以外の者の面会許可：745件／電話などの電気通信の方法による通信：申請0件
受刑者への懲罰（平成18年）	戒告：15人／作業の10日以内の停止：0人／自弁の物品の使用または摂取の一部または全部の15日以内の停止：0人／書籍の閲覧の一部または全部の15日以内の停止：0人／報奨金計算額の3分の1以内の削減：0人
閉居罰（平成18年）	実施：延べ24件、24人、最長30日間 運動：週1回、30分、室外 入浴：冬季週1回、夏季週2回、15分 姿勢：朝食終了時から仮就寝まで正座または安座。食事、洗面、用便等のほか、自由に立範囲で手足を動かすことを認める。水は自由に飲むことができる
受刑者からの苦情（平成18年）	法務大臣に対して申出：3件／監査官に対して申出：5件／刑事施設の長に対して申出：1件

※ 尼崎拘置支所を含む。平成19年7月12日回答。

鳥取刑務所　〒680-1192 鳥取県鳥取市下味野719

職員体制 （平成19年3月31日現在）	定数：158人／現在職員数：153人／男性刑務官数：140人／女性刑務官数：4人／有給休暇取得日数平均（平成18年12月31日現在）：4.05日
定員（平成19年3月31日現在）	受刑者：660人／未決拘禁者：95人
入所者数 （平成19年3月31日現在）	受刑者：730人（女性2人、無期懲役者0人、労役場留置者5人）／未決拘禁者：28人（女性2人、死刑確定者0人）
障害・疾患を持つ受刑者 （平成18年12月31日現在）	精神障害（M指標）：0人／身体上の疾患または障害（P指標）：5人／発達障害：統計なし
高齢受刑者 （平成19年3月31日現在）	60歳以上：97人（65歳以上37人、70歳以上12人、75歳以上3人）／最高齢者：78歳／介護を必要とする者（平成18年12月31日現在）：0人
外国人受刑者 （平成18年12月31日現在）	日本人と異なる処遇を必要とする外国人（F指標）：0人
制限区分 （平成19年4月10日現在）	第1種：0人／第2種：33人／第3種：573人／第4種：75人／未設定：56人
優遇措置 （平成19年4月10日現在）	第1類：0人／第2類：69人／第3類：326人／第4類：128人／第5類：59人／未設定：155人
女性収容区域廊下の録画	撮影時間：24時間／録画の保管期間：定期的に検証を行うことにしており、必要のあるものについては3年間保存
女性収容区域の宿直勤務 （平成18年12月31日現在）	男性刑務官だけで行うこと：夜間は男性刑務官が勤務 暴行が起きないような対策：居室鍵のほかに、居室の窓および食器口を南京錠で施錠した上、鍵は監督者が保管し、男性勤務者が単独で開けることができないようにしているほか、職員の視察状況をビデオカメラで撮影
冷暖房 （平成18年12月31日現在）	冷房：冷房はないが、すべての共同室および2人収容している単独室に扇風機を設置。また居室棟のそれぞれの廊下にも扇風機を設置／暖房：各居室の内部の暖房器具はないが、居室棟のそれぞれの廊下に暖房器具を設置
医師・看護師 （平成19年1月1日現在）	医師：常勤1人、非常勤1人（内科1人、外科1人）／看護師：0人／准看護師の資格を持っている刑務官：5人
土曜・日曜・祝日・夜間の当直体制	医師による当直体制はないが、有事には直ちに電話連絡が取れるようにしている。病状によっては外部の病院に搬送も
死亡 （平成18年12月31日現在）	2人（いずれも受刑者）　年齢：30歳代1人、60歳代1人／性別：男性／死亡原因：病気
自殺企図 （平成18年12月31日現在）	3件（内訳回答なし）
拒食 （平成18年12月31日現在）	自らの意思で連続15食以上拒食したものはいない。最も長期の拒食は13食

医療のための移送 (平成18年12月31日現在)	外部の病院に移送した受刑者数：11人／医療刑務所に移送した受刑者数：4人
指名医による診療 (平成18年12月31日現在)	申請：0件
警備用具の使用 (平成18年12月31日現在)	0件
拘束衣の使用 (平成18年12月31日現在)	0件
保護室への収容 (平成18年12月31日現在)	延べ53回、22人、最長9日間
障害のある受刑者のための工場（寮内工場） (平成18年12月31日現在)	無。障害の程度に応じて作業内容も違う
作業後の裸体検査	実施
作業報奨金	受刑者1人あたりの月額最高額：16,630円／同最低額：655円／同平均額：2,912円／監査：当該被収容者を担当する職員が個々の作業時間を計算し、個々の作業時間・単価を統計係職員において作業報奨金額を算出し、監督職員がこれをチェック
特別改善指導 (平成18年12月31日現在)	薬物依存離脱指導：（ただし前年実施実績なし） 暴力団離脱指導：5カ月5回の指導、前年実施延べ人数35人 酒害教育：（ただし前年実施実績なし）
職業訓練 (平成18年12月31日現在)	フォークリフト運転科：6人、2カ月、年2回実施
面会・通信等 (平成18年12月31日現在)	休日面会：0人（ただし申し出があれば個々に判断）／親族以外の者の面会許可：598件／電話などの電気通信の方法による通信：0件
受刑者への懲罰 (平成18年12月31日現在)	戒告：50人／作業の10日以内の停止：0人／自弁の物品の使用または摂取の一部または全部の15日以内の停止：0人／書籍の閲覧の一部または全部の15日以内の停止：13人／報奨金計算額の3分の1以内の削減：366人
閉居罰 (平成18年12月31日現在)	実施：延べ704回、324人、最長40日 運動：初回は執行を開始した翌日に実施、執行を開始した日の翌日が休庁日等の場合は翌執務日に実施、以後1週間に1回 入浴：初回は執務を開始した日の翌日以降の最初の入浴該当日に実施、以後入浴該当日の2回目ごとに実施 姿勢：おおむね受刑者の作業時間帯に、部屋の中央付近で壁側を向いて安座または正座。不体裁な姿勢をしないように指導。水は申し出により飲むことができる。休憩・休息時間のほか、用便および、着座したままでの投足、背伸び等の動作を認める
受刑者からの苦情 (平成18年12月31日現在)	法務大臣に対して申出：84件／監査官に対して申出：38件／刑事施設の長に対して申出：24件

※ 特記がない限り、平成18年1月1日～12月31日のデータ。平成19年7月11日回答。

松江刑務所　〒690-8554 島根県松江市西川津町67

職員体制 (平成19年1月1日現在)	定数(平成18年度)：本所151人、支所10人／現在職員数：本所147人、支所10人／男性刑務官数：本所136人、支所9人／女性刑務官数：本所2人、支所1人／有給休暇取得日数平均(平成18年度)：本所3.5日、支所1.8日
定員(平成19年3月31日現在)	受刑者：本所976人、支所2人／未決拘禁者：本所52人、支所23人
入所者数 (平成19年3月31日現在)	受刑者：本所798人(女性3人、無期懲役者0人、労役場留置者7人)、支所1人(女性0人、無期懲役者0人、労役場留置者0人)／未決拘禁者：本所30人(女性2人、死刑確定者0人)、支所7人(女性2人、死刑確定者0人)
障害・疾患を持つ受刑者	精神障害(M指標)：0人／身体医療上の配慮を要する者：4人／発達障害：統計なし
高齢受刑者 (平成19年3月31日現在)	60歳以上：本所122人(65歳以上62人、70歳以上19人、75歳以上4人)、支所0人／最高齢者：78歳／介護を必要とする者：0人
外国人受刑者 (平成18年12月31日現在)	日本人と異なる処遇を必要とする外国人(F指標)：0人／通訳：関係機関等に通訳人の紹介を依頼して手配
制限区分 (平成18年12月31日現在)	第1種：0人／第2種：2人／第3種：670人／第4種：58人
優遇措置 (平成18年12月31日現在)	第1類：0人／第2類：16人／第3類：321人／第4類：99人／第5類：105人
女性収容区域廊下の録画	撮影時間：24時間／録画の保管期間：必要と認める画像の記録媒体は3年間保存
女性収容区域の宿直勤務	男性刑務官だけで行うこと：夜間は男性刑務官が勤務 暴行が起きないような対策：居室の開扉および連行は複数の刑務官で行うこと。居室窓および食器口を南京錠で施錠していること。職員の視察状況をビデオカメラで撮影していることなど
冷暖房	冷房：居室内に冷房機器はないが、共同室および2人収容している単独室には扇風機を設置、居室棟の廊下にも扇風機を設置／暖房：居室内に暖房器具はないが、居室棟のそれぞれの廊下には暖房器具を設置
医師・看護師 (平成19年1月1日現在)	医師：常勤1人(本所)、非常勤0人(内科1人)支所にはおらず／看護師：0人／准看護師の資格を持っている刑務官：本所4人／支所1人
土曜・日曜・祝日・夜間の当直体制	医師は当直していないが常に医師あるいは准看護師と連絡が取れる体制にあり、急患にも速やかに登庁して対応。病状によっては外部の病院に搬送
死亡	1人(受刑者)　年齢：50歳代／性別：男性／死亡原因：病気
自殺企図	0人

拒食	連続して15食以上拒食した者は3人。最高連続74食（ただし、その間に点滴等医療上必要な措置を実施）
医療のための移送	外部の病院に移送した受刑者数：184人（外部医療機関における診察・治療実施人員を含む）／医療刑務所に移送した受刑者数：8人
指名医による診療	申請：2件／許可：0件
警備用具の使用	0件
拘束衣の使用	0件
保護室への収容	延べ45回、29人、最長5日間
障害のある受刑者のための工場（寮内工場） （平成19年3月31日現在）	無。一般受刑者と同じ工場で作業
作業後の裸体検査	原則として実施せず
作業報奨金	受刑者1人あたりの月額最高額：10,072円／同最低額：561円／同平均額：2,3377円／監査：定期または臨時に検査
教育的処遇	薬物依存離脱指導：3カ月12回の指導、対象人員10人程度、年4回、前年度実施延べ人数は90人 被害者の視点を取り入れた教育（平成19年度予定）：3カ月12回の指導、年4回 暴力団離脱指導・就労支援指導も検討中
職業訓練	フォークリフト運転技能講習：5人、2カ月
面会・通信等	休日面会：0人／親族以外の者の面会許可：300件（新法施行後）／電話などの電気通信の方法による通信：0件
受刑者への懲罰 （平成18年12月31日現在）	戒告：107件／書籍の閲覧の一部または全部の15日以内の停止：9件／報奨金計算額の削減：15件
閉居罰	実施：延べ787件、実人数は回答なし、最長は軽屏禁60日 運動：原則として5日ごと30分間、室外 入浴：原則として5日ごと15分間 姿勢：おおむね部屋の中央において房扉側を向いて正座または安座、不体裁な姿勢をしないよう指導。姿勢等に関する特段の指示や強制はない。水を飲むことは禁止していない。午前・昼・午後の休憩を確保
受刑者からの苦情	法務大臣に対して申出：39件／監査官に対して申出：31件／刑事施設の長に対して申出：119件

※　米子拘置支所を含む。特記がない限り、平成18年1月1日～12月31日のデータ。平成19年5月29日回答。

岡山刑務所　〒701-2141 岡山県岡山市北区牟佐765

職員体制	定数：208人／現在職員数：207人／男性刑務官数：186人／女性刑務官数：5人／有給休暇取得日数平均（平成18年）：3.8日
定員	受刑者：611人／未決拘禁者：270人
入所者数	受刑者：906人（女性6人、無期懲役者252人、労役場留置者15人）／未決拘禁者：151人（女性17人、死刑確定者0人）
障害・疾患を持つ受刑者	精神障害（M指標）：0人／身体上の疾患または障害（P指標）：0人／発達障害：統計なし
高齢受刑者 （平成19年3月31日現在）	60歳以上：166人（65歳以上45人、70歳以上29人、75歳以上15人）／最高齢者：86歳／介護を必要とする者（平成18年次）：0人
外国人受刑者	日本人と異なる処遇を必要とする外国人（F指標）：0人
制限区分	第1種：0人／第2種：2人／第3種：761人／第4種：5人
優遇措置	第1類：0人／第2類：95人／第3類：526人／第4類：108人／第5類：39人
女性収容区域廊下の録画	撮影時間：24時間／録画の保管期間：検証を行い、異常がなければ62時間ごとに上書きされている。保存が必要と認められたものについては、3年間保存
女性収容区域の宿直勤務	男性刑務官だけで行うこと：有 暴行が起きないような対策：夜間は男性刑務官が勤務しているが、居室の窓・食器孔および房扉を施錠し、鍵はすべて監督当直者が保管。職員の視察状況をテレビカメラで撮影
冷暖房	冷房：居室内に冷房はないが、共同室および2人収容している単独室には扇風機を設置。居室棟の廊下にも扇風機を設置／暖房：居室内に暖房器具はないが、居室棟の廊下には暖房機器を設置
医師・看護師	医師：常勤3人、非常勤1人（常勤3人は外科、非常勤は精神科）／看護師：0人／准看護師の資格を持っている刑務官：4人
土曜・日曜・祝日・夜間の当直体制	医師は当直していないが、常に医師・准看護師と連絡が取れる体制にあり、急患に対しても速やかに登庁して対応。病状によっては外部の病院に搬送
死亡	0人
自殺企図	6人（うち受刑者4人）
拒食	連続して15食以上拒食した者は1人。21食
医療のための移送	外部の病院に移送した受刑者数：14件12人／医療刑務所に移送した受刑者数：22人
指名医による診療	0件

警備用具の使用	0件
拘束衣の使用	0件
保護室への収容	延べ93回、41人、最長19日19時間17分
障害のある受刑者のための工場（寮内工場）	高齢受刑者など、一般受刑者と集団で行動することが困難な受刑者に対して養護工場を設置。5人
作業後の裸体検査	原則として実施せず
作業報奨金	受刑者1人あたりの月額最高額：16,546円／同最低額：609円／同平均額：5,189円／監査：適時、経理検査等を実施
教育的処遇コース	薬物依存離脱指導：6カ月6回の指導、対象人員3人、年1回実施 被害者の視点を取り入れた教育：6カ月10回の指導、対象人員111人を9コースにわけ、年1回実施 就労支援指導：1カ月10回の指導、対象人員10人、年2回実施、昨年度実施延べ人数は20人 交通安全指導：6カ月10回の指導、対象人員5人程度、年1回実施予定
職業訓練	農業園芸科：10人、1年
面会・通信等	休日面会：0件／親族以外の者の面会許可：統計なし／電話などの電気通信の方法による通信：申請0件
受刑者への懲罰 （平成18年12月31日現在）	戒告：26人／作業の10日以内の停止：0人／自弁の物品の使用または摂取の一部または全部の15日以内の停止：0人／書籍の閲覧の一部または全部の15日以内の停止：1人／報奨金計算額の3分の1以内の削減：0人
閉居罰	実施：延べ169回、実人数は統計なし、最長25日間 運動：原則として週1回、30分間 入浴：原則として週1回、15分間 姿勢：おおむね受刑者の作業時間中、室内の中央付近にて房扉側を向き正座または安座し、不体裁な姿勢をしないよう指導。足の組み換えは自由。水は職員に申出をして飲んでいる
受刑者からの苦情	法務大臣に対して申出：3件／監査官に対して申出：3件／刑事施設の長に対して申出：17件

岡山刑務所津山拘置支所　〒708-0006 岡山県津山市小田中61-1

職員体制	定数：12人／現在職員数：12人／男性刑務官数：11人／女性刑務官数：1人／有給休暇取得日数平均（平成18年）：3.0日
定員	受刑者：0人／未決拘禁者：38人
入所者数	受刑者：11人（女性0人、無期懲役者0人、労役場留置者1人）／未決拘禁者：8人（女性0人、死刑確定者0人）
障害・疾患を持つ受刑者	精神障害（M指標）：0人／身体上の疾患または障害（P指標）：0人／発達障害：統計なし
高齢受刑者 （平成19年3月31日現在）	60歳以上：0人
外国人受刑者	日本人と異なる処遇を必要とする外国人（F指標）：0人
制限区分	第1種：0人／第2種：0人／第3種：3人／第4種：0人
優遇措置	第1類：0人／第2類：0人／第3類：3人／第4類：0人／第5類：0人
女性収容区域廊下の録画	撮影時間：24時間／録画の保管期間：検証を行ったうえで、必要なものは3年間
女性収容区域の宿直勤務	男性刑務官だけで行うこと：夜間は男性刑務官が勤務 暴行が起きないような対策：居室の窓および食器孔を南京錠等で施錠しているほか、職員の視察状況をビデオカメラで撮影
冷暖房	冷房：居室内に冷房はないが、共同室・居室棟の廊下に扇風機を設置／暖房：居室内に暖房器具はないが、居室棟の廊下に暖房器具を設置
医師・看護師 （平成19年1月1日現在）	医師：常勤0人、非常勤0人、嘱託1人（内科1人）／看護師：0人／准看護師の資格を持っている刑務官：0人
土曜・日曜・祝日・夜間の当直体制	該当なし。ただし嘱託医師には休日であっても常に連絡が取れる体制にある。病状によっては外部の病院に搬送
死亡	0人
自殺企図	0人
拒食	0人
医療のための移送	外部の病院に移送した受刑者数：0人／医療刑務所に移送した受刑者数：0人
指名医による診療	申請：0件
警備用具の使用	0件
拘束衣の使用	0件

保護室への収容	延べ1回、1人、最長2日間
障害のある受刑者のための工場（寮内工場）	無
作業後の裸体検査	実施せず
作業報奨金	受刑者1人あたりの月額最高額：6,355円／同最低額：282円／同平均額：1,437円／監査：適時、経理検査等を実施
特別改善指導	該当なし
職業訓練	該当なし
面会・通信等	休日面会：該当なし／親族以外の者の面会許可：9件／電話などの電気通信の方法による通信：申請0件
受刑者への懲罰 （平成18年12月31日現在）	戒告：0人／作業の10日以内の停止：0人／自弁の物品の使用または摂取の一部または全部の15日以内の停止：0人／書籍の閲覧の一部または全部の15日以内の停止：0人／報奨金計算額の3分の1以内の削減：0人
閉居罰	実施：延べ2回、2人、5日 運動：原則として1週間に1回、30分 入浴：原則として1週間に1回、15分 姿勢：おおむね受刑者の作業時間中、部屋の中央付近で、房扉側を向いて安座または正座、不体裁な姿勢をしないように指導。申出により水を飲んだり、時折足を伸ばすことは認めている
受刑者からの苦情	法務大臣に対して申出：0件／監査官に対して申出：0件／刑事施設の長に対して申出：0件

広島刑務所　〒730-8651 広島県広島市中区吉島町13-114

職員体制（平成19年1月1日現在）	定数：270人／現在職員数：264人／男性刑務官数：226人／女性刑務官数：1人／有給休暇取得日数平均（平成18年度）：4.7日
定員（平成19年3月31日現在）	受刑者：1,606人／未決拘禁者：0人
入所者数（平成19年3月31日現在）	受刑者：1,501人（女性0人、無期懲役者11人、労役場留置者11人）／未決拘禁者：0人
障害・疾患を持つ受刑者（平成19年3月31日現在）	精神障害（M指標）：1人／身体上の疾患または障害（P指標）：8人／発達障害：統計なし
高齢受刑者（平成19年3月31日現在）	60歳以上：181人（65歳以上101人、70歳以上41人、75歳以上10人）／最高齢者：85歳／介護を必要とする者：0人
外国人受刑者（平成18年12月31日現在）	日本人と異なる処遇を必要とする外国人（F指標）：135人／国籍数：17カ国／通訳：必要があれば、警察・検察庁・大学等に通訳の紹介を依頼し手配する
制限区分（平成19年4月10日現在）	第1種：0人／第2種：29人／第3種：1229人／第4種：148人／未設定：95人
優遇措置（平成19年4月10日現在）	第1類：0人／第2類：70人／第3類：637人／第4類：293人／第5類：175人
女性収容区域	該当なし
冷暖房	冷房：病舎には冷房有。またすべての共同室および工場就業者の2名収容居室に扇風機を設置／暖房：病舎棟には暖房有。その他の居室棟については廊下にストーブを設置、作業時間中等に使用させる
医師・看護師	医師：常勤4人（内科3人、外科1人）、非常勤1人（精神科）／看護師：9人／准看護師の資格を持っている刑務官：3人
土曜・日曜・祝日・夜間の当直体制	医師は当直ではないものの、宅直により、緊急患者の発生に対し、即時登庁できる体制
死亡	5人（すべて受刑者）　年齢：50歳代3人、60歳代1人、70歳代1人／性別：男性／死亡原因：病気
自殺企図	4人（すべて受刑者数、いずれも未遂）
拒食	連続して15食以上拒食したものが1人。連続27食分
医療のための移送	外部の病院に移送した受刑者数：延べ233人（外部の医療機関における診察・治療を含む）／医療刑務所に移送した受刑者数：14人
指名医による診療	申請件数：2件／許可件数：0件
警備用具の使用	該当なし
拘束衣の使用	延べ1回、1人、1時間10分使用
保護室への収容	延べ215回、107人、最長247時間25分

障害のある受刑者のための工場（寮内工場） （平成19年3月31日現在）	有（養護工場）　該当受刑者数：29人（ただし、高齢等のため一般の受刑者と行動を共にすることが困難な者についても含まれる）
作業後の裸体検査	有
作業報奨金	受刑者1人あたりの月額最高額：15,772円／同最低額：503円／同平均額（平成19年4月の全日就業者）：2,539円／監査：1月ごとに作業審査会を実施、作業報奨金計算高の最終確認を行う
教育的処遇コース （平成18年度）	薬物依存離脱指導：3カ月12回の指導、対象人員5～10人程度、実施延べ人数は30人 暴力団離脱指導：4カ月9回の指導、対象人員5～10人程度、実施延べ人数0人（平成19年度から実施） 被害者の視点を取り入れた教育指導：3カ月12回の指導、対象人員5～10人程度、実施延べ人数は11人 性犯罪再犯防止指導：8カ月間67回の指導、対象人員5～10人程度、実施延べ人数は5人 就労支援指導：1.5カ月間に5回、対象人員5～10人程度、実施延べ人数は13人
職業訓練（平成19年度予定）	小型車輌系建設機械科：18人、2カ月／フォークリフト運転科：18人、2カ月
面会・通信等	休日面会：願出があれば個別に検討するが、現在のところ願出がない／親族以外の者の面会許可：統計なし／電話などの電気通信の方法による通信：法に定める一定の事由に該当すれば認めるが、現在のところ該当事項なし
受刑者への懲罰 （法施行～平成18年12月31日）	戒告：96人／作業の10日以内の停止：0人／自弁の物品の使用または摂取の一部または全部の15日以内の停止：0人／書籍の閲覧の一部または全部の15日以内の停止：3人／報奨金計算額の3分の1以内の削減：179人
閉居罰	実施：延べ824回、実人数については統計なし、最長50日 運動：週に1回、30分、室外 入浴：週に1回、15分実施 姿勢：おおむね受刑者の作業時間中、居室内の定位置において、廊下方向に向いて正座または安座。水は申出により飲むことができる
受刑者からの苦情	法務大臣に対して申出：111件／監査官に対して申出：53件／刑事施設の長に対して申出：112件

※　平成19年7月30日回答。

広島刑務所尾道刑務支所　〒722-0041 広島県尾道市防地町23-2

職員体制 （平成19年1月1日現在）	定数：76人／現在職員数：77人／男性刑務官数：69人／女性刑務官数：2人／有給休暇取得日数平均：5.9日（平成18年次）
定員（平成19年3月31日現在）	受刑者：285人／未決拘禁者：80人
入所者数 （平成19年3月31日現在）	受刑者：382人（女性0人、無期懲役者0人、労役場留置者0人）／未決拘禁者：15人（女性1人、死刑確定者0人）
障害・疾患を持つ受刑者 （平成19年3月31日現在）	精神障害（M指標）：0人／身体上の疾患または障害（P指標）：0人／発達障害：調査していない
高齢受刑者 （平成19年3月31日現在）	60歳以上：73人（65歳以上49人、70歳以上34人、75歳以上21人）／最高齢者：88歳／介護を必要とする者：0人
外国人受刑者 （平成18年12月31日現在）	日本人と異なる処遇を必要とする外国人（F指標）：0人／通訳：警察・検察庁・大学等に通訳の紹介を依頼
制限区分 （平成18年12月31日現在）	第1種：8人／第2種：0人／第3種：366人／第4種：4人
優遇措置 （平成18年12月31日現在）	第1類：0人／第2類：32人／第3類：203人／第4類：45人／第5類：9人／未設定：89人
女性収容区域廊下の録画	撮影時間：24時間／録画の保管期間：監督者が異状の有無を検証し、保存の必要性が認められるものについては3年間保存
女性収容区域の宿直勤務	男性刑務官だけで行うこと：有 暴行が起きないような対策：職員の視察状況を前記ビデオカメラで撮影しているほか、居室扉の上を男性用のものとは異なるものにし、男性刑務官が勤務する間、同鍵は監督者が保管。また、居室の窓および食器孔を専用錠で施錠して同様に保管
冷暖房	冷房：冷房はないが、夏季には共同室と2名収容の単独室に扇風機を設置。居室棟廊下にも扇風機を設置／暖房：居室棟の廊下に設置し、作業時間中ストーブを使用させる
医師・看護師	医師：常勤1人、非常勤0人（内科1人）／看護師：0人／准看護師の資格を持っている刑務官：2人
土曜・日曜・祝日・夜間の当直体制	医師は当直していないが、常に医師あるいは准看護師と連絡の取れる体制にあり、休日・夜間の急患に対しても速やかに登庁して対応する。病状によっては、外部の病院に搬送
死亡	0人
自殺企図	0人
拒食	0人
医療のための移送	外部の病院に移送した受刑者数：67人（外部医療機関での診察・治療実施人員を含む）／医療刑務所に移送した受刑者数：3人

指名医による診療	0件
警備用具の使用	0件
拘束衣の使用	0件
保護室への収容	延べ22回、8人、最長2日間
障害のある受刑者のための工場（寮内工場）	高齢のため、身体医療上の配慮を要する者または養護上の配慮を要する者のための工場あり　該当受刑者数：44人
作業後の裸体検査	なし
作業報奨金（平成19年3月分）	受刑者1人あたりの月額最高額：19,363円／同最低額：305円（ただし月の途中からの刑確定者）／同平均額：2,753円／監査：1月ごとの作業審査会を実施し、作業報奨金計算高の最終確認を行っている
教育的処遇コース	被害者の視点を取り入れた教育：釈放前指導の一環 薬物依存離脱指導：釈放前指導の一環（以上の2つで昨年度延べ179人） 交通安全指導：毎月1回の指導、対象人員8人程度、年8回実施、昨年度実施延べ人数は39人（平成19年度から各コース6カ月10または12回、対象人数8〜10人程度を年2回実施予定）
職業訓練	玉掛け科：1回あたり3人、2カ月（年間6回）
面会・通信等	休日面会（平成18年）：延べ9人／親族以外の者の面会許可：統計なし／電話などの電気通信の方法による通信：法に定める一定の事由に該当すれば認める予定だが、該当なし
受刑者への懲罰（平成18年12月末日）	戒告：26人／作業の10日以内の停止：0人／自弁の物品の使用または摂取の一部または全部の15日以内の停止：0人／書籍の閲覧の一部または全部の15日以内の停止：0人／報奨金計算額の3分の1以内の削減：1人（戒告には、叱責を含む）
閉居罰（平成18年）	実施：延べ158回、実人数については統計なし、30日 運動：懲罰執行の日から起算して7日以内に行い、以後原則として7日ごとに実施。戸外で30分間 入浴：最終入浴日から起算して7日目に行い、以後原則として7日ごとに実施。この他に拭身等を夏季週2回、冬季週1回実施 姿勢：おおむね受刑者の作業時間中に、指定した方向を向いて正座または安座し、不体裁な姿勢をしないよう指導。水は本人の申し出により飲める。正座または安座の姿勢は自由に変えることができる
受刑者からの苦情	法務大臣に対して申出：20件／監査官に対して申出：2件／刑事施設の長に対して申出：4件

※　特記がない限り、平成18年1月1日〜12月31日のデータ。平成19年7月30日回答。

広島刑務所呉拘置支所　〒737-0867 広島県呉市吉浦上城町6-1

職員体制 (平成19年1月1日現在)	定数：21人／現在職員数：19人／男性刑務官数：17人／女性刑務官数：1人／有給休暇取得日数平均：4.7日（平成18年度）
定員(平成19年3月末日現在)	既決：10人／未決：60人
入所者数 (平成19年3月末日現在)	受刑者：7人（女性1人、無期懲役者0人、労役場留置者1人）／未決拘禁者：14人（女性：0人、死刑確定者：0人）
障害・疾患を持つ受刑者	精神障害（M指標）：0人／身体上の疾患または障害（P指標）：0人
高齢受刑者	60歳以上：1人（65歳以上1人、70歳以上1人、75歳以上0人）／最高齢者：73歳／介護を必要とする者：0人
外国人受刑者	日本人と異なる処遇を必要とする外国人（F指標）：0人／通訳：地検等に通訳の依頼をして手配することとしている
制限区分 (平成19年4月10日現在)	第1種：0人／第2種：0人／第3種：5人／第4種：(回答なし)
優遇措置 (平成19年4月10日現在)	第1類：0人／第2類：0人／第3類：5人／第4類：0人／第5類：0人
女性収容区域廊下の録画	撮影時間：24時間／録画の保管期間：ハードディスクに自動録画し、異状の有無の検証を行うまでの間保存し、異状のあるものについては3年間保存
女性収容区域の宿直勤務	男性刑務官だけで行うこと：男性刑務官のみで行っている 暴行が起きないような対策：監督当直者が男子居室鍵とは異なる女区鍵保管庫の鍵を常時保管（仮眠時も保管）し、開室の必要があるときは必ず複数の男性勤務者により行うこととしており、単独で男性職員が勝手に女区の鍵を開けられないようにしている
冷暖房	冷房：経理係受刑者の居室について、扇風機を貸与／暖房：なし
医師・看護師	医師：常勤1人、非常勤0人（内科1人）／看護師：0人／准看護師：1人
土曜・日曜・祝日・夜間の当直体制	医師の当直は行っていないが、宅直体制をとり、必要があれば夜間であっても登庁させている。病状によっては外部の病院に搬送
死亡	0人
自殺企図	0人
拒食	0人
医療のための移送	外部の病院に移送した受刑者数：該当なし／医療刑務所に移送した受刑者数：該当なし
指名医による診療	申請件数：0件
警備用具の使用	0件

拘束衣の使用	0件
保護室への収容	延べ2回、2人、最長18時間51分
障害のある受刑者のための工場（寮内工場）	無
作業後の裸体検査	パンツを着用させたまま実施
作業報奨金（平成18年度）	受刑者1人あたりの月額最高額：7,926円／同最低額：42円／同平均額：2,588円／監査：1月ごとに作業審査会を実施し、作業報奨金計算高の最終確認を行っている
教育的処遇コース（平成19年7月現在）	薬物依存離脱指導：月1回、1名対象、1回実施
職業訓練	該当なし
面会・通信等	休日面会：弁護人のみ実施、延べ4名／親族以外の者の面会許可：統計なし／電話などの電気通信の方法による通信：該当なし
受刑者への懲罰（平成18年12月末日現在）	該当なし0件
閉居罰	実施：延べ5回、5人、最長10日 運動：7日に1回、30分、室外実施 入浴：7日に1回、15分 姿勢：居室内の定位置において廊下方向を向いて正座または安座。水は申出により飲むことができる
受刑者からの苦情	法務大臣に対して申出：0件／監査官に対して申出：0件／刑事施設の長に対して申出：0件

※　平成19年7月30日回答。

広島刑務所福山拘置支所　〒720-0825 広島県福山市沖野上町5-14-6

職員体制（平成19年1月1日現在）	定数：19人／現在職員数：21人／男性刑務官数：20人／女性刑務官数：1人／有給休暇取得日数平均（平成18年度）：4.1日
定員（平成19年3月31日現在）	受刑者：15人／未決拘禁者：55人
入所者数（平成19年3月31日現在）	受刑者：23人（女性2人、無期懲役者0人、労役場留置者5人）／未決拘禁者：32人（女性4人、死刑確定者0人）
障害・疾患を持つ受刑者	精神障害（M指標）：0人／身体上の疾患または障害（P指標）：0人
高齢受刑者（平成19年3月31日現在）	60歳以上：0人
外国人受刑者（平成18年12月31日現在）	日本人と異なる処遇を必要とする外国人（F指標）：0人／通訳：警察・検察庁等に通訳の紹介を依頼
制限区分（平成19年4月10日現在）	第1種：0人／第2種：0人／第3種：5人／第4種：0人／未設定：14人
優遇措置（平成19年4月10日現在）	第1類：0人／第2類：0人／第3類：5人／第4類：0人／第5類：0人／未設定：14人
女性収容区域廊下の録画	撮影時間：常時／録画の保管期間：必要に応じて検証を行い、必要があるものについては3年間保管
女性収容区域の宿直勤務	男性刑務官だけで行うこと：有 暴行が起きないような対策：女子の居室扉の鍵は男子居室のものと別にし、窓及び食器口を南京錠で施錠し、それらの鍵を別個に保管し、男子職員が単独で勝手にあけることができないようにしている。また、職員の視察状況をビデオカメラで撮影
冷暖房	冷房：冷房はないが、すべての共同室に扇風機を設置／暖房：各居室及び居室棟廊下など、居室棟内にはストーブ等の暖房器具の設置なし
医師・看護師	医師：常勤0人、非常勤医師1人（内科1人）／看護師：0人／准看護師の資格を持っている刑務官：1人
土曜・日曜・祝日・夜間の当直体制	医師は当直していないが、常に非常勤医師あるいは准看護師と連絡が取れる体制にしてあり、急患に対しても速やかに登庁して対応。病状によっては外部の病院に搬送
死亡	0人
自殺企図	0人
拒食	1人（受刑者）、5食
医療のための移送	外部の病院に移送した受刑者数：0件／医療刑務所に移送した受刑者数：0件
指名医による診療	申請：0件

警備用具の使用 （平成18年12月31日現在）	0件
拘束衣の使用 （平成18年12月31日現在）	0件
保護室への収容 （平成18年12月31日現在）	延べ5回、4人、最長60時間25分
障害のある受刑者のための工場（寮内工場）	無
作業後の裸体検査	有
作業報奨金（平成18年度）	受刑者1人あたりの月額最高額：4,947円／同最低額：0円／同平均額：1,497円／監査：1月ごとに作業審査会を実施し、作業報奨金計算高の最終確認を行っている
教育的処遇コース	未決拘禁施設であり、刑の確定に伴い受刑施設に移動するため、教育処遇としてのコースは特に設けていない
職業訓練	該当なし
面会・通信等	休日面会：願出があれば個別に検討するが、現在のところ願出なし／親族以外の者の面会許可：統計なし／電話などの電気通信の方法による通信：法に定める一定の事由に該当すれば電話等による通信を認めているが、現在のところ該当事実なし
受刑者への懲罰 （平成18年12月31日現在）	戒告：1人／作業の10日以内の停止：0人／自弁の物品の使用または摂取の一部または全部の15日以内の停止：0人／書籍の閲覧の一部または全部の15日以内の停止：0人／報奨金計算額の3分の1以内の削減：0人
閉居罰	実施：延べ1回、1人、10日 運動：週に1回、30分、室外で実施 入浴：週に1回、15分実施 姿勢：安座または正座。水は申し出により飲むことができる。休憩時間等が設けられている
受刑者からの苦情	法務大臣に対して申出：1件／監査官に対して申出：1件／刑事施設の長に対して申出：0件

※　平成19年7月30日回答。

広島刑務所三次拘置支所 〒728-0021広島県三次市三次町1691

職員体制（平成19年1月1日現在）	定数：10人／現在職員数：10人／男性刑務官数：10人／女性刑務官数：0人／非常勤女性職員：1人／有給休暇取得日数平均（平成18年次）：4.9日
定員（平成19年3月末日現在）	受刑者：0人／未決拘禁者：21人
入所者数（平成19年3月末日現在）	受刑者：4人（女性0人、無期懲役者0人、労役場留置者0人）／未決拘禁者：0人
障害・疾患を持つ受刑者	精神障害（M指標）：0人／身体上の疾患または障害（P指標）：0人／発達障害：0人
高齢受刑者	60歳以上：0人
外国人受刑者	日本人と異なる処遇を必要とする外国人（F指標）：0人／通訳：警察・検察庁・大学等に通訳の紹介を依頼
制限区分（平成19年4月10日現在）	第1種：0人／第2種：0人／第3種：2人／第4種：0人／未設定：2人
優遇措置（平成19年4月10日現在）	第1類：0人／第2類：1人／第3類：1人／第4類：0人／第5類：0人／未設定：2人
女性収容区域廊下の録画	撮影時間：24時間／録画の保管期間：検証等を行い、必要があるものについては3年間保存
女性収容区域の宿直勤務	男性刑務官だけで行うこと：夜間は男性刑務官だけで勤務 暴行が起きないような対策：女区居室本錠および食器口の鍵は封印して、職員単独では開錠できないようにして、職員の巡回視察状況はビデオカメラで撮影
冷暖房	冷房：冷房はないが、工場出役者の収容居室には扇風機を設置／暖房：一部の居室にコタツがあるが、通常、居室内に暖房器具等はない。居室棟廊下には暖房器具を設置
医師・看護師	医師：嘱託1人（内科1人）／看護師：0人／准看護師の資格を持っている刑務官：0人
土曜・日曜・祝日・夜間の当直体制	医師は当直ではないものの、緊急患者の発生に対し速やかに登庁できる体制をとっている。また病状によっては外部の病院に搬送
死亡	0人
自殺企図	0人
拒食	0人
医療のための移送	外部の病院に移送した受刑者数：0人／医療刑務所に移送した受刑者数：0人
指名医による診療	申請：0人

警備用具の使用	0件
拘束衣の使用	0件
保護室への収容	0件
障害のある受刑者のための工場（寮内工場）	未決拘禁者の収容が主であり、該当工場はない
作業後の裸体検査	有
作業報奨金 (平成18年度)	受刑者1人あたりの月額最高額：10,579円／同最低額：3,797円／同平均額：7,188円／監査：1月ごとに作業審査会を実施し、作業報奨金計算高の最終確認を行っている
教育的処遇コース	該当なし
職業訓練	該当なし
面会・通信等	休日面会：願い出があれば個別に検討するが、現在のところ願出なし／親族以外の者の面会許可：統計なし／電話などの電気通信の方法による通信：法に定める一定の事由に該当すれば認めているが、現在のところ該当なし
受刑者に対する懲罰	0件
閉居罰	実施：なし 姿勢：おおむね受刑者の作業時間中、居室内の定位置において廊下方向に向いて正座または安座。申し出て水は飲むことができる
受刑者からの苦情	法務大臣に対して申出：0件／監査官に対して申出：0件／刑事施設の長に対して申出：0件

※　平成19年7月30日回答。

山口刑務所　〒753-8525 山口県山口市松美町3-75

職員体制 (平成19年1月1日現在)	定数（平成18年度）：163人／現在職員数：163人／男性刑務官数：147人／女性刑務官数：4人／有給休暇取得日数平均（平成18年度）：5.9日
定員(平成19年3月31日現在)	受刑者：536人／未決拘禁者：97人
入所者数 (平成19年3月31日現在)	受刑者：633人（女性2人、無期懲役者1人、労役場留置者8人）／未決拘禁者：38人（女性3人、死刑確定者0人）
障害・疾患を持つ受刑者	精神障害（M指標）：0人／身体上の疾患または障害（P指標）：0人／発達障害：統計なし
高齢受刑者	60歳以上：66人（65歳以上27人、70歳以上13人、75歳以上3人）／最高齢者：78歳／介護を必要とする者：0人
外国人受刑者	日本人と異なる処遇を必要とする外国人（F指標）：0人
制限区分 (平成19年4月10日現在)	第1種：0人／第2種：9人／第3種：583人／第4種：14人
優遇措置 (平成19年4月10日現在)	第1類：0人／第2類：20人／第3類：351人／第4類：109人／第5類：46人
女性収容区域廊下の録画	撮影時間：24時間／録画の保管期間：検証を行ったうえで、必要なものは3年間
女性収容区域の宿直勤務	男性刑務官だけで行うこと：夜間は男性刑務官が勤務 暴行が起きないような対策：居室の窓および食器口を施錠しているほか、職員の視察状況をビデオカメラで撮影
冷暖房	冷房：各居室内部に冷房器具はないが、すべての共同室および2人収容している単独室に扇風機を設置／暖房：各居室内部に暖房器具はない
医師・看護師 (平成19年1月1日現在)	医師：常勤1人、非常勤0人（外科1人）／看護師：0人／准看護師の資格を持っている刑務官：4人
土曜・日曜・祝日・夜間の当直体制	医師は当直していないが、常に医師あるいは准看護師と連絡が取れる体制にあり、休日・夜間の急患に対しても速やかに登庁して対応。病状によっては外部の病院に搬送
死亡	1人（うち受刑者1人）　年齢：40歳代、性別：男性、死亡原因：病気
自殺企図	1人（うち受刑者1人、未遂）
拒食	連続して15食以上拒食した者なし
医療のための移送	外部の病院に移送した受刑者数：158人（外部医療機関において診察・治療を実施した人員を含む）／医療刑務所に移送した受刑者数：8人
指名医による診療	申請：0件（願出があれば個別に検討）
警備用具の使用	該当なし
拘束衣の使用（平成17年5月25日〜平成18年12月31日）	1回、1人、2時間30分

保護室への収容	延べ55回、55人、最長7日19時間3分
障害のある受刑者のための工場（寮内工場）	居室棟内に工場はあるが、障害のある受刑者のための工場ではなく、高齢受刑者など一般受刑者と集団で行動することが困難な受刑者を集めて作業させている／該当受刑者数（平成19年4月12日現在）：上記居室棟内工場で29人
作業後の裸体検査	原則として実施していない
作業報奨金	受刑者1人あたりの月額最高額：10,846円／同最低額：96円／同平均額：2,415円／監査：毎月1回、作業報奨金が適正に計算されていることを審査
特別改善指導	性犯罪再販防止指導：3カ月14回の指導、対象人員4人程度、年1回実施、前年実施延べ人数は4人 薬物依存離脱指導：3カ月10回の指導、対象人員90人程度、年2回実施、前年実施延べ人数10人 被害者の視点を取り入れた教育：3カ月12回の指導、対象人員40人程度、年1回実施、前年度実施延べ人数は7人 就労支援指導（ビジネスマナー）：年12回、前年実施延べ人数は74人
職業訓練	数値制御機械科：14人、6カ月／電気工事科：10人、1年／左官科：16人、1年／木工科：16人、1年／木材工芸科：8人、1年／ビル設備管理科：36人、6カ月／理容科：10人、2年／陶磁器科：5人、1年／情報処理科：20人、6カ月／総合営繕科：10人、1年／フォークリフト運転科：10人、2カ月
面会・通信等	休日面会：該当なし。願い出があれば個別に検討する／親族以外の者の面会許可：213回／電話などの電気通信の方法による通信：申請0件
受刑者への懲罰 （平成18年12月31日現在）	戒告：30件／作業の10日以内の停止：0件／自弁の物品の使用または摂取の一部または全部の15日以内の停止：0件／書籍の閲覧の一部または全部の15日以内の停止：7件／報奨金計算額の3分の1以内の削減：4件
閉居罰	実施：延べ385回、実人数不明、最長30日 運動：初回は閉居罰執行開始から7日以内、以降原則として5日に1回、30分、屋外で実施。天候不良等の場合は実施できる直近の日に戸外で実施 入浴：初回は閉居罰執行開始から7日以内、以降原則として5日に1回、15分実施。閉居罰重罰者以外の入浴該当日には拭身を実施、夏季においても身体の保清をおこなっている 姿勢：受刑者の作業開始時から布団を敷いてもよい時間までの時間、部屋の中央付近において安座または正座、不体裁な姿勢をしないよう指導。ただし点検・食事および職員の指示や許可を得て動作する場合や、昼食時間から午後0時30分までおよび午後2時30分から同40分までは着座姿勢を解く。水は申し出により飲むことができる。不体裁な姿勢とならないよう指導するが、姿勢を変えたり足を組み替えたりすることは禁止していない
受刑者からの苦情	法務大臣に対して申出：16件／監査官に対して申出：5件／刑事施設の長に対して申出：33件

※ 特記がない限り、平成18年1月1日～12月31日のデータ。平成19年6月5日回答。

山口刑務所下関拘置支所　〒750-8555 山口県下関市春日町7-29

職員体制 （平成19年1月1日現在）	定数（平成18年度）：28人／現在職員数：28人／男性刑務官数：27人／女性刑務官数：1人／有給休暇取得日数平均（平成18年度）：7.9日
定員（平成19年3月31日現在）	受刑者：9人／未決拘禁者：71人
入所者数 （平成19年3月31日現在）	受刑者：22人（女性0人、無期懲役者0人、労役場留置者1人）／未決拘禁者：24人（女性4人、死刑確定者0人）
障害・疾患を持つ受刑者	精神障害（M指標）：0人／身体上の疾患または障害（P指標）：0人／発達障害：統計なし
高齢受刑者	60歳以上：3人（65歳以上1人、70歳以上1人、75歳以上0人）／最高齢者：72歳／介護を必要とする者：0人
外国人受刑者	日本人と異なる処遇を必要とする外国人（F指標）：0人
制限区分 （平成19年4月10日現在）	第1種：0人／第2種：0人／第3種：22人／第4種：0人
優遇措置 （平成19年4月10日現在）	第1類：0人／第2類：0人／第3類：5人／第4類：0人／第5類：2人
女性収容区域廊下の録画	撮影時間：24時間／録画の保管期間：検証を行ったうえで、必要なものは3年間
女性収容区域の宿直勤務	男性刑務官だけで行うこと：夜間は男性刑務官が勤務 暴行が起きないような対策：居室の窓および食器口を施錠しているほか、職員の視察状況をビデオカメラで撮影
冷暖房	冷房：各居室内部に冷房器具はないが、経理係として就業している受刑者の単独居室に扇風機を設置／暖房：各居室内部に暖房器具なし
医師・看護師	医師：常勤0人、非常勤1人（内科1人）／看護師：0人／准看護師の資格を持っている刑務官：1人
土曜・日曜・祝日・夜間の当直体制	医師は当直していないが、常に医師あるいは准看護師と連絡が取れる体制にあり、休日・夜間の急患に対しても速やかに登庁して対応。病状によっては外部の病院に搬送
死亡	0人
自殺企図	0人
拒食	連続して15食以上拒食した者なし
医療のための移送	外部の病院に移送した受刑者数：3人（外部医療機関において診察・治療を実施した人員を含む）／医療刑務所に移送した受刑者数：0人
指名医による診療	申請：0件（願い出があれば個別に検討）

警備用具の使用	該当なし
拘束衣の使用	該当なし
保護室への収容	延べ4回、3人、最長2日23時間04分
障害のある受刑者のための工場（寮内工場）	無
作業後の裸体検査	原則として実施していない
作業報奨金 （平成19年4月30日）	受刑者1人あたりの月額最高額：6,159円／同最低額：46円／同平均額：3,103円監査：毎月1回、作業報奨金が適正に計算されていることを審査
特別改善指導	該当なし
職業訓練	該当なし
面会・通信等	休日面会：該当なし。願出があれば個別に検討する／親族以外の者の面会許可：該当なし／電話などの電気通信の方法による通信：申請0件
受刑者への懲罰	戒告：1人／作業の10日以内の停止：0人／自弁の物品の使用または摂取の一部または全部の15日以内の停止：0人／書籍の閲覧の一部または全部の15日以内の停止：0人／報奨金計算額の3分の1以内の削減：0人
閉居罰	実施：該当なし 運動：初回は閉居罰執行開始から7日以内、以降原則として5日に1回、30分、屋外で実施。天候不良等の場合は実施できる直近の日に戸外で実施 入浴：初回は閉居罰執行開始から7日以内、以降原則として5日に1回、15分実施。閉居罰重罰者以外の入浴該当日には拭身を実施、夏季においても身体の保清をおこなっている 姿勢：受刑者の作業開始時から布団を敷いてもよい時間までの時間、部屋の中央付近において安座または正座、不体裁な姿勢をしないよう指導。ただし点検・食事および職員の指示や許可を得て動作する場合や、昼食時間から午後0時30分までおよび午後2時30分から同40分までは着座姿勢を解く。水は申し出により飲むことができる。不体裁な姿勢とならないよう指導するが、姿勢を変えたり足を組み替えたりすることは禁止していない
受刑者からの苦情	法務大臣に対して申出：0件／監査官に対して申出：0件／刑事施設の長に対して申出：0件

※ 特記がない限り、平成18年1月1日〜12月31日のデータ。平成19年6月5日回答。

山口刑務所宇部拘置支所　〒755-0033 山口県宇部市琴芝町2-2-40

職員体制 （平成19年1月1日現在）	定数（平成18年度）：12人／現在職員数：12人／男性刑務官数：12人／女性刑務官数：0人／有給休暇取得日数平均（平成18年度）：2.5日
定員（平成19年3月31日現在）	受刑者：0人／未決拘禁者：35人
入所者数 （平成19年3月31日現在）	受刑者：7人（女性0人、無期懲役者0人、労役場留置者1人）／未決拘禁者：7人（女性2人、死刑確定者0人）
障害・疾患を持つ受刑者	精神障害（M指標）：0人／身体上の疾患または障害（P指標）：0人／発達障害：統計なし
高齢受刑者	60歳以上：1人（65歳以上0人、70歳以上0人、75歳以上0人）／最高齢者：62歳／介護を必要とする者：0人
外国人受刑者	日本人と異なる処遇を必要とする外国人（F指標）：0人
制限区分 （平成19年4月10日現在）	第1種：0人／第2種：0人／第3種：2人／第4種：0人
優遇措置 （平成19年4月10日現在）	第1類：0人／第2類：0人／第3類：2人／第4類：0人／第5類：0人
女性収容区域廊下の録画	撮影時間：24時間／録画の保管期間：検証を行ったうえで、必要なものは3年間
女性収容区域の宿直勤務	男性刑務官だけで行うこと：夜間は男性刑務官が勤務 暴行が起きないような対策：居室の窓および食器口を施錠しているほか、職員の視察状況をビデオカメラで撮影
冷暖房	冷房：各居室内部に冷房器具はないが、経理係として就業している受刑者の単独居室に扇風機を設置／暖房：各居室内部に暖房器具なし
医師・看護師	医師：常勤0人、非常勤1人（外科1人）／看護師：0人／准看護師の資格を持っている刑務官：0人
土曜・日曜・祝日夜間の当直体制	医師は当直していないが、常に医師と連絡が取れる体制にあり、休日・夜間の急患に対しても速やかに登庁して対応。病状によっては外部の病院に搬送。
死亡	0人
自殺企図	0人
拒食	連続して15食以上拒食した者なし
医療のための移送	外部の病院に移送した受刑者数：18人（外部医療機関において診察・治療を実施した人員を含む）／医療刑務所に移送した受刑者数：0人
指名医による診療	申請：0件（願出があれば個別に検討）

警備用具の使用	0件
拘束衣の使用	0件
保護室への収容	延べ1回、1人、最長2時間55分
障害のある受刑者のための工場（寮内工場）	無
作業後の裸体検査	原則として実施していない
作業報奨金	受刑者1人あたりの月額最高額：3,315円／同最低額：97円／同平均額：1,665円／監査：毎月1回、作業報奨金が適正に計算されていることを審査
特別改善指導	該当なし
職業訓練	該当なし
面会・通信等	休日面会：0件。願出があれば個別に検討する／親族以外の者の面会許可：2回／電話などの電気通信の方法による通信：申請0件
受刑者への懲罰	戒告：0人／作業の10日以内の停止：0人／自弁の物品の使用または摂取の一部または全部の15日以内の停止：0人／書籍の閲覧の一部または全部の15日以内の停止：0人／報奨金計算額の3分の1以内の削減：0人
閉居罰	0件 運動：初回は閉居罰執行開始から7日以内、以降原則として5日に1回、30分、屋外で実施。天候不良等の場合は実施できる直近の日に戸外で実施 入浴：初回は閉居罰執行開始から7日以内、以降原則として5日に1回、15分実施。閉居罰重罰者以外の入浴該当日には拭身を実施、夏季においても身体の保清をおこなっている 姿勢：受刑者の作業開始時から布団を敷いてもよい時間までの時間、部屋の中央付近において安座または正座、不体裁な姿勢をしないよう指導。ただし点検・食事および職員の指示や許可を得て動作する場合や、昼食時間から午後0時30分までおよび午後2時30分から同40分までは着座姿勢を解く。水は申し出により飲むことができる。不体裁な姿勢とならないよう指導するが、姿勢を変えたり足を組み替えたりすることは禁止していない
受刑者からの苦情	法務大臣に対して申出：0件／監査官に対して申出：0件／刑事施設の長に対して申出：0件

※　特記がない限り、平成18年1月1日〜12月31日のデータ。平成19年6月5日回答。

山口刑務所萩拘置支所　〒758-0025 山口県萩市土原字土原91-2

職員体制 （平成19年1月1日現在）	定数（平成18年度）：10人／現在職員数：10人／男性刑務官数：10人／女性刑務官数：0人／有給休暇取得日数平均（平成18年度）：11.6日
定員（平成19年3月31日現在）	受刑者：5人／未決拘禁者：20人
入所者数 （平成19年3月31日現在）	受刑者：3人（女性0人、無期懲役者：0人、労役場留置者1人）／未決拘禁者入所者数：5人（女性1人、死刑確定者0人）
障害・疾患を持つ受刑者	精神障害（M指標）：0人／身体上の疾患または障害（P指標）：0人／発達障害：統計なし
高齢受刑者	60歳以上：0人
外国人受刑者	日本人と異なる処遇を必要とする外国人（F指標）：0人
制限区分 （平成19年4月10日現在）	第1種：0人／第2種：0人／第3種：2人／第4種：0人
優遇措置 （平成19年4月10日現在）	第1類：0人／第2類：0人／第3類：2人／第4類：0人／第5類：0人
女性収容区域廊下の録画	撮影時間：24時間／録画の保管期間：検証を行ったうえで、必要なものは3年間
女性収容区域の宿直勤務	男性刑務官だけで行うこと：夜間は男性刑務官が勤務 暴行が起きないような対策：居室の窓および食器口を施錠しているほか、職員の視察状況をビデオカメラで撮影
冷暖房	冷房：各居室内部に冷房器具はないが、経理係として就業している受刑者の単独居室に扇風機を設置／暖房：各居室内部に暖房器具なし
医師・看護師	医師：常勤0人、非常勤：1人（内科1人）／看護師：0人／准看護師の資格を持っている刑務官：1人
土曜・日曜・祝日・夜間の当直体制	医師は当直していないが、常に医師あるいは准看護師と連絡が取れる体制にあり、休日・夜間の急患に対しても速やかに登庁して対応。病状によっては外部の病院に搬送。
死亡	0人
自殺企図	0人
拒食	連続して15食以上拒食した者なし
医療のための移送	外部の病院に移送した受刑者数：0人／医療刑務所に移送した受刑者数：0人
指名医による診療	申請件数：0件（願出があれば個別に検討）
警備用具の使用	0件

拘束衣の使用	0件
保護室への収容	0件
障害のある受刑者のための工場（寮内工場）	無
作業後の裸体検査	原則として実施していない
作業報奨金	受刑者1人あたりの月額最高額：2,442円／同最低額：83円／同平均額：1,090円／監査：毎月1回、作業報奨金が適正に計算されていることを審査
特別改善指導	該当なし
職業訓練	該当なし
面会・通信等	休日面会：0件。願出があれば個別に検討する／親族以外の者の面会許可：0回／電話などの電気通信の方法による通信：申請0件
受刑者への懲罰	0件
閉居罰	0件 運動：初回は閉居罰執行開始から7日以内、以降原則として5日に1回、30分、屋外で実施。天候不良等の場合は実施できる直近の日に戸外で実施 入浴：初回は閉居罰執行開始から7日以内、以降原則として5日に1回、15分実施。閉居罰重罰者以外の入浴該当日には拭身を実施、夏季においても身体の保清をおこなっている 姿勢：受刑者の作業開始時から布団を敷いてもよい時間までの時間、部屋の中央付近において安座または正座、不体裁な姿勢をしないよう指導。ただし点検・食事および職員の指示や許可を得て動作する場合や、昼食時間から午後0時30分までおよび午後2時30分から同40分までは着座姿勢を解く。水は申し出により飲むことができる。不体裁な姿勢とならないよう指導するが、姿勢を変えたり足を組み替えたりすることは禁止していない
受刑者からの苦情	受法務大臣に対して申出：0件／監査官に対して申出：0件／刑事施設の長に対して申出：0件

※　特記がない限り、平成18年1月1日〜12月31日のデータ。平成19年6月5日回答。

山口刑務所周南拘置支所　〒745-8625 山口県周南市岐山通1-5

職員体制 （平成19年1月1日現在）	定数（平成18年度）：17人／現在職員数：17人／男性刑務官数：17人／女性刑務官数：0人／有給休暇取得日数平均（平成18年度）：2.5日
定員（平成19年3月31日現在）	受刑者：20人／未決拘禁者：60人
入所者数 （平成19年3月31日現在）	受刑者：21人（女性0人、無期懲役者0人、労役場留置者4人）／未決拘禁者：18人（女性2人、死刑確定者0人）
障害・疾患を持つ受刑者	精神障害（M指標）：0人／身体上の疾患または障害（P指標）：0人／発達障害：統計なし
高齢受刑者	60歳以上：1人（65歳以上0人、70歳以上0人、75歳以上0人）／最高齢者：61歳／介護を必要とする者：0人
外国人受刑者	日本人と異なる処遇を必要とする外国人（F指標）：0人
制限区分 （平成19年4月10日現在）	第1種：0人／第2種：0人／第3種：6人／第4種：0人
優遇措置 （平成19年4月10日現在）	第1類：0人／第2類：0人／第3類：6人／第4類：0人／第5類：0人
女性収容区域廊下の録画	撮影時間：24時間／録画の保管期間：検証を行ったうえで、必要なものは3年間
女性収容区域の宿直勤務	男性刑務官だけで行うこと：夜間は男性刑務官が勤務 暴行が起きないような対策：居室の窓および食器口を施錠しているほか、職員の視察状況をビデオカメラで撮影
冷暖房	冷房：各居室内部に冷房器具はないが、経理係として就業している受刑者の単独居室に扇風機を設置／暖房：各居室内部に暖房器具なし
医師・看護師	医師：常勤0人、非常勤1人（内科1人）／看護師：0人／准看護師の資格を持っている刑務官：1人
土曜・日曜・祝日・夜間の当直体制	当直していないが、常に医師あるいは准看護師と連絡が取れる体制にあり、休日・夜間の急患に対しても速やかに登庁して対応。病状によっては外部の病院に搬送
死亡	0人
自殺企図	0人
拒食	連続して15食以上拒食した者なし
医療のための移送	外部の病院に移送した受刑者数：24人（外部医療機関において診察・治療を実施した人員を含む）／医療刑務所に移送した受刑者数：0人
指名医による診療	申請：0件（願出があれば個別に検討）

警備用具の使用	該当なし
拘束衣の使用	該当なし
保護室への収容	延べ3回、3人、最長3日42時間53分？
障害のある受刑者のための工場（寮内工場）	無
作業後の裸体検査	原則として実施していない
作業報奨金	受刑者1人あたりの月額最高額：7,274円／同最低額：1,265円／同平均額：3,122円／監査：毎月1回、作業報奨金が適正に計算されていることを審査
特別改善指導	該当なし
職業訓練	該当なし
面会・通信等	休日面会：該当なし。願出があれば個別に検討する／親族以外の者の面会許可：0回／電話などの電気通信の方法による通信：申請0件
受刑者への懲罰	戒告：0人／作業の10日以内の停止：0人／自弁の物品の使用または摂取の一部または全部の15日以内の停止：0人／書籍の閲覧の一部または全部の15日以内の停止：0人／報奨金計算額の3分の1以内の削減：0人
閉居罰	実施：該当なし 運動：初回は閉居罰執行開始から7日以内、以降原則として5日に1回、30分、屋外で実施。天候不良等の場合は実施できる直近の日に戸外で実施 入浴：初回は閉居罰執行開始から7日以内、以降原則として5日に1回、15分実施。閉居罰重罰者以外の入浴該当日には拭身を実施、夏季においても身体の保清をおこなっている 姿勢：受刑者の作業開始時から布団を敷いてもよい時間までの時間、部屋の中央付近において安座または正座、不体裁な姿勢をしないよう指導。ただし点検・食事および職員の指示や許可を得て動作する場合や、昼食時間から午後0時30分までおよび午後2時30分から同40分までは着座姿勢を解く。水は申出により飲むことができる。不体裁な姿勢とならないよう指導するが、姿勢を変えたり足を組み替えたりすることは禁止していない
受刑者からの苦情	法務大臣に対して申出：0件／監査官に対して申出：0件／刑事施設の長に対して申出：0件

※ 特記がない限り、平成18年1月1日～12月31日のデータ。平成19年6月5日回答。

岩国刑務所　〒741-0061 山口県岩国市錦見6-11-29

職員体制 （平成19年1月1日現在）	定数（平成18年度）：131人／現在職員：127人／男性刑務官数：26人／女性刑務官数：101人／有給休暇取得平均：5.5日
定員（平成19年3月31日現在。閉室人員）	受刑者：355人／未決拘禁者：2人
入所者数（平成19年3月31日現在。閉室人員）	受刑者：453人（女性453人、無期懲役者6人、労役場留置者0人）／未決拘禁者：3人（女性3人、死刑確定者：0人）
障害・疾患を持つ受刑者 （平成19年3月31日現在）	精神障害（M指標）：0人／身体上の疾患または障害（P指標）：4人／発達障害：統計なし
高齢受刑者 （平成19年3月31日現在）	60歳以上：80人（65歳以上51人、70歳以上24人、75歳以上6人）／最高齢者：80歳／高介護を必要とする者：0人
外国人受刑者	日本人と異なる処遇を必要とする外国人（F指標）：0人
制限区分 （平成18年12月31日現在）	第1種：0人／第2種：25人／第3種：426人／第4種：4人
優遇措置 （平成18年12月31日現在）	第1類：0人／第2類：3人／第3類：285人／第4類：38人／第5類：21人
女性収容区域廊下の録画	撮影時間：24時間／録画の保管期間：デジタルレコーダのハードディスクに自動的に保存、必要に応じて事後の検証。検証後必要性あるものは3年間保存
女性収容区域の宿直勤務	男性刑務官だけで行うこと：なし
冷暖房	冷房：すべての居室内に冷房は設置していないが、すべての共同室内には扇風機を設置／暖房：すべての居室内に暖房設備はなく、居室棟通路にも暖房設備はなし
医師・看護師 （平成19年1月1日現在）	医師：常勤1人、非常勤2人、期間限定6人（内科・産婦人科1人、外科1人、精神科6人、歯科1人）／看護師：1人／准看護師の資格を持っている刑務官：2人
土曜・日曜・祝日・夜間の当直体制	医師は当直していないが、常に医師あるいは看護師と連絡が取れる体制にあり、急患に対しても速やかに登庁して対応。病状によっては外部の病院に搬送
死亡	0人
自殺企図	15人（すべて受刑者、未遂）
拒食	該当なし
医療のための移送	外部の病院に移送した受刑者数：10件9人／医療刑務所に移送した受刑者数：6人
指名医による診療	申請件数：0件／許可件数：0件
警備用具の使用	該当なし

拘束衣の使用	該当なし
保護室への収容	延べ38回、12人、最長50時間52分
障害のある受刑者のための工場（寮内工場）	無。障害のある者についても一般受刑者と同じ工場で作業させているが、作業内容については配慮している
作業後の裸体検査	実施せず
作業報奨金	受刑者1人あたりの月額最高額：10,795円／同最低額：517円／同平均額：2,394円／監査：作業報奨金額の計算と告知の実施は企画部門（作業）において実施しているが、計算額への組み入れや使用に伴う引き去り等の作業報奨金額の管理は、会計課が実施。監査は、毎月1回検査委員（指名された当所職員）による検査を実施
特別改善指導	薬物依存離脱指導（Ⅰ群〜Ⅲ群）：3カ月12単元の指導、対象人員10人程度、年4回実施、前年実施延べ人数は124人 被害者の視点を取り入れた教育：6カ月12単元の指導、対象人員10人程度、年2回実施、前年実施延べ人数12人 就労支援指導：5日10単元の指導、対象人員10人程度、年5回実施、前年実施延べ人数は37人
職業訓練	フォークリフト運転科：5人、3カ月、年3回実施／ホームヘルパー科：5人、6カ月、年2回実施
面会・通信等	休日面会：該当なし（遠隔地から来所した場合その他、特に必要と認める場合に当該休日の監督当直者の判断により実施することになっている）／親族以外の者の面会許可：統計なし／電話などの電気通信の方法による通信：申請0件
受刑者への懲罰 （平成18年12月31日現在）	戒告：70人／作業の10日以内の停止：0人／自弁の物品の使用または摂取の一部または全部の15日以内の停止：0人／書籍の閲覧の一部または全部の15日以内の停止：0人／報奨金計算額の3分の1以内の削減：1人
閉居罰	実施：延べ129回、67人、最長15日 運動：懲罰執行の翌日から数えて7日目に行い、以降は5日ごとに実施、40分、室外（当該日が休日等により実施できない場合は実施できる直近の日に） 入浴：懲罰執行の翌日から数えて7日目に行い、以降は5日ごとに実施（当該日が休日等により実施できない場合は実施できる直近の日に） 姿勢：安座または正座、事情がある場合は足を投げ出すことを認める。平日午前7時40分から午後4時20分まで。昼食時間のほか、午前・午後にそれぞれ10分間の解座時間を設けるので、連続は最長でも2時間。湯茶は原則として解座時間および昼食時間に
受刑者からの苦情	法務大臣に対して申出：4件／監査官に対して申出：7件／刑事施設の長に対して申出：23件

※　平成19年7月20日回答。

美祢社会復帰促進センター	〒750-0693 山口県美祢市豊田前町麻生下10
職員体制（平成20年8月1日現在。国家公務員について）	定数：123人／現在職員数：121人／男性刑務官数：71人／女性刑務官数：47人／有給休暇取得日数平均（平成19年度）：7.8日／（参考―民間企業職員数：645人）
定員	受刑者：1,000人／未決拘禁者：0人
入所者数（平成20年7月31日現在）	受刑者：679人（女性346人、無期懲役者、労役場留置者については回答なし）／未決拘禁者：0人
障害・疾患を持つ受刑者	精神障害（M指標）：0人／身体上の疾病または障害（P指標）：0人／発達障害：統計なし
高齢受刑者（平成20年7月31日現在）	60歳以上：13人（65歳以上1人、70歳以上1人、75歳以上1人）／最高齢者：76歳／介護を必要とする者：0人
外国人受刑者	日本人と異なる処遇を必要とする外国人（F指標）：0人
制限区分（平成20年7月31日現在）	第1種：0人／第2種：10人／第3種：627人／第4種：0人／未指定：42人
優遇措置（平成20年7月31日現在）	第1類：0人／第2類：27人／第3類：396人／第4類：65人／第5類：25人／未指定：166人
女性収容区域廊下の録画	撮影時間：24時間／録画の保管期間：30日間
女性収容区域の宿直勤務	男性刑務官だけで行うこと：有／暴行が起きないような対策：男性の監督当直者または副監督当直者が巡回する際は、女性刑務官が同行
冷暖房	冷房：居室に冷房は設置されていないが、各受刑者にうちわを貸与するとともに、収容棟廊下に扇風機を設置／暖房：居室には暖房は設置されていないが、収容棟廊下に設置
医師・看護師	診療所の管理を委託しているため、国の医師・看護師はいない。准看護師の資格を有している刑務官はいない
土曜・日曜・祝日・夜間の当直体制	国の医師は当直していない
死亡	0人
自殺企図	0人
拒食	0人
医療のための移送（平成19年）	外部の病院に移送した受刑者数：1人／医療刑務所に移送した受刑者数：2人
指名医による診療	申請：0件
警備用具の使用	0件
拘束衣の使用	0件
保護室への収容	延べ1回、1人、最長5時間16分

障害のある受刑者のための工場（寮内工場）	無（収容対象外）
作業後の裸体検査	実施していない
作業報奨金（平成20年7月分）	受刑者1人あたりの月額最高額：5,353円／同最低額：519円／同平均額：1,980円／監査：作業報奨金計算額について、その根拠となる日課表について、複数の職員においてチェックし、決裁を仰いでいる
教育的処遇コース	薬物依存離脱指導：おおむね4カ月17回の指導、男女それぞれ年3回、対象人員15人程度、前年度実施延べ人数は60人 被害者の視点を取り入れた教育：おおむね2カ月8回の指導、年3回、対象人員10人程度、前年度実施延べ人数は21人 交通安全指導：おおむね3カ月10回の指導、年3回女子のみ、対象人員10人程度、前年度実施延べ人数は13人
職業訓練	全員が受講する「必須職業訓練」、指定されたユニットの物が受講する「指定職業訓練」、選択されたものが受講する「選択職業訓練」に区分【必須職業訓練】安全衛生・品質管理・環境配慮科：受刑者全員、3カ月12コマ／手話基礎科：受刑者全員、3カ月12コマ／ボランティア啓発科：受刑者全員、1.5カ月6コマ／ビジネス能力修得科：受刑者全員、1.5カ月6コマ 【指定職業訓練】ITスキル養成科：男女5ユニット（1ユニット60人）、通年（週1コマ）／テクニカルIT科：男1＋女2ユニット、通年（週2コマ）／農園芸科：男女30人×2グループ、通年（隔週1コマ）／点字専攻科：男女1ユニット、通年（週1コマ） 【選択職業訓練】販売士検定科：男女30人×2グループ、6カ月22コマ／医療事務科：男女20人×2グループ、6カ月22コマ／ホームヘルパー2級科：男女20人×2グループ、1年41コマ／ボディーセラピー科：男女10人×2グループ、3カ月12コマ／DTP専攻科：男10人×2グループ、6カ月22コマ／プログラム・システム設計科：男15人、6カ月／フードコーディネーター科：女15人×4グループ、3カ月
面会・通信等（平成19年）	休日面会：64件／親族以外の者の面会許可：統計資料なし／電話などの電気通信の方法による通信：申請3件、許可3件
受刑者への懲罰（平成19年）	戒告：3人／作業の10日以内の停止：0人／自弁の物品の使用または摂取の一部または全部の15日以内の停止：0人／書籍の閲覧の一部または全部の15日以内の停止：0人／報奨金計算額の3分の1以内の削減：0人
閉居罰（平成19年）	実施：延べ28件、26人、最長15日間 運動：毎週火曜日、30分、原則室外 入浴：週2回、30分 姿勢：椅子に座り、足を組むなどの不体裁な格好はしないよう指導、8時間。午前・午後各15分間、閉居罰中の姿勢をとることを義務付けない時間帯がある。水を飲むことは特に規制していない
受刑者からの苦情（平成19年）	法務大臣に対して申出：0件／監査官に対して申出：8件／刑事施設の長に対して申出：1件

※　平成20年9月14日回答。

広島拘置所　〒730-0012 広島県広島市中区上八丁堀2-6

職員体制（平成19年1月1日現在）	定数（平成18年4月1日現在）：112人／現在職員数：112人／男性刑務官数：103人／女性刑務官数：4人／有給休暇取得日数平均（平成18年）：5.4日
定員（平成19年3月31日現在）	受刑者：110人／未決拘禁者：285人
入所者数（平成19年3月31日現在）	受刑者：184人（女性4人、無期懲役者1人、労役場留置者0人）／未決拘禁者：170人（女性12人、死刑確定者0人）
障害・疾患を持つ受刑者（平成19年3月31日現在）	精神障害（M指標）：0人／身体上の疾患または障害（P指標）：0人／発達障害：統計なし
高齢受刑者（平成19年3月31日現在）	60歳以上：13人（65歳以上4人、70歳以上3人、75歳以上2人）／最高齢者：77歳／介護を必要とする者：0人
外国人受刑者（平成18年12月31日現在）	日本人と異なる処遇を必要とする外国人（F指標）：0人
制限区分（平成19年4月10日現在）	第1種：0人／第2種：1人／第3種：34人／第4種：0人
優遇措置（平成19年4月10日現在）	第1類：0人／第2類：0人／第3類：52人／第4類：5人／第5類：0人
女性収容区域廊下の録画	撮影時間：24時間／録画の保管期間：検証を行い、必要と認めるものについては3年間保存
女性収容区域の宿直勤務	男性刑務官だけで行うこと：有 暴行が起きないような対策：上記ビデオカメラによる録画のほか、女子収容区域への巡回は複数の職員で行っている。各居室の食器口には専用の錠を設置、居室内の被収容者とは接触できないようになっている。鍵は監督当直者が鍵箱に保管。居室の報知器が下りた場合は監督当直者に報告、鍵の貸与を受け複数の職員で対応
冷暖房	冷房：居室内に冷房はないが、共同室・居室棟の廊下には扇風機を設置／暖房：居室内に暖房機器はないが、居室棟のそれぞれの廊下に暖房機器を設置
医師・看護師（平成19年1月1日現在）	医師：常勤1人、非常勤1人（内科1人、精神科1人）／看護師：0人／准看護師の資格を持っている刑務官：2人
土曜・日曜・祝日・夜間の当直体制	医師は当直していないが、常に医師あるいは（准）看護師と連絡が取れる体制にあり、急患に対しても速やかに登庁して対応、病状によっては外部の病院へ搬送
死亡	0人
自殺企図	1人（うち受刑者は0人）
拒食	0人

医療のための移送	外部の病院に移送した受刑者数：5件4人／医療刑務所に移送した受刑者数：2人
指名医による診療	申請：0件
警備用具の使用	0件
拘束衣の使用	0件
保護室への収容	延べ28回、15人、最長7日
障害のある受刑者のための工場（寮内工場）	無
作業後の裸体検査	工場就業者については作業終了後パンツ着用の上で裸体検査を実施
作業報奨金	受刑者1人あたりの月額最高額：13,227円／同最低額：914円／同平均額：2,046円／監査：毎月実施
教育的処遇コース	薬物依存離脱指導：6カ月6回の指導、対象人員2人程度、年1回実施、前年度実施延べ人数は12人 被害者の視点を取り入れた教育：4カ月6回の指導、対象人員4人程度、年1回実施、前年度実施延べ人数は24人 交通安全指導：4カ月6回の指導、対象人員4人程度、年1回実施予定
職業訓練	なし
面会・通信等	休日面会：0件／親族以外の者の面会許可：33件／電話などの電気通信の方法による通信：申請0件
受刑者への懲罰	戒告：16人／作業の10日以内の停止：0人／自弁の物品の使用または摂取の一部または全部の15日以内の停止：0人／書籍の閲覧の一部または全部の15日以内の停止：0人／報奨金計算額の3分の1以内の削減：0人
閉居罰	実施：延べ27回、実人数は統計なし、最長30日間 運動：週1回、35分、戸外 入浴：週1回、15分 姿勢：安座または正座で両手はひざまたは大腿部の上におく。午前8時10分から午後4時50分まで（ただし点検中・食事中・午前9時30分～同45分・午後2時30分～同45分および職員の許可を得た場合は除く）。給与された茶を飲める
受刑者からの苦情	法務大臣に対して申出：3件／監査官に対して申出：1件／刑事施設の長に対して申出：1件

※　特記がない限り、平成18年1月1日～12月31日のデータ。

徳島刑務所　〒779-3133 徳島県徳島市入田町大久200-1

職員体制	定数：195人／現在職員数：193人／男性刑務官数：178人／女性刑務官数：2人／有給休暇取得日数平均（平成18年度）：4.1日
定員(平成19年3月31日現在)	受刑者：976人／未決拘禁者：117人
入所者数(平成19年3月31日現在)	受刑者：1,080人（女性1人、無期懲役者137人、労役場留置者11人）／未決拘禁者：39人（女性2人、死刑確定者0人）
障害・疾患を持つ受刑者(平成19年3月31日現在)	精神障害（M指標）：0人／身体上の疾患または障害：1人／発達障害：統計なし
高齢受刑者(平成19年3月31日現在)	60歳以上：203人（65歳以上106人、70歳以上57人、75歳以上18人）／最高齢者：85歳／介護を必要とする者（平成18年12月31日現在）：0人
外国人受刑者(平成18年12月31日現在)	日本人と異なる処遇を必要とする外国人（F指標）：0人
制限区分(平成19年3月31日現在)	第1種：0人／第2種：0人／第3種：988人／第4種：67人
優遇措置(平成19年3月31日現在)	第1類：0人／第2類：12人／第3類：721人／第4類：149人／第5類：99人
女性収容区域廊下の録画	撮影時間：24時間／録画の保管期間：事後検証を行った後、12カ月　監視システム自体に約10日間
女性収容区域の宿直勤務(平成18年12月31日現在)	男性刑務官だけで行うこと：有　暴行が起きないような対策：男性刑務官2人で巡回する
冷暖房(平成18年12月31日現在)	冷房：居室内に冷房設備はないが、共同室および2名収容している単独室には扇風機を設置／暖房：居室内に暖房設備はないが、居室棟のそれぞれの廊下には暖房器具を設置
医師・看護師(平成19年1月1日現在)	医師：常勤2人、非常勤0人（内科1人、外科1人）／看護師：0人／准看護師の資格を持っている刑務官：5人
土曜・日曜・祝日・夜間の当直体制	医師は当直していないが、常に医師あるいは准看護師と連絡が取れる体制にあり、急患にも速やかに登庁して対応。病状によっては外部の病院に搬送
死亡(平成18年)	4人（うち受刑者3人）　年齢：40歳代1人、50歳代1人、70歳代1人／性別：男性／死亡原因：病気2人、事故1人
自殺企図(平成18年)	1人（受刑者）
拒食(平成18年)	0人
医療のための移送(平成18年)	外部の病院に移送した受刑者数：11人／医療刑務所に移送した受刑者数：16人

指名医による診療（平成18年）	申請：0件
警備用具の使用（平成18年）	0件
拘束衣の使用（平成18年）	0件
保護室への収容（平成18年）	延べ147回、実人数については統計なし、最長12日
障害のある受刑者のための工場（寮内工場）	無。身体障害のある者等については、その障害の程度に応じ、作業を課している
作業後の裸体検査	有
作業報奨金（平成18年）	受刑者1人あたりの月額最高額：21,489円／同最低額：330円／同平均額：3,994円／監査：毎月末に複数の職員により監査
特別改善指導	薬物依存離脱指導：6カ月12回の指導、対象人員11人程度、年1回、前年度実施延べ人数は53人 被害者の視点を取り入れた教育：6カ月12回の指導、対象人員11人程度、年1回、前年度実施延べ人数は22人 暴力団離脱指導：4カ月12回の指導、対象人員11人程度、年1回、前年度実施延べ人数は22人
職業訓練	溶接科：4人、1年／剣道具科：4人、1年／木材工芸科：4人、1年／縫製科：4人、1年／OA科：5人、6カ月
面会・通信等	休日面会：0人／親族以外の者の面会許可：統計なし／電話などの電気通信の方法による通信：申請0件
受刑者への懲罰（平成18年12月31日現在）	戒告：0件／作業の10日以内の停止：15件／自弁の物品の使用または摂取の一部または全部の15日以内の停止：0件／書籍の閲覧の一部または全部の15日以内の停止：0件／報奨金計算額の3分の1以内の削減：0件
閉居罰（平成18年）	実施：延べ523件、実人数は回答なし、最長50日／運動：週1回、30分、原則として室外／入浴：週1回、15分／姿勢：安座または正座を朝食終了後から仮就寝（午後7時）まで。水は自由に飲める。休憩時間あり
受刑者からの苦情（平成18年5月24日〜平成19年3月31日）	法務大臣に対して申出：103件／監査官に対して申出：71件／刑事施設の長に対して申出：238件

※ 平成19年6月27日回答。

高松刑務所　〒760-0067 香川県高松市松福町2-16-63

職員体制（平成19年1月1日現在）	定数：250人／現在職員数：246人／男性刑務官数：209人／女性刑務官数：5人／有給休暇取得日数平均（平成18年度）：7.6日
定員（平成19年3月31日現在）	受刑者：934人／未決拘禁者：230人
入所者数（平成19年3月31日現在）	受刑者：1,004人（女性10人、無期懲役者1人、労役場留置者19人）／未決拘禁者：128人（女性9人、死刑確定者0人）
障害・疾患を持つ受刑者（平成19年3月31日現在）	精神障害（M指標）：0人／身体上の疾患または障害（P指標）：0人／発達障害：統計なし
高齢受刑者（平成19年3月31日現在）	60歳以上：117人（65歳以上統計なし、70歳以上20人、75歳以上統計なし）／最高齢者：84歳／介護を必要とする者（平成18年）：0人
外国人受刑者（平成18年12月31日現在）	日本人と異なる処遇を必要とする外国人（F指標）：83人／国籍：17カ国／通訳：必要な場合は外部通訳を招聘
制限区分（平成18年12月31日現在）	第1種：0人／第2種：14人／第3種：855人／第4種：17人
優遇措置（平成18年12月31日現在）	第1類：0人／第2類：3人／第3類：381人／第4類：200人／第5類：107人
女性収容区域廊下の録画	撮影時間：24時間／録画の保管期間：原則として2カ月保存
女性収容区域の宿直勤務	男性刑務官だけで行うこと：有　暴行が起きないような対策：矯正局長通達に基づく内規を発出し、適正を期している
冷暖房	冷房：居室内に冷房設備はないが、共同室内・居室棟のそれぞれの廊下に扇風機を設置／暖房：居室内に暖房器具はない
医師・看護師（平成19年1月1日現在）	医師：常勤3人、非常勤1人（内科2人、外科2人）／看護師：1人／准看護師の資格を持っている刑務官：8人
土曜・日曜・祝日・夜間の当直体制	医師は当直していないが、常に医師あるいは（准）看護師と連絡が取れる体制にあり、急患にも速やかに登庁して対応。病状によっては外部の病院に搬送
死亡（平成18年）	3人（うち受刑者2人）　年齢：50歳代／性別：男性／死亡原因：病気、事故
自殺企図（平成18年）	4人（うち受刑者2人）
拒食（平成18年）	2人（うち受刑者1人）。最高連続29食
医療のための移送（平成18年）	外部の病院に移送した受刑者数：13人／医療刑務所に移送した受刑者数：17人
指名医による診療（平成18年）	申請：0件
警備用具の使用（平成18年）	0件

拘束衣の使用 (平成18年)	0件
保護室への収容 (平成18年)	延べ181回、105人、最長23日間
障害のある受刑者のための工場 (寮内工場)	障害者のみを対象とする工場は設けていないが、精神的または身体的障害のある受刑者については、その障害の程度を考慮して作業を課す。
作業後の裸体検査	行っている
作業報奨金 (平成18年)	受刑者1人あたりの月額最高額：15,961円／同最低額：652円／同平均額：2,125円／監査：適正に計算されていることを確認するために、複数の職員が検算
教育的処遇コース	薬物依存離脱指導：3カ月12単元の指導、対象人員10人程度、年4回、前年度実施延べ人数は52人 暴力団離脱指導：2カ月9単元の指導、対象人員5〜6人程度、年4回、前年度実施延べ人数は13人 性犯罪再犯防止指導：速習用低密度 (中) を1回4人 被害者の視点を取り入れた教育：3カ月12単元の指導、対象人員3〜5人程度、年4回、前年度実施延べ人数は9人 就労支援指導：2.5カ月11単元の指導、年1回、前年度実施延べ人数は18人
職業訓練	建築科：3人／左官科：2人／石材科：4人／木材工芸科：4人／小型建設機械科：5人
面会・通信等 (平成18年)	休日面会：27人／親族以外の者の面会許可：1,091件／電話などの電気通信の方法による通信：申請0件
受刑者への懲罰 (平成18年)	戒告：37件／作業の10日以内の停止：0件／自弁の物品の使用または摂取の一部または全部の15日以内の停止：0件／書籍の閲覧の一部または全部の15日以内の停止：0件／報奨金計算額の3分の1以内の削減：41件
閉居罰 (平成18年)	実施：延べ614件、494人、最長40日 運動：週1回30分間 入浴：週1回15分間 姿勢：正座または安座。朝食終了時から仮就寝まで (ただし、食事・洗面等を除く)。水は自由に飲める
受刑者からの苦情 (平成18年)	法務大臣に対して申出：5件／監査官に対して申出：29件／刑事施設の長に対して申出：20件

※ 丸亀拘置支所を含む。平成19年6月29日回答。

松山刑務所　〒791-0293 愛媛県東温市見奈良1243-2

職員体制（平成19年1月1日現在）	定数：248人／現在職員数：244人／男性刑務官数：228人／女性刑務官数：5人／有給休暇取得日数平均（平成18年度）：7.1日
定員（平成19年3月31日現在）	受刑者：942人／未決拘禁者：235人
入所者数（平成19年3月31日現在）	受刑者：1041人（女性2人、無期懲役者0人、労役場留置者10人）／未決拘禁者：87人（女性未決4人、死刑確定者0人）
障害・疾患を持つ受刑者（平成19年3月31日現在）	精神障害（M指標）：0人／身体上の疾患または障害（P指標）：0人／発達障害：統計なし
高齢受刑者（平成19年3月31日現在）	60歳以上：90人（65歳以上統計なし、70歳以上18人、75歳以上6人）／最高齢者：92歳／護を必要とする者（平成18年12月31日現在）：1人
外国人受刑者（平成18年12月31日現在）	日本人と異なる処遇を必要とする外国人（F指標）：0人
制限区分（平成18年12月31日現在）	第1種：22人／第2種：20人／第3種：875人／第4種：48人
優遇措置（平成18年12月31日現在）	第1類：22人／第2類：14人／第3類：592人／第4類：145人／第5類：57人
女性収容区域廊下の録画	撮影時間：24時間
女性収容区域の宿直勤務	男性刑務官だけで行うこと：有／暴行が起きないような対策：扉及び視察窓を施錠し、鍵を厳重に保管している
冷暖房	冷房：居室内に冷房はないが、共同質に扇風機を備えているほか、居室棟のそれぞれの廊下にも扇風機を備え付けている／暖房：居室内に暖房器具は設置していない
医師・看護師（平成19年1月1日現在）	医師：常勤2人、非常勤2人（内科4人）／看護師：0人／准看護師の資格を持っている刑務官：9人
土曜・日曜・祝日・夜間の当直体制	医師は当直していないが、常に医師・准看護師と連絡が取れる体制にあり、速やかに登庁して対応している。また病状によっては外部の病院に搬送
死亡	1人（未決拘禁者）　年齢：50歳代／性別：男性／死亡原因：病気
自殺企図	0人
拒食	0人
医療のための移送	外部の病院に移送した受刑者数：4人／医療刑務所に移送した受刑者数：7人
指名医による診療	申請：1件（その後本人から取り下げ）
警備用具の使用	0件

拘束衣の使用	0件
保護室への収容	延べ147回、60人、最長5日18時間52分
障害のある受刑者のための工場（寮内工場） （平成18年12月末日現在）	障害等がある者や高齢者など一般受刑者と集団で行動することが困難な受刑者のための工場がある　該当受刑者数：12人
作業後の裸体検査	無
作業報奨金	受刑者1人あたりの月額最高額：18,617円／同最低額：363円／同平均額：2,730円／監査：月額計算高を計上するに当たっては、複数の職員が計算し、突合している。また年2回部内監査
教育的処遇コース	薬物依存離脱指導：2カ月8回の指導、対象人員10人程度、年2回実施、実施延べ人数は158人 性犯罪再犯防止指導：3カ月14回の指導、対象人員4人程度、年1回実施、実施延べ人数56人 犯罪者の視点を取り入れた教育：5カ月10回の指導、対象人員8人程度、年2回実施、実施延べ人数は101人 交通安全指導：2カ月8回の指導、対象人員10人程度、年1回実施、実施延べ人数は75人 就労支援指導：1週間10回の指導、対象人員15人程度、年1回実施、実施延べ人数は150人
職業訓練	溶接科：30人、6カ月／クレーン科：25人、6カ月／フォークリフト運転科：30人、1カ月／理容科：20人、2年／情報処理科：20人、6カ月／初級システムアドミニストレータ科：5人、6カ月／農業園芸科：10人、1年／ボイラー運転科：5人、6カ月／数値制御機械科：10人、6カ月／ホームヘルパー科：10人、6カ月／縫製科：55人、1カ月／
面会・通信等	休日面会：0人／親族以外の者の面会許可：646件／電話などの電気通信の方法による通信：申請23件、許可23件
受刑者への懲罰 （平成18年12月末日現在）	戒告：97人／作業の10日以内の停止：0人／自弁の物品の使用または摂取の一部または全部の15日以内の停止：0人／書籍の閲覧の一部または全部の15日以内の停止：0人／報奨金計算額の3分の1以内の削減：4人
閉居罰	実施：延べ698回、384人、50日 運動：7日に1回、各30分、戸外 入浴：7日に1回、各15分 姿勢：安座または正座の姿勢を午前・午後各4時間。ただし途中に休憩時間有。水は飲むことができる。休憩時間等が設けられている
受刑者からの苦情	法務大臣に対して申出：13件／監査官に対して申出：17件／刑事施設の長に対して申出：15件

※　西条刑務支所、今治・宇和島・大洲各拘置支所を含む。

高知刑務所　〒781-5101 高知県高知市布師田3604-1

職員体制（平成19年1月1日現在）	定数：151人／現在職員数：147人／男性刑務官数：135人／女性刑務官数：3人／有給休暇取得日数平均（平成18年）：4.9日
定員（平成19年3月31日現在）	受刑者：454人／未決拘禁者：115人
入所者数（平成19年3月31日現在）	受刑者：508人（女性3人、無期懲役者0人、労役場留置者8人）／未決拘禁者：47人（女性3人、死刑確定者0人）
障害・疾患を持つ受刑者（平成19年3月31日現在）	精神障害（M指標）：0人／身体上の疾病または障害（P指標）：0人／発達障害：統計なし
高齢受刑者（平成19年3月31日現在）	60歳以上：60人（65歳以上30人、70歳以上13人、75歳以上5人）／最高齢者：79歳／介護を必要とする者（平成18年12月31日現在）：0人
外国人受刑者（平成18年12月31日現在）	日本人と異なる処遇を必要とする外国人（F指標）：0人
制限区分（平成18年12月31日現在）	第1種：0人／第2種：6人／第3種：408人／第4種：94人
優遇措置（平成18年12月31日現在）	第1類：0人／第2類：9人／第3類：294人／第4類：21人／第5類：184人
女性収容区域廊下の録画	撮影時間：女子職員が不在になる午後5時から翌日午前7時30分まで（休日は終日）／録画の保管期間：3カ月保管
女性収容区域の宿直勤務	男性刑務官だけで行うこと：有／暴行が起きないような対策：女区の鍵は監督当直者が保管し、女性収容者と接する場合は監督者立会いの下、2名以上の職員で行う
冷暖房	冷房：なし／暖房：なし
医師・看護師（平成19年1月1日現在）	医師：常勤1人、非常勤0人（外科）／看護師：0人／准看護師の資格を持っている刑務官：5人
土曜・日曜・祝日・夜間の当直体制	医師は当直していないが、常に医師あるいは（准）看護師と連絡が取れる体制にあり、急病に対しても速やかに登庁して対応、病状によっては外部の病院へ搬送
死亡（平成18年）	2人（いずれも受刑者）　年齢：30歳代、60歳代／性別：男性／死亡原因：病気
自殺企図（平成18年）	1人（うち受刑者は0人）
拒食（平成18年）	0人
医療のための移送（平成18年）	外部の病院に移送した受刑者数：5人／医療刑務所に移送した受刑者数：0人
指名医による診療（平成18年）	申請：1件／許可：0件
警備用具の使用（平成18年）	0件

拘束衣の使用（平成18年）	0件
保護室への収容（平成18年）	延べ93回、93人、最長71時間
障害のある受刑者のための工場（寮内工場） （平成18年12月31日現在）	無。高齢受刑者など、一般の受刑者と集団で行動することが困難な受刑者については、体力等に応じて作業内容を考慮
作業後の裸体検査	実施せず
作業報奨金 （平成19年3月31日現在）	受刑者1人あたりの月額最高額：12,057円／同最低額：413円／同平均額：2199円／監査：複数の職員により検算し、監督者が確認
教育的処遇コース （平成18年）	薬物依存離脱指導：4カ月8回の指導、前年実施延べ人数は225人 暴力団離脱指導：8カ月8回の指導、前年実施延べ人数は8人 被害者の視点を取り入れた指導：8カ月8回の指導、対象人員10人程度 交通安全指導：3カ月6回の指導、前年実施延べ人数は60人 就労支援指導：1カ月5回の指導、前年実施延べ人数は13人
職業訓練（平成18年）	ビル設備管理科：10人、7カ月／縫製科：3人、1カ月
面会・通信等（平成18年）	休日面会：2件／親族以外の者の面会許可：統計なし／電話などの電気通信の方法による通信：申請0件
受刑者への懲罰 （平成18年12月31日現在）	戒告：59人／作業の10日以内の停止：0人／自弁の物品の使用または摂取の一部または全部の15日以内の停止：0人／書籍の閲覧の一部または全部の15日以内の停止：15人／報奨金計算額の3分の1以内の削減：5人
閉居罰（平成18年）	実施：延べ285件、285人、最長30日間 運動：週1回、30分、室外 入浴：週1回、15分 姿勢：日課時間帯においては正面を向いて正座か安座。休息・休憩時間を設けている。水は自由に飲むことができる
受刑者からの苦情 （平成18年）	法務大臣に対して申出：38件／監査官に対して申出：31件／刑事施設の長に対して申出：27件

※　中村拘置支所を含む。平成19年6月4日回答。

北九州医療刑務所　〒802-0837 福岡県北九州市小倉南区葉山町1-1-1

職員体制	定数：125人／現在職員数：125人／男性刑務官数：100人／女性刑務官数：1人／有給休暇取得日数平均（平成18年度）：10.5日
定員(平成19年3月31日現在)	受刑者：300人／未決拘禁者：0人
入所者数(平成19年3月31日現在)	受刑者：240人（女性0人、無期懲役者24人、労役場留置者0人）／未決拘禁者：0人
障害・疾患を持つ受刑者(平成19年3月31日現在)	精神障害（M指標）：115人／身体上の疾患または障害（P指標）：0人／発達障害：統計なし
高齢受刑者(平成19年3月31日現在)	60歳以上：26人（65歳以上21人、70歳以上11人、75歳以上3人）／最高齢者：87歳／介護を必要とする者：1人
外国人受刑者(平成19年3月31日現在)	日本人と異なる処遇を必要とする外国人（F指標）：0人／通訳：大阪刑務所国際対策室に対し職員の応援を要請したり、ボランティア・領事館等に依頼
制限区分(平成19年4月10日現在)	第1種：0人／第2種：0人／第3種：172人／第4種：75人
優遇措置(平成19年4月10日現在)	第1類：0人／第2類：11人／第3類：132人／第4類：80人／第5類：15人
女性収容区域廊下の録画	該当なし
女性収容区域の宿直勤務	該当なし
冷暖房	冷房：医療上必要な居室には冷房設備があるほか、居室棟それぞれの廊下に扇風機を設置／暖房：医療上必要な居室には暖房器具があるほか、居室棟それぞれの廊下に暖房器具を設置
医師・看護師(平成19年1月1日現在)	医師：常勤3人、非常勤3人（内科1人、精神科3人、眼科1人、外科1人）／看護師：12人／准看護師の資格を持っている刑務官：2人
土曜・日曜・祝日・夜間の当直体制	医師は当直していないが、常に医師あるいは看護師と連絡が取れる体制にあり、休日夜間の急患に対しても速やかに登庁して対応。病状によっては外部の病院に搬送
死亡(平成18年)	1人（受刑者）　年齢：60歳代／性別：男性／死亡原因：病気
自殺企図(平成18年)	0人
拒食(平成18年)	0人
医療のための移送(平成18年)	外部の病院に移送した受刑者数：1人／医療刑務所に移送した受刑者数：0人
指名医による診療(平成18年5月24日〜12月31日)	申請：0件
警備用具の使用(平成18年)	0件

市民が視た刑務所

拘束衣の使用（平成18年）	0件
保護室への収容（平成18年）	延べ72回、21人、最長14日間
障害のある受刑者のための工場（寮内工場）	有　該当受刑者数（平成18年12月31日）：40人
作業後の裸体検査	実施せず
作業報奨金（平成18年度）	受刑者1人あたりの月額最高額：15,861円／同最低額：5円／同平均額：2,792円／監査：告知前に作業関係職員が確認
教育的処遇コース（平成18年度）	薬物依存離脱指導：4カ月16回の指導、対象人員5〜8人程度、年2回実施、昨年度実施延べ人数は176人 被害者の視点を取り入れた教育：3カ月12回の指導、対象人員5〜7人程度、年3回実施、昨年度実施延べ人数は132人
職業訓練	窯業科：1日平均13人、1年
面会・通信等（平成18年5月24日〜12月31日）	休日面会：0件／親族以外の者の面会許可（平成18年12月31日まで）：87件／電話などの電気通信の方法による通信：申請0件
受刑者への懲罰（平成18年5月24日〜12月31日）	戒告：7人／作業の10日以内の停止：0人／自弁の物品の使用または摂取の一部または全部の15日以内の停止：0人／書籍の閲覧の一部または全部の15日以内の停止：0人／報奨金計算額の3分の1以内の削減：3人
閉居罰（平成18年5月24日〜12月31日）	実施：延べ58回、49人、最長45日間 運動：週1回以上、30分、室外／入浴：冬季週1回以上、夏季週2回以上、それぞれ15分 姿勢：安座または正座で、連続した時間は決めていない。水は飲むことができる。
受刑者からの苦情（平成18年5月24日〜12月31日）	法務大臣に対して申出：0件／監査官に対して申出：5件／刑事施設の長に対して申出：0件

福岡刑務所　〒811-2126 福岡県糟屋郡宇美町障子岳南6-1-1

職員体制（平成19年1月1日現在）	定数（平成18年度）：425人／現在職員数：425人／男性刑務官数：368人／女性刑務官数：6人／有給休暇取得日数平均（平成18年度）：5.4日
定員	受刑者：1,700人／未決拘禁者：247人
入所者数（平成19年3月31日現在）	受刑者：2,017人（女性2人、無期懲役者1人、労役場留置者34人）／未決拘禁者：78人（女性12人、死刑確定者0人）
障害・疾患を持つ受刑者（平成19年3月31日現在）	精神障害（M指標）：0人／身体上の疾患または障害（P指標）：38人／発達障害：0人
高齢受刑者（平成19年3月31日現在）	60歳以上：245人（65歳以上134人、70歳以上58人、75歳以上17人）／最高齢者：84歳／介護を必要とする者：33人
外国人受刑者（平成18年12月31日現在）	日本人と異なる処遇を必要とする外国人（F指標）：119人／国籍：19カ国
制限区分（平成18年12月31日現在）	第1種：0人／第2種：5人／第3種：1,818人／第4種：43人
優遇措置（平成18年12月31日現在）	第1類：0人／第2類：86人／第3類：938人／第4類：256人／第5類：170人
女性収容区域廊下の録画	撮影時間：24時間（全支所）／録画の保管期間：翌日から1年間、なお全支所とも翌朝に検証を実施
女性収容区域の宿直勤務	男性刑務官だけで行うこと：有／暴行が起きないような対策：女区の鍵を当直監督者が保管し、必ず2人以上の職員で対応
冷暖房	冷房：なし。ただし共同室に扇風機を設置／暖房：なし
医師・看護師（平成19年1月1日現在）	医師：常勤7人、非常勤5人（内科5人、外科3人、歯科1人、精神科2人、眼科1人）／看護師：15人／准看護師の資格を持っている刑務官：7人
土曜・日曜・祝日・夜間の当直体制	医師は当直していないが看護師が当直、必要に応じて医師と連絡が取れる体制にあり、急患にも速やかに登庁して対応。病状によっては外部の病院に搬送
死亡（平成18年）	6人（いずれも受刑者）　年齢：40歳代1人、50歳代2人、60歳代2人、80歳代1人／性別：男性／死亡原因：病気
自殺企図	2人（内訳回答なし）
拒食	連続して15食以上拒食した者は0人
医療のための移送（平成18年度）	外部の病院に移送した受刑者数：24人／医療刑務所に移送した受刑者数：21人
指名医による診療（平成18年度）	申請：2件／許可：0件

警備用具の使用(平成18年)	0件
拘束衣の使用(平成18年)	0件
保護室への収容(平成18年)	延べ251回、236人、最長27日間
障害のある受刑者のための工場（寮内工場）(平成19年3月31日現在)	有。49人
作業後の裸体検査	通常は下着（パンツ）着用で検査しているが、反則行為の取締りの必要に応じて裸体検査を実施することがある
作業報奨金(平成19年3月)	受刑者1人あたりの月額最高額：13,464円／同最低額：611円／同平均額：2,207円／監査：作業部門と会計課職員が相互に精査
改善指導(平成18年度)	薬物依存離脱指導（Aコース）：6カ月12回の指導、対象人員10人、年1回、前年度実施延べ人数は120人 薬物依存離脱指導（Bコース）：5週間5回の指導、対象人員5人、年1回、前年度実施延べ人数は25人 暴力団離脱指導：4カ月4回の指導、対象人員10人、年1回、前年度実施延べ人数は40人 性犯罪者再犯防止指導(低密度)：3カ月12回の指導、対象人員3人、年1回、前年度実施延べ人数は36人 性犯罪者再犯防止指導(速習低密度〔高〕)：3カ月14回の指導、対象人員8人、年1回、前年度実施延べ人数は112人 被害者の視点を取り入れた教育：6カ月6回の指導、対象人員6人、年1回、前年度実施延べ人数は36人 就労支援指導：4日間10回の指導、対象人員7人、年2回、前年度実施延べ人数は140人
職業訓練(平成18年)	溶接科：1回8人、6カ月、年2回／小型建設機械科：1回8人、1カ月、年5回
面会・通信等(平成18年)	休日面会：0人（刑事事件に係る弁護士面会を除く）／親族以外の者の面会許可：統計なし／電話などの電気通信の方法による通信：実施なし
受刑者への懲罰(平成18年)	戒告：326件／作業の10日以内の停止：0件／自弁の物品の使用または摂取の一部または全部の15日以内の停止：0件／書籍の閲覧の一部または全部の15日以内の停止：0件／報奨金計算額の3分の1以内の削減：0件
閉居罰(平成18年)	実施：延べ964件、実人数は回答なし、最長60日 運動：週2～3回各30分間の戸外運動、毎日各30分間の室内運動 入浴：週2～3回、各15分間。ただし週1～2回は拭身として実施 姿勢：正座または安座を連続約2時間。水は申出により飲める。体調不良の場合は申出により壁もたれを許可
受刑者からの苦情(平成18年)	法務大臣に対して申出：76件／監査官に対して申出：60件／刑事施設の長に対して申出：240件

※ 大牟田・久留米・飯塚・田川・厳原各拘置支所を含む。平成19年9月28日回答。

麓刑務所	〒841-0084 佐賀県鳥栖市山浦町2635
職員体制 (平成19年1月1日現在)	定数（平成18年度）：107人／現在職員数：107人／男性刑務官数：19人／女性刑務官数：77人／有給休暇取得日数平均（平成18年）：5.8日
定員(平成19年3月31日現在)	受刑者：302人／未決拘禁者：0人
入所者数 (平成19年3月31日現在)	受刑者：405人（女性402人、無期懲役者6人、労役場留置者3人）／未決拘禁者：0人
障害・疾患を持つ受刑者 (平成19年3月31日現在)	精神障害（M指標）：0人／身体上の疾患または障害（P指標）：1人／発達障害：統計なし
高齢受刑者 (平成19年3月31日現在)	60歳以上：52人（65歳以上12人、70歳以上9人、75歳以上9人）／最高齢者：84歳／介護を必要とする者：0人
外国人受刑者	日本人と異なる処遇を必要とする外国人（F指標）：0人／
制限区分 (平成18年12月31日現在)	第1種：0人／第2種：15人／第3種：378人／第4種：2人
優遇措置 (平成18年12月31日現在)	第1類：0人／第2類：28人／第3類：225人／第4類：47人／第5類：3人
女性収容区域廊下の録画	撮影時間：24時間／録画の保管期間：事後の検証を行い、通常3日間保管
女性収容区域の宿直勤務	男性刑務官だけで行うこと：無
冷暖房	冷房：すべての居室に冷房設備はないが、一部の居室を除き各部屋に扇風機を設置／暖房：居室内に暖房設備はないが、居室棟廊下の一部には暖房器具を設置
医師・看護師 (平成19年1月1日現在)	医師：常勤1人、非常勤3人（外科1人、精神科2人、産婦人科1人）／看護師：1人／准看護師の資格を持っている刑務官：3人
土曜・日曜・祝日・夜間の当直体制	医師は当直していないが常に医師と連絡が取れる体制にあり、必要に応じて登庁し、または外部の病院に搬送
死亡 (平成18年)	0人
自殺企図 (平成18年)	0人
拒食 (平成18年)	連続して15食以上拒食した者は0人
医療のための移送 (平成18年)	外部の病院に移送した受刑者数：4件4人／医療刑務所に移送した受刑者数：3人
指名医による診療 (平成18年5月24日～12月31日)	申請：0件
警備用具の使用	0件
拘束衣の使用	0件

保護室への収容（平成18年）	延べ15回、6人、最長65時間53分
障害のある受刑者のための工場（寮内工場）	無。一般受刑者と同じ工場で作業しているが、作業内容や処遇等を考慮
作業後の裸体検査	実施せず
作業報奨金（平成19年5月末）	受刑者1人あたりの月額最高額：9,257円／同最低額：682円／同平均額：2,525円／監査：企画部門と会計課が相互に精査
教育的処遇コース	薬物依存離脱指導（初犯）：3カ月6回の指導、対象人員10人、年4回、前年度実施延べ人数は240人 薬物依存離脱指導（累犯）：4カ月8回の指導、対象人員8人、年3回、前年度実施延べ人数は192人 被害者の視点を取り入れた教育：8カ月8回の指導、対象人員8人、年1回、前年度実施延べ人数は60人 交通安全指導：3カ月6回の指導、対象人員8人、年4回、前年度実施延べ人数は146人 就労支援指導：6カ月12回の指導、対象人員10人、年2回、前年度実施延べ人数は15人
職業訓練（平成18年度）	介護サービス科：15人、6カ月（年2回）
面会・通信等（平成18年）	休日面会：0人／親族以外の者の面会許可：414件／電話などの電気通信の方法による通信：申請0件
受刑者への懲罰（平成18年5月24日～12月31日）	戒告：11件／作業の10日以内の停止：0件／自弁の物品の使用または摂取の一部または全部の15日以内の停止：0件／書籍の閲覧の一部または全部の15日以内の停止：0件／報奨金計算額の3分の1以内の削減：2件
閉居罰（平成18年5月24日～12月31日）	実施：延べ68件、53人、最長は20日 運動：週2回30分、室外 入浴：冬季週1～2回、夏季週2～3回、各15分 姿勢：着座の指示のみ。用便等の理由があれば離席できる。水を飲むのは午前・午後の休憩および昼食時のみに指定、夕食時以降は自由。足を動かすことは差し支えない
受刑者からの苦情	法務大臣に対して申出：2件／監査官に対して申出：39件／刑事施設の長に対して申出：2件

※　平成19年7月31日回答。

佐世保刑務所　〒859-3225 長崎県佐世保市浦川内町1

職員体制（平成19年1月1日現在）	定数：149人／現在職員数：148人／男性刑務官数：137人／女性刑務官数：2人／有給休暇取得日数平均（平成18年度）：2.3日
定員（平成19年3月31日現在）	受刑者：662人／未決拘禁者：64人
入所者数（平成19年3月末日現在）	受刑者：643人（女性3人、無期懲役者0人、労役場留置者5人）／未決拘禁者：26人（女性0人、死刑確定者0人）
障害・疾患を持つ受刑者	精神障害（M指標）：0人／身体上の疾患または障害（P指標）：0人／発達障害：統計なし
高齢受刑者（平成19年3月31日現在）	60歳以上：36人（65歳以上20人、70歳以上12人、75歳以上3人）／最高齢者：78歳／介護を必要とする者：0人
外国人受刑者（平成19年3月31日現在）	日本人と異なる処遇を必要とする外国人（F指標）：0人／通訳：面会は通訳人を当所で確保、信書については大阪刑務所に翻訳を依頼
制限区分（平成19年4月10日現在）	第1種：0人／第2種：8人／第3種：563人／第4種：56人
優遇措置（平成19年4月10日現在）	第1類：0人／第2類：15人／第3類：316人／第4類：122人／第5類：79人
女性収容区域廊下の録画	撮影時間：24時間／録画の保管期間：事後の検証を行い、90日間保管
女性収容区域の宿直勤務	男性刑務官だけで行うこと：有 暴行が起きないような対策：居室鍵、食器孔鍵を監督当直者が管理、特に必要なときは複数の男性刑務官で対応
冷暖房	冷房：すべての居室に冷房設備はないが、共同室には扇風機あり／暖房：なし
医師・看護師（平成19年1月1日現在）	医師：常勤1人、非常勤0人（小児外科）／看護師：0人／准看護師の資格を持っている刑務官：5人
土曜・日曜・祝日・夜間の当直体制	医師は当直していないが、常に医師あるいは（准）看護師と連絡が取れる体制にあり、休日夜間の急患に対しても速やかに登庁して対応。病状によっては外部の病院に搬送
死亡（平成18年）	0人
自殺企図（平成18年）	0人
拒食	連続して15食以上拒食した者は1人、21食
医療のための移送（平成18年）	外部の病院に移送した受刑者数：4人／医療刑務所に移送した受刑者数：2人
指名医による診療（平成18年5月24日〜12月31日）	申請：0件
警備用具の使用（平成18年）	0件

拘束衣の使用（平成18年）	0件
保護室への収容（平成18年）	延べ157回、実人数については統計なし、最長6日間
障害のある受刑者のための工場（寮内工場）	高齢受刑者など一般受刑者と集団で行動することが困難な受刑者のため養護工場有　該当受刑者数（平成19年3月31日）：3人
作業後の裸体検査	回答は控える
作業報奨金 （平成19年2月分）	受刑者1人あたりの月額最高額：13,504円／同最低額：557円／同平均額：2,565円／監査：企画部門と会計課で精査
教育的処遇コース （平成19年3月31日現在）	薬物依存離脱指導：6カ月7回の指導、対象人員5人程度、年2回実施、昨年度実施延べ人数は10人 暴力団離脱指導：6カ月6回の指導、対象人員5人程度、年2回実施、昨年度実施延べ人数3人 被害者の視点を取り入れた教育：6カ月8回の指導、対象人員5人程度、年2回実施、昨年度実施延べ人数は8人
職業訓練	溶接科：7人、6カ月／印刷科：7人、6カ月
面会・通信等	休日面会：記録なし／親族以外の者の面会許可（平成18年12月31日まで）：689件／電話などの電気通信の方法による通信（平成18年）：申請0件
受刑者への懲罰（平成18年5月24日〜12月31日）	戒告：21人／作業の10日以内の停止：0人／自弁の物品の使用または摂取の一部または全部の15日以内の停止：0人／書籍の閲覧の一部または全部の15日以内の停止：0人／報奨金計算額の3分の1以内の削減：170人
閉居罰	実施（平成18年5月24日〜12月31日）：延べ505回、実人数・最長期間について統計なし 運動：週1回、40分、室外 入浴：週1回、15分 姿勢：安座、最長2時間30分。水は申出により飲むことができる。休憩時間に手足・腰を伸ばすことができる
受刑者からの苦情（平成18年5月24日〜12月31日）	法務大臣に対して申出：21件／監査官に対して申出：16件／刑事施設の長に対して申出：20件

※　平成19年9月10日回答。

長崎刑務所 〒854-8650 長崎県諫早市小川町1650

職員体制 (平成19年1月1日現在)	定数：242人／現在職員数：236人／男性刑務官数：214人／女性刑務官数：5人／有給休暇取得日数平均（平成18年度）：4.9日
定員(平成19年3月末日現在)	受刑者：781人／未決拘禁者：159人
入所者数 (平成19年3月末日現在)	受刑者：929人（女性1人、無期懲役者0人、労役場留置者14人）／未決拘禁者：64人（女性10人、死刑確定者0人）
障害・疾患を持つ受刑者 (平成19年3月末日現在)	精神障害（M指標）：0人／身体上の疾患または障害（P指標）：0人／発達障害：統計なし
高齢受刑者 (平成19年3月末日現在)	60歳以上：132人（65歳以上62人、70歳以上13人、75歳以上0人）／最高齢者：74歳／介護を必要とする者：0人
外国人受刑者 (平成18年12月末日現在)	日本人と異なる処遇を必要とする外国人（F指標）：62人／国籍数：3カ国
制限区分 (平成19年3月31日現在)	第1種：0人／第2種：22人／第3種：817人／第4種：29人
優遇措置 (平成19年3月31日現在)	第1類：0人／第2類：62人／第3類：443人／第4類：83人／第5類：102人
女性収容区域廊下の録画	撮影時間：24時間／録画の保管期間：事後の検証を行い、最低70日間保管
女性収容区域の宿直勤務	男性刑務官だけで行うこと：有 暴行が起きないような対策：女区居室扉および窓に専用の錠を設置、単独では開錠しないように鍵は監督者において保管
冷暖房	冷房：すべての居室に冷房設備はないが、すべての共同室・教室・工場に扇風機あり／暖房：すべての居室に暖房設備はないが、すべての検身場・教室に暖房器具あり
医師・看護師 (平成19年1月1日現在)	医師：常勤3人、非常勤2人（内科4人、外科1人）／看護師：1人／准看護師の資格を持っている刑務官：8人
土曜・日曜・祝日・夜間の当直体制	医師は当直していないが、常に医師あるいは（准）看護師と連絡が取れる体制にあり、休日夜間の急患に対しても速やかに登庁して対応。病状によっては外部の病院に搬送
死亡(平成18年)	4人（すべて受刑者）　年齢：30歳代1人、40歳代2人、50歳代1人／性別：男性／死亡原因：病気3人、事故1人
自殺企図(平成18年)	3人（うち受刑者2人）
拒食	0人
医療のための移送 (平成18年)	外部の病院に移送した受刑者数：23件17人／医療刑務所に移送した受刑者数：5人

指名医による診療（平成18年5月24日〜平成19年3月31日）	該当なし
警備用具の使用（平成18年5月24日〜平成19年3月31日）	0件
拘束衣の使用（平成18年5月24日〜平成19年3月31日）	0件
保護室への収容（平成18年5月24日〜平成19年3月31日）	延べ120回、115人、最長期間：7日間
障害のある受刑者のための工場（寮内工場）（平成19年3月31日現在）	有　該当受刑者数：15人
作業後の裸体検査	下着での検査を実施
作業報奨金（平成18年度）	受刑者1人あたりの月額最高額：12,821円／同最低額：341円／同平均額：2,719円／監査：作業および会計職員で相互に作業報奨金計算高を精査
教育的処遇コース（平成19年3月31日現在）	薬物依存離脱指導：3.5カ月7回の指導、対象人員30人程度、年3回実施、昨年度実施延べ人数は417人 暴力団離脱指導：3カ月6回の指導、対象人員10人程度、年3回実施、昨年度実施延べ人数80人 被害者の視点を取り入れた教育指導：3.5カ月7回の指導、対象人員10人程度、年3回実施、昨年度実施延べ人数は64人
職業訓練（平成18年）	溶接科：4人、6カ月／木工科：2人、6カ月／竹工芸科：3人、6カ月
面会・通信等	休日面会：実施していない／親族以外の者の面会許可：親族以外の面会が多数／電話などの電気通信の方法による通信：該当なし
受刑者への懲罰（平成18年5月24日〜12月31日）	戒告：39人／作業の10日以内の停止：0人／自弁の物品の使用または摂取の一部または全部の15日以内の停止：0人／書籍の閲覧の一部または全部の15日以内の停止：25人／報奨金計算額の3分の1以内の削減：225人
閉居罰	実施（平成18年5月24日〜12月31日）：延べ521回、344人、35日 運動：最低7日に1回、30分、できる限り戸外で実施。 入浴：最低7日に1回、15分実施 姿勢：安座または正座。水は申出により飲むことができる。休憩時間等が設けられている
受刑者からの苦情（平成18年5月24日〜12月31日）	法務大臣に対して申出：25件／監査官に対して申出：37件／刑事施設の長に対して申出：89件

※　長崎・島原・五島各拘置支所を含む。

熊本刑務所　〒862-0970 熊本県熊本市渡鹿7-12-1

職員体制（平成19年1月1日現在）	定数（平成18年度）：261人／現在職員数：258人／男性刑務官数：240人／女性刑務官数：3人／有給休暇取得日数平均（平成18年度）：4.2日
定員（平成19年3月31日現在）	受刑者：652人／未決拘禁者：250人
入所者数（平成19年3月31日現在）	受刑者：800人（女性2人、無期懲役者127人、労役場留置者18人）／未決拘禁者：98人（女性7人、死刑確定者0人）
障害・疾患を持つ受刑者（平成19年3月31日現在）	精神障害（M指標）：0人／身体上の疾病または障害を有するため医療を主として行う刑事施設等に収容する必要があると認められる者：1人／発達障害：統計なし
高齢受刑者（平成19年3月31日現在）	60歳以上：128人（65歳以上統計なし、70歳以上36人、75歳以上統計なし）／最高齢者：85歳／介護を必要とする者（平成18年12月31日現在）：1人
外国人受刑者（平成19年3月31日現在）	日本人と異なる処遇を必要とする外国人（F指標）：0人／通訳：警察・検察を通じて通訳人を依頼
制限区分（平成19年4月10日現在）	第1種：0人／第2種：3人／第3種：553人／第4種：87人／指定なし：36人
優遇措置（平成19年4月10日現在）	第1類：3人／第2類：147人／第3類：341人／第4類：80人／第5類：80人／指定なし：36人
女性収容区域廊下の録画	撮影時間：24時間／録画の保管期間：1年と定めているが、事後検証を実施して問題のある内容と判断した場合は、その限りでない
女性収容区域の宿直勤務	男性刑務官だけで行うこと：男性刑務官が行っている　暴行が起きないような対策：女性収容居室への投薬時等開扉する必要のある場合は、2人以上の職員で実施
冷暖房	冷房：居室内に冷房設備はないが、共同室内および2人収容している単独室に扇風機を設置／暖房：居室内に暖房設備は設置せず
医師・看護師（平成19年1月1日現在）	医師：常勤2人、非常勤1人（外科1人、精神科1人、内科6人）／看護師：0人／准看護師の資格を持っている刑務官：7人
土曜・日曜・祝日・夜間の当直体制（平成18年度）	医師は当直していないが、常に医師あるいは准看護師と連絡が取れる体制にあり、急患に対しても速やかに登庁して対応、病状によっては外部の病院へ搬送
死亡（平成18年）	1人（受刑者）　年齢：60歳代」／性別：男性／死亡原因：病気
自殺企図（平成18年）	1人（受刑者）
拒食（平成18年）	1人（受刑者）。最長25食
医療のための移送（平成18年）	外部の病院に移送した受刑者数：16件15人／医療刑務所に移送した受刑者数：8人

指名医による診療 （平成18年）	申請：0件
警備用具の使用（平成18年）	0件
拘束衣の使用（平成18年）	0件
保護室への収容（平成18年）	延べ35回、21人、最長9日
障害のある受刑者のための工場（寮内工場） （平成18年12月31日現在）	精神障害や発達障害を有している受刑者ばかりでなく、高齢受刑者など一般受刑者と集団で行動することが困難な受刑者を含む工場が有。16人
作業後の裸体検査	実施している
作業報奨金 （平成18年3月31日現在）	受刑者1人あたりの月額最高額：19,584円／同最低額：710円／同平均額：5,360円／監査：作業関係職員が、告知前に作業報奨金計算高を確認している
教育的処遇コース	薬物依存離脱指導：1カ月1回の指導、年12回、平成19年2月末現在対象人員113人程度、前年実施延べ人数は108人 暴力団離脱指導：2カ月1回の指導、年6回、平成19年2月末現在対象人員198人程度、前年実施延べ人数は60人 被害者の視点を取り入れた教育：1カ月1回の指導、年6回、平成19年2月末現在対象人員338人程度、前年実施延べ人数は60人 交通安全指導：今年度から1カ月1回の指導、年3回、対象人員2人程度
職業訓練 （平成19年3月31日現在）	建築科：2人、1年／左官科：3人、1年／無線通信科：5人、1年6カ月
面会・通信等 （平成19年3月31日まで）	休日面会（平成18年）：0件／親族以外の者の面会許可：1,491人／電話などの電気通信の方法による通信：申請0件
受刑者への懲罰 （平成18年12月31日現在）	戒告：45人／作業の10日以内の停止：0人／自弁の物品の使用または摂取の一部または全部の15日以内の停止：0人／書籍の閲覧の一部または全部の15日以内の停止：閉居罰との併科で20人／報奨金計算額の3分の1以内の削減：0人
閉居罰 （平成18年12月31日現在）	実施：延べ281件、実人数統計なし、最長30日間 運動：週1回、35分、戸外。平日は毎日居室内で30分 入浴：身体払拭を含め週2〜3回、15分 姿勢：安座または正座の姿勢で静かに座るように指示。疲労の回復等を目的として午前と午後に10分間の休憩時間を設けており、連続した時間は2時間程度。着座姿勢に疲れた際に、多少手足を動かすことまでは禁止していない。水は職員の許可を得たうえで飲むことができる
受刑者からの苦情 （平成18年12月31日現在）	法務大臣に対して申出：83件／監査官に対して申出：84件／刑事施設の長に対して申出：233件

※　京町・八代・天草各拘置支所を含む。平成19年6月25日回答。

大分刑務所　〒870-8588 大分県大分市畑中303

職員体制 （2006年12月31日現在）	定数：240人／現在職員数：226人／男性刑務官数：209人／女性刑務官数：4人／有給休暇取得日数平均（2006年）：3.2日
定員（2006年12月31日現在）	受刑者：1,441人／未決拘禁者：140人
入所者数 （2006年12月31日現在）	受刑者：1,514人（女性5人、無期懲役者76人、労役場留置者13人）／未決拘禁者：43人
障害・疾患を持つ受刑者 （2006年12月31日現在）	精神障害（M指標）：0人／身体上の疾病または障害（P指標）：0人／発達障害：統計なし
高齢受刑者 （2006年12月31日現在）	60歳以上220人（65歳以上統計なし、70歳以上55人、75歳以上統計なし）／介護を必要とする者：0人
外国人受刑者	日本人と異なる処遇を必要とする外国人（F指標）：0人
制限区分 （2006年12月31日現在）	第1種：0人／第2種：12人／第3種：1,380人／第4種：52人
優遇措置 （2006年12月31日現在）	第1類：0人／第2類：82人／第3類：575人／第4類：396人／第5類：221人
女性収容区域廊下の録画	撮影時間：24時間／録画の保管期間：12カ月間保管
女性収容区域の宿直勤務	男性刑務官だけで行うこと：有 暴行が起きないような対策：夜間等における緊急時の鍵の貸出および扉の開閉は、必ず複数の職員で対応。
冷暖房	冷房：すべての居室に冷房設備はないが、すべての共同室および2名収容している単独室に扇風機を設置／暖房：なし
医師・看護師 （2006年12月31日現在）	医師：常勤1人、非常勤1人（内科3人）／看護師：0人／准看護師の資格を持っている刑務官：4人
土曜・日曜・祝日・夜間の当直体制	医師は当直していないが、常に医師あるいは准看護師と連絡が取れる体制にあり、急患に対しても速やかに登庁して対応、病状によっては外部の病院へ搬送
死亡（2006年）	4人（すべて受刑者）　年齢：50歳代2人、60歳代1人／死亡原因：病気
自殺企図（2006年）	1人（内訳回答なし）
拒食	0人
医療のための移送 （2006年）	外部の病院に移送した受刑者数：15件15人／医療刑務所に移送した受刑者数：28人
指名医による診療 （2006年5月24日～12月31日）	申請：1件／許可：0件
警備用具の使用 （2006年5月24日～12月31日）	0件

拘束衣の使用 （2006年5月24日～12月31日）	0件
保護室への収容（2006年）	延べ188回、188人、最長23日
障害のある受刑者のための工場（寮内工場）	無。障害等の程度により、一般工場で作業できる受刑者は一般の受刑者と同じ作業、そうでない受刑者は居室内で軽作業等。
作業後の裸体検査	パンツをつけて検査
作業報奨金（2006年12月分）	受刑者1人あたりの月額最高額：12,049円／同最低額：611円／同平均額：2,567円／監査：指名した監査官が毎月1回、作業報奨金の出納事務について検査
教育的処遇コース	薬物依存離脱指導：月2回の指導、年24回、対象人員10人程度、前年度実施延べ人数は145人 性犯罪再犯防止指導：月1回の指導、年5回、対象人員10人程度、前年度実施延べ人数は56人 被害者の視点を取り入れた教育：月1回の指導、年12回、対象人員40人程度、前年度実施延べ人数は476人 交通安全指導：月1回の指導、年5回、対象人員15人程度を2班に、前年度実施延べ人数は228人
職業訓練	畳科：4人、3月／溶接科：3人、6カ月／情報処理科：5人、3カ月
面会・通信等（平成18年）	休日面会：0件／親族以外の者の面会許可：統計無／電話などの電気通信の方法による通信：申請0件
受刑者への懲罰（2006年）	戒告：34人／作業の10日以内の停止：0人／自弁の物品の使用または摂取の一部または全部の15日以内の停止：0人／書籍の閲覧の一部または全部の15日以内の停止：7人／報奨金計算額の3分の1以内の削減：92人
閉居罰（2006年）	実施：延べ913件、913人、最長40日間 運動：週1回、30分、原則室外 入浴：週1～2回、15分 姿勢：正座または安座。水は必要に応じて飲むことができる
受刑者からの苦情 （2006年5月24日～12月31日）	法務大臣に対して申出：35件／監査官に対して申出：34件／刑事施設の長に対して申出：207件

※　中津拘置支所を含む。平成19年8月27日回答。

宮崎刑務所　〒880-2293 宮崎県宮崎市大字糸原4623

職員体制（平成19年1月1日現在）	定数：168人／現在職員：168人／男性刑務官数：157人／女性刑務官数：5人／有給休暇取得日数平均（平成18年度）：4.8日
定員（平成19年3月31日現在）	受刑者：417人／未決拘禁者：178人
入所者数（平成19年3月31日現在）	受刑者：485人（女性5人、無期懲役者0人、労役場留置者12人）／未決拘禁者：88人（女性3人、死刑確定者0人）
障害・疾患を持つ受刑者（平成19年3月31日現在）	精神障害（M指標）：0人／身体上の疾患または障害（P指標）：0人／発達障害：統計なし
高齢受刑者（平成19年3月31日現在）	60歳以上：53人（65歳以上14人、70歳以上11人、75歳以上4人）／最高齢者：78歳／介護を必要とする者（平成18年12月31日現在）：0人
外国人受刑者（平成18年12月31日現在）	日本人と異なる処遇を必要とする外国人（F指標）：0人
制限区分（平成18年12月31日現在）	第1種：0人／第2種：7人／第3種：401人／第4種：8人
優遇措置（平成18年12月31日現在）	第1類：0人／第2類：11人／第3類：211人／第4類：62人／第5類：24人
女性収容区域廊下の録画	撮影時間：収容中は連続撮影／録画の保管期間：事後の検証を行い、通常2カ月間保管
女性収容区域の宿直勤務	男性刑務官だけで行うこと：有 暴行が起きないような対策：居室鍵を持ち出せないよう別途保管
冷暖房	冷房：すべての居室に冷房機器はないが、共同室には扇風機を備え付けている／暖房：居室以外も含めてない
医師・看護師（平成19年1月1日現在）	医師：常勤1人、非常勤0人（外科1人）／看護師：0人／准看護師の資格を持っている刑務官：4人
土曜・日曜・祝日・夜間の当直体制	医師は当直していないが、常に医師あるいは准看護師と連絡が取れる体制にあり、急患に対しては速やかに登庁して対応。病状によっては外部の病院に搬送
死亡（平成18年1月1日～12月31日）	0人
自殺企図（平成18年1月1日～12月31日）	0人
拒食（平成18年1月1日～12月31日）	0人
医療のための移送（平成18年1月1日～12月31日）	外部の病院に移送した受刑者数：8件7人／医療刑務所に移送した受刑者数：4人
指名医による診療（平成18年1月1日～12月31日）	申請：0件

警備用具の使用（平成18年1月1日～12月31日）	該当なし
拘束衣の使用（平成18年1月1日～12月31日）	該当なし
保護室への収容（平成18年1月1日～12月31日）	延べ5回、5人、最長2日間
障害のある受刑者のための工場（寮内工場）	無。高齢受刑者など一般受刑者と集団で行動することが困難な受刑者は、居室内での軽作業を実施
作業後の裸体検査	実施せず
作業報奨金（平成18年）	受刑者1人あたりの月額最高額：14,428円／同最低額：506円／同平均：3,144円／監査：作業および会計職員が相互に確認
特別改善指導	薬物依存離脱指導：3カ月12回の指導、対象人員10人程度、年4回実施、前年実施延べ人数は327人 暴力団離脱指導：6カ月6回の指導、対象人員1人、随時実施、前年実施延べ人数12人 被害者の視点を取り入れた教育：6カ月12回の指導、対象人員5人程度、年2回実施、前年実施延べ人数は10人 就労支援指導：1カ月10回の指導、対象人員10人程度、年2回実施、前年実施延べ人数は47人
職業訓練（平成18年12月31日現在）	造園科：4人、1年／農業園芸科：2人、1年
面会・通信等（平成18年5月24日～12月31日）	休日面会：該当なし／親族以外の者の面会許可：調査困難／電話などの電気通信の方法による通信：申請0件
受刑者への懲罰（平成18年5月24日～12月31日）	戒告：22人／作業の10日以内の停止：0人／自弁の物品の使用または摂取の一部または全部の15日以内の停止：0人／書籍の閲覧の一部または全部の15日以内の停止：17人／報奨金計算額の3分の1以内の削減：7人
閉居罰（平成18年5月24日～12月31日）	実施：延べ159回、159人、最長30日 運動：おおむね5日に1回、30分、室外 入浴：夏季は週3回、冬季は週2回、15分実施 姿勢：作業開始後から仮就寝まで（食事・休憩時間を除く）、室内に安座。水は許可を取って飲むことができる。午前と午後に休憩時間あり
受刑者からの苦情（平成18年5月24日～12月31日）	法務大臣に対して申出：10件／監査官に対して申出：9件／刑事施設の長に対して申出：15件

※　都城・延岡各拘置支所を含む。平成19年7月23日回答。

鹿児島刑務所　〒899-6193 鹿児島県姶良郡湧水町中津川1733

職員体制（平成19年1月1日現在）	定数：219人／現在職員数：217人／男性刑務官数：199人／女性刑務官数：4人／有給休暇取得日数平均（平成18年）：3.9日
定員（平成19年3月31日現在）	受刑者：744人／未決拘禁者：182人
入所者数（平成19年3月31日現在）	受刑者：753人（女性0人、無期懲役者0人、労役場留置者0人）／未決拘禁者：50人（女性2人、死刑確定者0人）
障害・疾患を持つ受刑者（平成19年3月31日現在）	精神障害（M指標）：0人／身体上の疾患または障害（P指標）：0人／発達障害：4人
高齢受刑者（平成19年3月31日現在）	60歳以上：81人（65歳以上統計なし、70歳以上15人、75歳以上統計なし）／最高齢者：統計なし／介護を必要とする者：0人
外国人受刑者（平成18年5月24日〜12月31日）	日本人と異なる処遇を必要とする外国人（F指標）：0人
制限区分（平成19年3月31日現在）	第1種：0人／第2種：51人／第3種：616人／第4種：12人
優遇措置（平成19年3月31日現在）	第1類：0人／第2類：93人／第3類：378人／第4類：115人／第5類：59人
女性収容区域廊下の録画	撮影時間：必要に応じ録画／録画の保管期間：録画したものは事後の検証を行い、通常1カ月保管
女性収容区域の宿直勤務	男性刑務官だけで行うこと：有 暴行が起きないような対策：女子刑務官が勤務していない場合において、女性被収容者の居室鍵は管理責任者が女子専用の鍵箱に封印保管し、やむなえず開扉するときは、2人以上の職員で対応
冷暖房	冷房：単独室・共同室になし／暖房：単独室・共同室になし
医師・看護師（平成19年1月1日現在）	医師：常勤2人、非常勤0人（内科2人）／看護師：0人／准看護師の資格を持っている刑務官：8人
土曜・日曜・祝日・夜間の当直体制	医師は当直していないが、常に医師あるいは准看護師と連絡が取れる体制にあり、急患に対しても速やかに登庁して対応、病状によっては外部の病院へ搬送
死亡（平成18年）	1人（受刑者）　年齢：40歳代／性別：男性／死亡原因：病気
自殺企図（平成18年）	0人
拒食（平成18年）	連続して15食以上拒食した者は0人。最高で12食
医療のための移送（平成18年度）	外部の病院に移送した受刑者数：7件6人／医療刑務所に移送した受刑者数：4人
指名医による診療（平成18年5月24日〜12月31日）	申請：0件

警備用具の使用（平成18年5月24日～12月31日）	0件
拘束衣の使用（平成18年5月24日～12月31日）	0件
保護室への収容（平成18年5月24日～12月31日）	延べ30回、22人、最長16日間
障害のある受刑者のための工場（寮内工場）（平成19年3月31日現在）	有。精神障害や発達障害等を有している受刑者ばかりでなく、高齢受刑者など一般受刑者との集団行動が困難な受刑者を就業させている。3人
作業後の裸体検査	実施せず
作業報奨金（平成18年度）	受刑者1人あたりの月額最高額：14,395円／同最低額：299円／同平均額：2,873円／監査：作業と会計職員で相互に監査
教育的処遇コース	薬物依存離脱指導：1クール3カ月指導、対象人員210人、年4回実施、前年度実施延べ人数は63人 被害者の視点を取り入れた教育：1クール6カ月の指導、対象人員10人、年2回実施、前年度実施延べ人数は3人 暴力団離脱指導：1クール6カ月指導、対象人員99人、年2回実施、前年度実施延べ人数は18人 就労支援指導：1クール3カ月指導、対象人員18人、年2回実施、前年度実施延べ人数は20人
職業訓練	農業園芸科：15人、1年／建設機械運転科：15人、6カ月／溶接科：5人、4カ月
面会・通信等（平成18年5月24日～12月31日）	休日面会：1件／親族以外の者の面会許可：991件／電話などの電気通信の方法による通信：申請0件
受刑者への懲罰（平成18年5月24日～12月31日）	戒告：22人／作業の10日以内の停止：0人／自弁の物品の使用または摂取の一部または全部の15日以内の停止：0人／書籍の閲覧の一部または全部の15日以内の停止：10人／報奨金計算額の3分の1以内の削減：1人
閉居罰（平成18年5月24日～12月31日）	実施：延べ247回、実人数は統計なし、最長60日間 運動：週1回、30分以上、晴天時は室外運動場、雨天時は居室 入浴：週1回、15分間 姿勢：作業開始から閉房点検時までの間は居室内中央に座る。本人の申出によりお茶を飲める
受刑者からの苦情（平成18年5月24日～12月31日）	法務大臣に対して申出：3件／監査官に対して申出：4件／刑事施設の長に対して申出：5件

※ 鹿児島・大島各拘置支所を含む。平成19年8月13日回答。

沖縄刑務所	〒901-1514 沖縄県南城市知念字具志堅330
職員体制 (平成19年1月1日現在)	定数：255人／現在職員数：255人／男性刑務官数：228人／女性刑務官数：4人／有給休暇取得日数平均(平成18年度)：9.7日
定員(平成19年3月31日現在)	受刑者：503人／未決拘禁者：218人
入所者数 (平成19年3月31日現在)	受刑者：611人（女性1人、無期懲役者0人、労役場留置者27人）／未決拘禁者：113人（女性5人、死刑確定者0人）
障害・疾患を持つ受刑者 (平成19年3月31日現在)	精神障害（M指標）：0人／身体上の疾病または障害（P指標）：0人／発達障害：統計なし
高齢受刑者 (平成19年3月31日現在)	60歳以上：58人（65歳以上統計なし、70歳以上11人、75歳以上統計なし）／最高齢者：87歳／介護を必要とする者：0人
外国人受刑者 (平成18年12月31日現在)	日本人と異なる処遇を必要とする外国人（F指標）：0人
制限区分 (平成18年12月31日現在)	第1種：0人／第2種：7人／第3種：460人／第4種：4人
優遇措置 (平成18年12月31日現在)	第1類：0人／第2類：20人／第3類：226人／第4類：51人／第5類：29人
女性収容区域廊下の録画	撮影時間：24時間／録画の保管期間：指名された職員が録画画像を検証するまでの間保管することとしており、通常は前日分を検証して異常の有無を確認
女性収容区域の宿直勤務	男性刑務官だけで行うこと：有 暴行が起きないような対策：女性被収容者の居室の鍵の管理について、原則として男子の刑務官等への貸出および男女の刑務官等との間で授受させないほか、他の鍵とは別の保管庫に保管し、やむをえない理由により夜間・休日等に女性被収容者の居室扉を開扉する場合は、必ず複数の職員で行うこととするなどの対策を取っている
冷暖房	冷房：居室内になし／暖房：居室内になし
医師・看護師 (平成19年1月1日現在)	医師：常勤2人、非常勤1人（内科2人、精神科1人）／看護師：3人／准看護師の資格を持っている刑務官：10人
土曜・日曜・祝日・夜間の当直体制	医師は当直していないが、常に医師あるいは看護師と連絡が取れる体制にあり、急患に対しても速やかに登庁して対応、病状によっては外部の病院へ搬送
死亡(平成18年)	0人
自殺企図(平成18年)	2人（うち受刑者なし）
拒食(平成18年)	0人
医療のための移送 (平成18年)	外部の病院に移送した受刑者数：12人／医療刑務所に移送した受刑者数：5人

指名医による診療 （平成18年度）	申請：0件
警備用具の使用 （平成18年度）	0件
拘束衣の使用（平成18年）	0件
保護室への収容（平成18年）	延べ43回、11人、最長88時間
障害のある受刑者のための工場（寮内工場） （平成19年3月31日現在）	有。約15人
作業後の裸体検査	実施
作業報奨金 （平成19年3月分）	受刑者1人あたりの月額最高額：11,201円／同最低額：506円／同平均額：2,271円／監査：作業および会計職員で相互に作業報奨金計算高を精査
教育的処遇コース	薬物依存離脱指導：6カ月12回の指導、年2回実施、対象人員10人程度、前年度実施延べ人数は183人 暴力団離脱指導：4カ月8回の指導（個別指導）、前年度実施延べ人数は7人 被害者の視点を取り入れた教育：6カ月12回の指導、年2回、対象人員10人程度、前年度実施延べ人数は68人 交通安全指導：3カ月6回の指導、年4回、対象人員15人程度、前年度実施延べ人数は208人
職業訓練	自動車整備科：9人、1年間／溶接科：6人、1年間
面会・通信等（平成18年度）	休日面会：0件／親族以外の者の面会許可：392件／電話などの電気通信の方法による通信：申請0件
受刑者への懲罰 （平成18年12月31日現在）	戒告：24人／作業の10日以内の停止：0人／自弁の物品の使用または摂取の一部または全部の15日以内の停止：0人／書籍の閲覧の一部または全部の15日以内の停止：3人／報奨金計算額の3分の1以内の削減：0人
閉居罰（平成18年）	実施：延べ146件、実人数は統計なし、最長30日間 運動：週2回、30分、室外 入浴：2週間に5回、15分 姿勢：朝食終了後から夕方の人員点呼時間までの間、正座または安座で着席するよう指導。水は申し出て飲むことができる
受刑者からの苦情 （平成18年）	法務大臣に対して申出：14件／監査官に対して申出：6件／刑事施設の長に対して申出：30件

※　八重山刑務支所、那覇・宮古各拘置支所を含む。

佐賀少年刑務所　〒840-0856 佐賀県佐賀市新生町2-1

職員体制（平成19年1月1日現在）	定数（平成18年度）：160人／現在職員数：158人／男性刑務官数：139人／女性刑務官数：2人／有給休暇取得日数平均（平成18年度）：6.3日
定員（平成19年3月31日現在）	受刑者：634人／未決拘禁者：100人
入所者数（平成19年3月31日現在）	受刑者：642人（女性0人、無期懲役者0人、労役場留置者4人）／未決拘禁者：38人（女性3人、死刑確定者0人）
障害・疾患を持つ受刑者（平成19年3月31日現在）	精神障害（M指標）：0人／身体上の疾患または障害（P指標）：0人／発達障害：0人
高齢受刑者（平成19年3月31日現在）	60歳以上：15人（65歳以上10人、70歳以上3人、75歳以上1人）／最高齢者：79歳／介護を必要とする者：0人
外国人受刑者（平成18年12月31日現在）	日本人と異なる処遇を必要とする外国人（F指標）：0人
制限区分（平成18年12月31日現在）	第1種：0人／第2種：7人／第3種：618人／第4種：0人
優遇措置（平成18年12月31日現在）	第1類：0人／第2類：153人／第3類：216人／第4類：243人／第5類：13人
女性収容区域廊下の録画	撮影時間：24時間／録画の保管期間：事後の検証を行い、通常60日間保管
女性収容区域の宿直勤務	男性刑務官だけで行うこと：男性刑務官で行っている／暴行が起きないような対策：夜間の食事や投薬については食器口のみの開閉にとどめ、2人以上の職員で実施
冷暖房	冷房：すべての居室に冷房設備はないが、すべての共同室に扇風機を設置／暖房：居室内に暖房設備はない
医師・看護師（平成19年1月1日現在）	医師：常勤1人、非常勤0人（内科1人）／看護師：1人／准看護師の資格を持っている刑務官：7人
土曜・日曜・祝日・夜間の当直体制	医師は当直していないが、常に医師あるいは（准）看護師と連絡が取れる体制にあり、急患にも速やかに登庁して対応。病状によっては外部の病院に搬送
死亡	2人（いずれも受刑者）　年齢：50歳代1人、70歳代1人／性別：男性／死亡原因：病気
自殺企図（平成18年）	1人（受刑者）
拒食（平成18年）	連続して15食以上拒食した者は0人
医療のための移送（平成18年）	外部の病院に移送した受刑者数：8件4人／医療刑務所に移送した受刑者数：2人
指名医による診療	申請：0件

警備用具の使用（新法施行～平成18年12月31日）	0件
拘束衣の使用（新法施行～平成18年12月31日）	0件
保護室への収容（平成18年）	延べ42回、19人、最長10日間
障害のある受刑者のための工場（寮内工場）（平成19年3月31日現在）	障害を有している受刑者に限定せず、高齢受刑者など、一般受刑者と集団で行動することが困難な受刑者のための作業場を設けている。6人
作業後の裸体検査	下着（パンツ）を着用のまま検査
作業報奨金（平成18年12月31日）	受刑者1人あたりの月額最高額：13,839円／同最低額：352円／同平均額：2,707円／監査：企画部門と会計課職員で精査
特別改善指導	薬物依存離脱指導：4カ月10回の指導、対象人員20人程度、年3回、前年実施延べ人数は50人 被害者の視点を取り入れた教育：6カ月12回の指導、対象人員10人程度、年2回、前年実施延べ人数は15人 交通安全指導（平成19年度からの予定）：5カ月10回の指導、対象人員10人程度、年2回実施予定 就労支援指導：6カ月12回の指導、対象人員40人程度、年2回、前年実施延べ人数は84人
職業訓練（平成18年12月31日現在）	理容科：20人、2年／電気工事科：10人、1年／左官科：10人、1年／溶接科：20人、1年／建築科：22人、1年／情報処理科：10人、6カ月／数値制御機械科：5人、6カ月／ビル管理科：10人、6カ月／配管科：10人、1年
面会・通信等（新法施行～平成18年12月31日）	休日面会：0人／親族以外の者の面会許可：600件／電話などの電気通信の方法による通信：申請0件
受刑者への懲罰（平成18年5月24日～12月31日）	戒告：40件／作業の10日以内の停止：0件／自弁の物品の使用または摂取の一部または全部の15日以内の停止：0件／書籍の閲覧の一部または全部の15日以内の停止：0件／報奨金計算額の3分の1以内の削減：40件
閉居罰（新法施行～平成18年12月31日）	実施：延べ314件、実人数の統計なし、最長30日 運動：週に1回30分間、室外 入浴：週1回15分間。その他室内で身体を拭かせるなどしている 姿勢：特に指示せず、静かに座るよう指導。姿勢を変えたり足を動かすことまで制限していない。午前8時～午後4時30分まで。昼食および午前午後に1回ずつの休憩。特に理由がない限り、自由に水を飲むことは禁止
受刑者からの苦情	法務大臣に対して申出：7件／監査官に対して申出：2件／刑事施設の長に対して申出：18件

※ 平成19年8月6日回答。

福岡拘置所 〒814-8503 福岡県福岡市早良区百道2-16-10

職員体制（平成19年1月1日現在）	定数：313人／現在職員数：303人／男性刑務官数：279人／女性刑務官数：13人／有給休暇取得日数平均（平成18年度）：2.8日
定員（平成19年3月31日現在）	受刑者：305人／未決拘禁者：885人
入所者数（平成19年3月31日現在）	受刑者：529人（女性32人、無期懲役者4人、労役場留置者22人）／未決拘禁者：534人（女性50人、死刑確定者12人）
障害・疾患を持つ受刑者	経理係受刑者には調査項目に該当する受刑者なし。移送待ち受刑者については、調査未了の受刑者もいるため、統計データがない
高齢受刑者	経理係受刑者には調査項目に該当する受刑者なし。移送待ち受刑者については、調査未了の受刑者もいるため、統計データがない／介護を必要とする者：0人
外国人受刑者（平成19年3月31日現在）	日本人と異なる処遇を必要とする外国人（F指標）：0人
制限区分（平成18年12月31日現在）	第1種：5人／第2種：49人／第3種：83人／第4種：1人
優遇措置（平成18年12月31日現在）	第1類：0人／第2類：13人／第3類：113人／第4類：8人／第5類：1人
女性収容区域廊下の録画	撮影時間：24時間録画できる体制にある／録画の保管期間：事後の検証を行い、通常60日間は録画装置のハードディスクに保存
女性収容区域の宿直勤務	男性刑務官だけで行うこと：夜間（午後8時以降）の宿直勤務は男子刑務官で実施 暴行が起きないような対策：夜間は居室扉等の鍵を監督当直者が保管するとともに、職員巡視時には廊下監視カメラの映像で常時処遇本部のモニターで監視するほか、2人以上の男子職員で対応
冷暖房	冷房：すべての居室に冷房装置はないが、共同室に扇風機を備え付け／暖房：すべての居室には暖房器具はないが、釈放前寮や集会室には暖房器具を設置
医師・看護師（平成19年1月1日現在）	医師：常勤3人、非常勤1人（内科2人、外科1人、精神科1人）／看護師：2人／准看護師の資格を持っている刑務官：6人
土曜・日曜・祝日・夜間の当直体制	医師は当直していないが、常に医師あるいは看護師等と連絡が取れる体制にあり、急患に対しても速やかに登庁して対応、病状によっては外部の病院へ搬送
死亡（平成18年）	4人（うち受刑者は0人）　年齢：30歳代、40歳代、50歳代、60歳代／性別：男性／死亡原因：病気
自殺企図（平成18年）	4人（うち受刑者は0人）
拒食（平成18年）	連続して15食以上拒食した者は1人（内訳回答なし）。30食

医療のための移送 (平成18年)	外部の病院に移送した受刑者数：5件4人／医療刑務所に移送した受刑者数：4人
指名医による診療	申請：0件
警備用具の使用(平成18年)	0件
拘束衣の使用(平成18年)	0件
保護室への収容(平成18年)	延べ89回、67人、最長6日
障害のある受刑者のための工場（寮内工場）	無
作業後の裸体検査	実施していない
作業報奨金 (平成18年5月分)	受刑者1人あたりの月額最高額：15,330円／同最低額：741円／同平均額：2,294円／監査：関係職員が相互に検査して確認
教育的処遇コース	薬物依存離脱指導：3カ月6回の指導、年2回、対象人員4人、前年度実施延べ人数は48人 被害者の視点を取り入れた教育：2カ月6回の指導、年1回、対象人員4人、前年度実施延べ人数は24人 交通安全指導：1カ月5回の指導、年1回、対象人員4人、前年度実施延べ人数は20人
職業訓練	該当なし
面会・通信等(平成18年)	休日面会：102件（すべて弁護士面会）／親族以外の者の面会許可：確定受刑者は順次刑務所へ移送されることから、関係資料が手元にない／電話などの電気通信の方法による通信：申請6件、許可6件
受刑者への懲罰(平成18年)	戒告：0人／作業の10日以内の停止：0人／自弁の物品の使用または摂取の一部または全部の15日以内の停止：0人／書籍の閲覧の一部または全部の15日以内の停止：0人／報奨金計算額の3分の1以内の削減：0人
閉居罰(平成18年)	実施：延べ81件、66人、最長25日間 運動：前回運動を実施した日から次回運動をする日が1週間以上空かないようにしている。30分、室外 入浴：入浴該当日に入浴と拭身を交互に行う、15分 姿勢：服装を正して着座位置に安座等で静かに座る。着座の時間帯は「午前8時から午後0時まで」と「午後0時30分から午後4時まで」。午前午後ともに10分間の「着座やめ」の時間を設けている。着座やめの時間に、手足や腰を伸ばすことおよび用便や湯茶の飲用を認めている。水は職員の許可を受けて飲むことができる
受刑者からの苦情 (平成18年)	法務大臣に対して申出：12件／監査官に対して申出：10件／刑事施設の長に対して申出：9件

※　小倉拘置支所を含む。平成19年8月23日回答。

あとがき

搆 美佳

　日本の刑事施設に送付した質問状とその回答がこうして一冊の本にまとめられたことを大変嬉しく思います。これまで多くのアムネスティ会員や協力者の皆様がさまざまな施設を訪れ、働きかけてきた成果でもあります。

　私も2004年にアムネスティの仲間たちと地元の刑務所を見学する機会をいただきました。刑務所内部に入るのは生まれて初めてで、少し緊張したのを覚えています。その刑務所の歴史や現状について一通りの説明を受けた後、職員の方が受刑者の居室、作業場、講堂などを案内してくださいました。書物で読んでただ想像するのとは違い、刑務所の空気、そこで暮らす生身の人々の息づかいのようなものを感じます。受刑者の方々が読んでいる新聞は？　食事はどのような内容で、一食あたりいくら？　入浴や運動ができるのは週にどれくらい？　……そんなことを教えていただきながら歩いていると、いろいろなものが見えてきます。自分が使っているライター製品がこの刑務所で作られていることも初めて知りました。廊下には、近隣の学校の生徒さんたちから寄せられた絵が、飾られていました。

　このような施設を訪問したことがある、あるいはしてみたいという人は、そう多くないかもしれません。しかし、一般の市民が実際に足を運び、内側を知ることはとても大切なことだと感じました。こうした施設を、隠された不可視の存在にしていてはなりません。もっと社会に開かれた、地域コミュニティの一員としての存在にしていくことで、さまざまな変化が可能になるはずです。

　アムネスティは従来から被拘禁者（被収容者）の権利に関心を寄せ、世界中の数多くの施設の状況を調査し、明らかにしてきました。子どもたちが劣悪な状況でスシ詰めにされている国、むき出しの冷たい床の上に拘禁され健康を害する人が後を絶たない刑務所、看守に拷問され命を落とす囚人たち。拘禁施設の状況は、その国、その社会を映し出す鏡のようなものです。

　私たちの暮らす日本はどうでしょうか。過剰収容、高齢化する受刑者たち、通訳が必要な外国籍の被収容者。刑期を終えても社会の中に自分の居場所すらなく、あるいは厳しい不況下で、野宿よりはましと、再び罪を犯して刑務所に戻ろうとする人々……。拘禁施設の状況は、やはり日本社会を映し出す鏡であ

るようです。

　「犯罪者に人権などない！」と叫び、被拘禁者の状況から目をそらし続ける限り、他のすべての人々の権利も、気付かぬうちにじわじわと侵され、息苦しい社会が到来するでしょう。

　人権は、経済・社会状況がよいときだけの「ぜいたく品」ではありません。人権は、特定の人々だけに与えられるものではなく、すべての人々が享受すべきものです。アムネスティは、これからも被拘禁者を取り巻く状況に強い関心を寄せ、その権利を守る活動を続けていきます。そして、すべての人が人間としての自由と尊厳を享受できる世界を目指し、活動を続けます。

　末筆になりましたが、この本の出版に向けあたたかいご協力をくださった皆様、そして日頃よりアムネスティの人権活動を支えてくださっている皆様に、心より御礼申し上げます。

　　　　　（かまえ・みか／アムネスティ・インターナショナル日本　元理事長）

アムネスティ・インターナショナル日本

〒101-0054　東京都千代田区神田錦町2-2　共同ビル（新錦町）4階
TEL:03-3518-6777　FAX:03-3518-6778

アムネスティ日本ウェブサイト：www.amnesty.or.jp
アムネスティ日本メールアドレス：info@amnesty.or.jp

国内人権ネットウェブサイト：www.jinkennews.com
国内人権ネットメールアドレス：info@jinkennews.com

市民が視た刑務所
日本の刑事施設調査報告

2011年2月15日　第1版第1刷

編　者　アムネスティ・インターナショナル日本

発行人　成澤壽信
編集人　北井大輔
発行所　株式会社 現代人文社
　　　　〒160-0004 東京都新宿区四谷2-10 八ツ橋ビル7階
　　　　Tel: 03-5379-0307　Fax: 03-5379-5388
　　　　E-mail: henshu@genjin.jp（編集）　hanbai@genjin.jp（販売）
　　　　Web: www.genjin.jp
発売所　株式会社 大学図書
印刷所　株式会社 平河工業社

検印省略　Printed in Japan
ISBN978-4-87798-465-6 C3036
© 2011 Amnesty International Japan

◎本書の一部あるいは全部を無断で複写・転載・転訳載などをすること、または磁気媒体等に入力することは、法律で認められた場合を除き、著作者および出版者の権利の侵害となりますので、これらの行為をする場合には、あらかじめ小社または著者に承諾を求めて下さい。
◎乱丁本・落丁本はお取り換えいたします。